内 容 简 介

本书基于地理学、体育学、经济学、生态学学科交叉，在归纳总结国内外滑雪旅游产业发展和研究前沿成果、借鉴国外滑雪旅游发达国家发展模式的基础上，创新建立滑雪资源调查空间分析技术方法和指标体系，深入进行 2022 年冬奥会举办地崇礼滑雪大区滑雪旅游的资源调查、市场分析、大旅游动力产业、空间布局、旅游产品与线路、旅游形象与市场营销、城镇发展、滑雪场经营及环保运营、滑雪场旅游生态环境保护等专题内容研究，主要研究成果不仅为我国申办 2022 年冬奥会提供了重要的科技支撑，还可为京津冀协同发展和我国滑雪旅游产业发展政府科学决策提供理论参考。

本书可供人文地理、旅游地理、体育学、社会学、城市规划、自然资源学、区域生态经济学、生态学等相关研究背景的科研院所和高等学校专业师生及工程技术人员参考，也可供各级相关部门管理人员借鉴。

图书在版编目(CIP)数据

2022 年冬奥会举办地滑雪旅游发展研究 / 董锁成等著 . —北京：科学出版社，2019.11

（中国区域生态经济理论与实践丛书/董锁成主编）

ISBN 978-7-03-062980-7

Ⅰ.①2⋯ Ⅱ.①董⋯ Ⅲ.①雪上运动–旅游业发展–研究–张家口 Ⅳ.①F592.722.3

中国版本图书馆 CIP 数据核字（2019）第 243998 号

责任编辑：周　杰　吴春花／责任校对：樊雅琼
责任印制：肖　兴／封面设计：铭轩堂

科学出版社 出版

北京东黄城根北街 16 号
邮政编码：100717
http://www.sciencep.com

北京通州皇家印刷厂 印刷

科学出版社发行　各地新华书店经销

*

2019 年 11 月第　一　版　开本：787×1092　1/16
2019 年 11 月第一次印刷　印张：14
字数：300 000

定价：138.00 元

（如有印装质量问题，我社负责调换）

"张家口市崇礼赤城滑雪区域规划" 项目

项目专家组

专家组顾问

李文华　中国工程院院士，国际欧亚科学院院士，中国生态学学会名誉理事长，中国科学院地理科学与资源研究所研究员，博士生导师，著名生态学家

孙九林　中国工程院院士，中国科学院地理科学与资源研究所研究员，博士生导师，"一带一路"国际科学家联盟主席，国家地球系统科学数据共享平台专家委员会核心专家，国家环境信息化顾问专家委员会主任

陆大道　中国科学院院士，中国地理学会名誉理事长，中国科学院地理科学与资源研究所研究员，博士生导师，国家"十二五"规划专家委员会委员，著名经济地理学家

尹伟伦　中国工程院院士，北京林业大学原校长，博士生导师，著名林学家

刘　毅　中国科学院地理科学与资源研究所原所长，首席研究员，博士生导师

宋维明　北京林业大学原校长，教授，博士生导师

欧阳华　国际山地综合发展中心水与灾害管理部门原主任，中国科学院地理科学与资源研究所研究员，博士生导师

Wolfgang Georg Arlt　德国基尔大学教授，中国出境游研究所所长，联合国世界旅游组织高级专家

Robin Ganser　英国牛津布鲁克斯大学建筑与环境学院教授

魏庆华　中国科学院地理科学与资源研究所高级客座访问学者，张家口市申办冬奥会工作委员会高级顾问，中雪众源（北京）投资咨询有限责任公司董事长，国内著名滑雪旅游专家

协作单位

法国罗讷–阿尔卑斯大区企业国际发展协会

北京万龙奥雪国际商贸有限公司

张家口市万龙运动旅游有限公司（万龙滑雪场）

专家组组长

董锁成　中国科学院地理科学与资源研究所知识创新基地首席研究员，博士生导师，俄罗斯自然科学院外籍通讯院士，旅游规划和区域生态经济专

家，中国科学院旅游研究与规划设计中心副主任，东北亚可持续发展研究中心主任，中国科学院大学首席教授，"一带一路"国际科学家联盟常务副主席，中俄生态理事会理事，国家科技基础资源调查专项首席科学家，甘肃省旅游业发展规划专家组组长，中国生态经济学会副理事长兼区域生态经济专业委员会主任

姜 恩 来 北京林业大学原副校长，中国高等教育学会秘书处秘书长，中国地质大学（北京）教授，博士生导师，生态旅游和产业经济专家

专家组副组长

李　　宇 中国科学院地理科学与资源研究所副研究员，硕士生导师，资源利用与环境修复重点实验室副主任，中国冰雪产业研究中心主任，中国科学院大学岗位教授，中国生态经济学会理事兼区域生态经济专业委员会秘书长

李 淑 艳 北京林业大学副教授，生态旅游和产业经济专家

专家组主要成员

陈 建 成 北京林业大学教授，博士生导师，林业经济和管理专家

杨 莽 华 北京华清安地建筑设计有限公司遗产保护设计所所长，国家一级注册建筑师，资深滑雪场规划设计专家

赵 国 志 万龙滑雪场场地机电部原总监，人工造雪系统设计运营管理工程师

宋 志 勇 万龙滑雪场滑雪学校原技术总监，场地设计工程师，中国滑雪协会社会指导员教练

杨 晶 晶 北京第二外国语大学副教授，新西兰怀卡托大学管理学院博士，滑雪旅游专家

吴 观 庭 北京林业大学园林学院硕士，中雪众源（北京）投资咨询有限责任公司总经理，山地度假区和滑雪场规划设计专家

叶 舜 赞 中国科学院地理科学与资源研究所研究员，博士生导师，城市规划与旅游服务设施规划专家

张 文 尝 中国科学院地理科学与资源研究所研究员，博士生导师，旅游交通规划专家

王　　炜 中国地质大学（北京）教授，硕士生导师，注册城市规划师，旅游城镇规划专家

李　　岱 中国科学院地理科学与资源研究所副研究员，旅游产品规划专家

周 长 进 中国科学院地理科学与资源研究所副研究员，水资源评价专家

石　　玲 北京林业大学园林学院副教授，硕士生导师

缪 东 玲 北京林业大学经济管理学院副教授，硕士生导师

徐 新 良 中国科学院地理科学与资源研究所研究员，博士生导师，旅游信息系

序

    2015 年 7 月 31 日，在国际奥委会第 128 次全会上，北京–张家口赢得 2022 年第 24 届冬季奥林匹克运动会的举办权，这将为我国冰雪产业发展开辟广阔市场，为冰雪产业走向世界提供良机，也为广大科技工作者开展冰雪科学研究和国际合作提供了新机遇。冰雪是 IPCC 评估报告关注的重点对象，长期以来，冰雪覆盖越来越成为气候变化研究的热点，冰雪研究也是近半个世纪以来地球科学领域发展最为迅速的重要方向之一。冰雪研究需要气象学、气候学、水文学、地理学、生态学、资源学和生态经济学等多学科理论与方法的交叉融合和科学支撑。冰雪是重要的气候资源，冰雪产业堪称绿色产业。目前，我国冰雪资源开发利用研究尚属薄弱环节，严重影响着冰雪资源的合理开发和冰雪产业的可持续发展。2022 年冬奥会在我国举办，许多冰雪相关科技问题亟待加强研究。

    从 2010 年开始，中国科学院地理科学与资源研究所董锁成研究员带领研究团队，长期耕耘在京张地区，前瞻性地完成的张家口市滑雪旅游资源评价、滑雪场空间布局、冬奥村选址、冬奥旅游发展研究、滑雪度假地质量等级划分标准等研究成果直接为 2022 年北京–张家口冬奥会申办、筹办和冰雪产业可持续发展政府决策提供了重要的科技支撑。2015 年至今，该研究团队向国家相关部门提交了 10 余份有关北京 2022 年冬奥会建设、国家冰雪产业发展的咨询建议报告得到国家领导人批示和中共中央办公厅、国务院办公厅采用。即将出版的《2022 年冬奥会举办地滑雪旅游发展研究》是该团队前期研究成果的一部分，也是我国第一部系统研究冬奥会举办地滑雪旅游资源开发的科技专著。

    在推进中国特色社会主义生态文明建设的今天，加强冰雪资源研究，科学发展滑雪旅游产业，是深入贯彻落实习近平总书记"冰天雪地也是金山银山"重要指示精神的重大举措，也是我国北方冰雪资源富集地区培育绿色发展新动能的重要战略突破口。《2022 年冬奥会举办地滑雪旅游发展研究》一书，对标国际标准，创新性地建立了滑雪资源调查空间分析技术方法和指标体系，科学系统地评价了张家口市滑雪旅游资源，在借鉴欧美发达国家滑雪旅游发展经验基础上，提出了 2022 年冬奥会主办地张家口崇礼滑雪大区的滑雪旅游发展战略与对策。这一成果对我国北方广大滑雪资源富集地区产业可持续发展具有重要的借鉴和指导意义。

    作为冰雪科技工作者，我向广大读者推荐此书，相信该书的出版对我国冰雪资源的研究和冰雪产业的蓬勃发展都将起到很好的促进和推动作用。

秦大河

中国科学院院士

冰冻圈科学国家重点实验室名誉主任

2019 年 11 月 13 日

前　言

河北省张家口市面临京张联合举办 2022 年冬奥会的国际发展机遇，滑雪旅游产业发展将与国际标准衔接，从而带动当地绿色生态经济全面发展，成为加快推进首都水源涵养功能区和生态环境支撑区建设的新动能，这对于 2022 年冬奥会 "奥运前—奥运中—奥运后" 京津冀协同发展具有重要意义。

冬奥会举办地滑雪旅游研究是国际上地理学、体育学、区域经济学的重要发展方向和研究热点。冬奥会作为国际重大事件将对主办城市产生时间效应、经济效应、区域效应的综合影响。本书以张家口市滑雪旅游发展和 2022 年冬奥运经济为核心，通过总结、借鉴国际滑雪旅游发达国家和冬奥会举办地发展经验，探索张家口市滑雪旅游可持续发展路径。

本书在借鉴国际经验基础上，对接国际著名滑雪场建设和举办冬季奥运会赛事标准，首次创新建立了滑雪资源调查空间分析技术方法和指标体系，并进行了张家口市崇礼区、赤城县、沽源县滑雪旅游资源详查。针对张家口市滑雪旅游产业发展存在问题，注重滑雪旅游产业空间布局优化，提出了滑雪大旅游产业体系、发展战略定位、发展目标。基于张家口市滑雪旅游产业发展 SWOT 分析，系统开展了市场分析、大旅游动力产业、空间布局、旅游产品与线路、旅游形象与市场营销、城镇发展、滑雪场经营及环保运营、滑雪场旅游生态环境保护等论述。

本书的出版得到张家口市文化和旅游局委托研究课题 "张家口市崇礼赤城滑雪区域规划"、国家科技基础资源调查专项 "中蒙俄国际经济走廊城市化与基础设施科学考察" 课题（课题批准号：2017FY101303）和中国科学院地理科学与资源研究所中国冰雪产业研究中心共同资助，其中滑雪旅游资源评价、滑雪场空间布局、冬奥村选址等研究成果直接为北京市和张家口市联合申办 2022 年冬奥会提供了重要的科技支撑。同期，承担本研究的中国科学院地理科学与资源研究所专家组积极为京张联合申办 2022 年冬奥会、张家口市政府滑雪旅游发展提供了专家咨询建议和科技服务支撑。董锁成研究员被聘为张家口市滑雪旅游产业发展顾问专家，2015 年，李宇副研究员、魏庆华高级客座访问学者为国际奥委会评估考察张家口赛区工作提供了现场科技支撑。

在项目调研和专著编写过程中，中国工程院院士、中国科学院地理科学与资源研究所李文华研究员，中国工程院院士、中国科学院地理科学与资源研究所孙九林研究员，中国科学院院士、中国科学院地理科学与资源研究所陆大道研究员，中国工程院院士、北京林业大学原校长尹伟伦教授，中国科学院地理科学与资源研究所所长葛全胜研究员，中国科学院地理科学与资源研究所原所长刘毅研究员，北京林业大学原校长宋维明教授，北京林业大学原副校长、中国高等教育学会秘书处秘书长姜恩来教授，中国科学院地理科学与资源研究所欧阳华研究员，德国基尔大学 Wolfgang Georg Arlt 教授，牛津布鲁克斯大学建筑与环境学院 Robin Ganser 教授给予了指导和大力支持。张家口市委、市政府领导、张家口市文化和旅游局、张家口市市直相关部门、张家口市各县区相关部门为该研究的顺利开展给予了全方位的支持。

董锁成负责专著总体框架设计，编写分工为：绪论，董锁成、李宇、李泽红；第 1 章，李泽红、李富佳；第 2 章，李宇、毛琦梁、徐新良；第 3 章，侯晓丽、赵敏燕、夏冰；第 4 章，董锁成、李泽红、石广义；第 5 章，李宇、魏庆华、吴观庭；第 6 章，李岱、李富佳；第 7 章，李岱、曾磊；第 8 章，王炜、叶舜赞、张文尝、彭虓；第 9 章，魏庆华、吴观庭、杨莽华、赵国志、宋志勇；第 10 章，张大为、李泽红、程昊；第 11 章，李淑艳、陈建成；第 12 章，李淑艳、杨晶晶、魏庆华；第 13 章，石玲、李淑艳、李宇；第 14 章，李淑艳、缪东玲、杨晶晶、吴观庭。全书由董锁成、李宇统稿。

本书在撰写过程中借鉴和引用了其他科研工作者的研究方法、结论，在此一并表示衷心感谢。

笔　者

2019 年 10 月

目　　录

绪　　论

　　滑雪起源于19世纪的欧洲阿尔卑斯山区，最初产生于人们的日常生活，历经军事和竞技的演变，目前向健身、休闲、表演、体验等多功能发展。根据滑行的条件和参与的目的，可将滑雪分为实用类滑雪、竞技类滑雪和休闲类滑雪。当前，全世界滑雪旅游产业以竞技类滑雪和休闲类滑雪为核心而发展壮大，产业集聚区已经在全球范围内初具规模，产业化进程不断推进，逐渐成为雪资源丰富区域的经济发展新增长点。1996~2015年中国建设了568家滑雪场（不含各类戏雪娱雪场所），每年参与大众滑雪旅游的人次从2万~3万人次发展为1200万人次。北京和张家口成功申办2022年冬季奥林匹克运动会，更为中国发展大众滑雪旅游业提供了重要历史机遇和国际交流平台。本书力图为中国提升承办2022年冬季奥林匹克运动会以及打造世界滑雪胜地的硬件要求和软件能力提供有价值的参考，为实现中国滑雪产业国内场馆建设与国际水平接轨、客源市场与国际市场对接、产业培育与国际标准看齐的蓝色愿景提供构建思路。

1　发展背景

　　滑雪运动起源于北欧的挪威，至19世纪中叶逐步发展成为一项适应现代生活与文化需求，集运动、娱乐和健身于一体的大众化旅游活动。经过100多年的发展，滑雪旅游作为冬季山地旅游的重要组成部分，已成为许多冰雪资源丰富区域的重点发展产业，产业规模增长迅速。2014年，全球有70个国家建设了2130个具有4条以上游客提升设备（客运缆车索道、拖牵、魔毯设施）的室外滑雪场，其中36%分布在欧洲的阿尔卑斯山区、21%分布在美洲地区、19%分布在亚太地区、11%分布在东欧及中亚地区、13%分布在西欧地区（除阿尔卑斯山区和东欧地区以外），滑雪游客总量达到3.3亿人次（Vanat，2015）。

　　20世纪90年代以来，我国已成为世界滑雪旅游业发展最为迅速的国家之一。2014年，我国已建成350个室外滑雪场（Vanat，2015），其中，黑龙江、吉林、新疆、河北、北京、辽宁、山东、河南、山西、内蒙古10省（自治区、直辖市）室外滑雪场均超过13个，占全国室外滑雪场总量的83%左右；陕西、宁夏、天津、甘肃、青海5省（自治区、直辖市）室外滑雪场占全国室外滑雪场总量的7%左右。2014年，我国有77个滑雪场建有4条以上游客提升设备，占全国室外滑雪场总量的22%，这些滑雪场建设水平相对较高，主要分布在北方地区。其中，10多个滑雪场集竞技体育和大众滑雪旅游功能于一体，在地形条件、降雪等气候条件、雪道建设、提升设备、旅游基础和服务设施、运营管理水平等整体或部分指标上达到国际滑雪场水平。例如，黑龙江亚布力滑雪场、吉林北大湖滑雪场均举办过亚洲冬季运动会和多届全国冬季运动会，北京南山滑雪场、河北万龙滑雪场、新疆丝绸之路国际滑雪场均举办过多次由国际滑雪联合会主办的单项国际滑雪比赛，在国际上具有一定的知名度（李晓玲，2004；张凌云和杨晶晶，2007）。但是，我国北方地区大部分滑雪场的规划和建设缺乏统一的标准或规范，滑雪场的规划和建设水平差异很大。滑雪场的选址布局与建设虽经过规划和专家论证，但受当地滑雪场高度落差、坡度、坡向、自然降雪、存雪时间等的影响，雪道场地建设水平低于国际滑雪场。

2 发展阶段

滑雪运动起源于 19 世纪中叶以前，挪威被世界公认为滑雪运动的发源地，1500 年前的滑雪板样品被陈列在奥斯陆的滑雪博物馆，这是至今世界上发现的最早的滑雪板。世界滑雪旅游产业自 19 世纪中叶发展至今，共经历了五个发展阶段：萌芽阶段、起步阶段、发展阶段、扩张阶段和升级阶段，如表 1 所示。从世界各国来看，法国、日本、加拿大、美国滑雪旅游业起步于 20 世纪 60 年代，韩国起步于 70 年代。90 年代，世界滑雪旅游产业发展速度趋于稳定，市场日趋成熟。欧洲、北美地区、日本属于滑雪旅游成熟型市场，其产业多于 60 年代开始快速发展，70 年代发展成熟，未来增长有限。北欧、比利牛斯山区、中欧属于中间型市场，对气候变化十分敏感，具备一定的增长潜力；东欧和亚洲属于成长型市场，东欧滑雪需求占全球的 29%，亚洲滑雪供给占全球的 21%，在未来 10 年内将快速成长，预计成为世界滑雪旅游产业的主力军。

表 1 世界滑雪旅游产业发展阶段

发展阶段	发展时间	代表国家和地区	发展特征
萌芽阶段	19 世纪中叶以前	挪威、瑞典	挪威奥斯陆成立了世界上第一家滑雪俱乐部，创立了滑雪学校和成立了挪威滑雪联合会，1886 年在挪威举办了近代第一次滑雪比赛
起步阶段	19 世纪中叶至 20 世纪 20 年代	奥地利、瑞士、意大利和法国	以运动为主，旅游为辅；以乡村滑雪场为主，设施较为简陋；1924 年，第 1 届冬季奥运会在法国沙莫尼举行，掀起了世界竞技滑雪的新篇章
发展阶段	20 世纪 30~60 年代	欧洲和北美地区	20 世纪 20 年代，滑雪与旅游紧密地融合起来；40 年代中期，滑雪已成为北美和欧洲居民户外休闲的主要活动；60 年代是滑雪运动蓬勃发展的开始
扩张阶段	20 世纪 70~80 年代	日本、韩国、智利、阿根廷等	20 世纪 70 年代是市场和产品进入扩张时期；80 年代产业进入巩固期和管理期
升级阶段	20 世纪 90 年代至今	全世界范围	全方位满足滑雪游客四季旅游度假的需要，集合了初期滑雪运动的古朴宁静乡村风格以及近期现代化的基础设施和个性服务

3 时空格局特征

滑雪旅游业是将滑雪运动与户外休闲相融合的新兴旅游业，其依托于雪地资源丰富的滑雪场地，将相互有联系的产业组织及机构集聚在特定区域，根据游客市场需求提供综合性滑雪产品和专门服务的产销链条，集聚效应促进产业发展与壮大。滑雪旅游产业集聚区的核心要素是滑雪场地、游客市场和产销链条，掌握其空间分布格局与时间演化规律，有利于科学评估现阶段滑雪旅游产业规模和发展水平，2014 年世界滑雪旅游产业规模如表 2 所示。

表 2　2014 年世界滑雪旅游产业规模　　　　（单位:%）

主要区域	滑雪场 （2 130 个）	索道 （26 925 条）	大型滑雪胜地 （45 个）	滑雪人次	滑雪人口
阿尔卑斯山区	36	40	77	45	20
西欧地区	13	17	6	11	26
东欧及中亚地区	11	13	0	6	14
美洲地区（北美地区为主）	21	16	17	23	20
亚太地区	19	14	0	15	19
其他	0	0	0	0	1
合计	100	100	100	100	100

3.1　滑雪场地

截至 2014 年底，世界已有 80 多个国家开展滑雪项目，其中 70 多个国家拥有 6000 多个室外滑雪场（1/3 具有一定的国际知名度和认可度），同时，20 多个国家拥有 50 多个室内滑雪场。与大型滑雪胜地相比，一些小型滑雪场正在蓬勃发展，并且滑雪者络绎不绝。值得注意的是，欧洲东部和中国是近些年新兴的滑雪目的地，其他一些国家随之迅速发展，如阿尔及利亚、塞浦路斯、希腊、印度、伊朗、以色列、黎巴嫩、莱索托、摩洛哥、新西兰、巴基斯坦、南非、土耳其等。目前，全球滑雪行业可提供数亿个商业场位，这些地方逐步成为滑雪旅游产业集聚区，每年为大量滑雪游客提供服务。

（1）空间特征

世界滑雪旅游产业集聚区主要以山脉和气候为依托，呈现明显的区域性特征（图 1）。其中，阿尔卑斯山区占世界滑雪场总数的 36%，美洲地区占世界滑雪场总数的 21%，亚太地区占世界滑雪场总数的 19%，东欧及中亚地区与西欧地区基本持平，分别占世界滑雪场总数的 11% 和 13%。总的来说，1/3 以上的滑雪场集中在阿尔卑斯山区，主要包括奥地利、法国、意大利、列支敦士登和瑞士 5 个国家。

从规模来看，截至 2014 年，全球每年游客量超过 100 万人次的大型滑雪胜地有 45个，其中，77% 集中在阿尔卑斯山区，17% 集中在北美地区，6% 集中在西欧地区。东欧及中亚地区、亚太地区至今没有发展起大型滑雪胜地，滑雪场基本只满足本国和本地区周边居民的休闲需求。从滑雪场选址因素来看，海拔并不是滑雪场建设的基准因素，因为有的滑雪场海拔接近海平面，适宜下雪的高度才是滑雪场选址的关键因素。从滑雪索道总量来看，全球共有滑雪索道 26 925 条，其中 40% 集中在阿尔卑斯山区，其他地区拥有量相差无几，美洲地区、西欧地区、东欧及中亚地区、亚太地区分别各占 16%、17%、13%、14%。

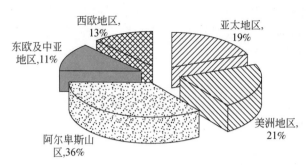

图1　2014 年世界滑雪产业集聚区滑雪场的数量比例

（2）时间特征

受降雪条件的影响，滑雪运动主要集中在每年 10 月至次年 5 月，各个集聚区有 1~2 个月的时间差异。在冰雪运动日益普及的情况下，现代奥运会创始人顾拜旦建议单独举办冬季奥运会，法国沙莫尼于 1924 年成功承办第 1 届冬季奥运会，90 多年来这项国际体育竞技赛事带动了滑雪场地的建设与升级，吸引了世界各地滑雪爱好者的关注和追随。目前，冬季奥运会雪上项目分为七大项 98 小项，滑雪项目包括高山滑雪、越野滑雪、跳台滑雪、现代冬季两项、北欧两项、自由式滑雪、单板滑雪，不同滑雪竞技项目对雪场坡度、积雪厚度有不同要求，因此每届承办城市一般都需要提供 2~3 个综合性滑雪场。

3.2　游客市场

（1）空间特征

阿尔卑斯山区是世界上最大的滑雪旅游目的地，2014 年占世界滑雪旅游市场份额的 44%。近年来，亚太地区滑雪市场变动较大，虽然日本滑雪游客持续大幅度下降，但韩国和中国的滑雪市场逐渐成熟。从长远来看，印度和巴基斯坦等可能会加入亚太地区的滑雪产业发展中，这有助于提高亚洲滑雪产业在国际滑雪产业中的比例。西欧的非高山国家（低于西欧标准的）也占世界滑雪旅游市场 11% 的市场份额，这些国家滑雪旅游规模较小且主要为大量的小规模度假村，如图 2 所示。

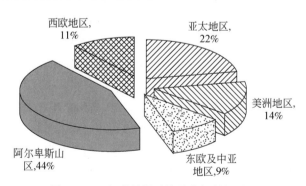

图2　2014 年世界滑雪旅游市场份额对比

截至 2014 年底，全世界滑雪游客数量为 1.20 亿人次并且保持增加态势，世界主要滑雪区域游客比例如图 3 所示。因为有些国家滑雪场不能满足国内游客的需求，许多游客选择出境滑雪旅游（表3）。以荷兰为例，出境滑雪游客数量每年超过100万人次。

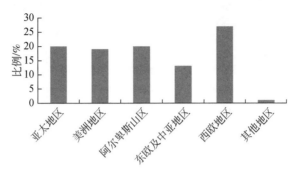

图3　2014年世界主要滑雪区域游客比例

表3　**2014年世界滑雪旅游主要客源国与入境国排名**

入境国	客源国				
	德国	英国	荷兰	美国	比利时
奥地利	1	5	6	—	—
法国	—	2	8	—	9
瑞士	4	—	—	—	—
意大利	3	10	—	—	—
加拿大	—	—	—	7	—

资料来源：《2015全球滑雪市场报告》

注：表中数据为年滑雪游客数量超过2万人次的国家排名

（a）世界各国本国滑雪游客人数

世界滑雪旅游产业主要分布在18个国家，这18个国家的滑雪游客人数占世界总滑雪游客人数的95%以上。如表4所示，奥地利、挪威、芬兰、瑞士的国内滑雪游客占全国总人口比例在20%以上，而中国国内滑雪游客占全国总人口比例仅为0.4%，大约5 054 169人，说明国内游客对中国滑雪旅游业的贡献力并不明显。

表4　**2014/2015年雪季世界各国本国滑雪游客人数统计**

国家	滑雪场/个	滑雪游客/人	全国总人口/人	国内滑雪游客/人	国内滑雪游客占全国总人口比例/%
瑞典	228	10 809 078	9 045 389	180 078	2
西班牙	34	5 863 771	40 491 052	2 024 553	5
斯洛文尼亚	44	1 397 128	2 007 711	301 157	15
挪威	213	6 310 000	4 644 457	1 161 114	25
新西兰	25	1 424 152	4 173 460	292 142	7
韩国	18	6 597 229	48 379 392	2 902 764	6
德国	510	14 322 000	82 369 552	14 826 519	18
芬兰	76	2 794 000	5 244 749	1 258 740	24
中国	350	5 640 000	1 330 044 544	5 054 169	0.4

续表

国家	滑雪场 /个	滑雪游客 /人	全国总人口 /人	国内滑雪游客 /人	国内滑雪游客占全国总人口比例/%
澳大利亚	10	2 059 400	21 007 310	420 146	2
安道尔	3	2 200 806	82 627	16 525	20
美国	481	57 745 399	303 824 640	13 064 460	4.3
瑞士	240	27 200 186	7 581 520	1 809 078	24
日本	547	35 665 753	127 288 416	11 455 957	9
意大利	349	28 260 000	58 145 320	4 651 626	8
法国	325	55 646 000	64 057 792	12 170 980	19
加拿大	288	19 066 200	33 212 696	4 981 904	15
奥地利	254	52 962 000	8 205 533	2 953 992	36

（b）世界各国入境滑雪游客人数

世界滑雪旅游产业主要分布在 18 个国家，安道尔的入境滑雪游客占入境游客比例为 85.70%，奥地利为 138.21%，瑞士为 136.62%。中国入境滑雪游客占入境游客比例仅为 0.05%，说明中国滑雪旅游产业有巨大的发展潜力，如表 5 所示。

表 5　2014 年世界各国入境滑雪游客人数统计

国家	入境游客/人	入境滑雪游客/人	入境滑雪客占入境游客比例/%	入境滑雪游客占总滑雪游客比例/%
瑞典	5 660 000	1 621 300	28.64	15.0
西班牙	64 939 000	586 400	0.90	10.0
斯洛文尼亚	2 411 000	237 500	9.85	17.0
挪威	4 855 000	2 965 700	61.09	47.0
新西兰	2 772 000	512 700	18.50	36.0
韩国	14 202 000	659 700	4.65	10.0
德国	32 999 000	1 432 200	4.34	10.0
芬兰	2 731 000	475 000	17.39	17.0
中国	55 622 000	28 200	0.05	0.5
澳大利亚	6 922 000	20 600	0.30	1.0
安道尔	2 363 000	2 025 000	85.70	92.0
美国	75 022 000	3 465 000	4.62	6.0
瑞士	9 158 000	12 512 000	136.62	46.0
日本	13 413 000	2 853 300	21.27	8.0
意大利	48 576 000	9 891 000	20.36	35.0
法国	83 701 000	17 250 300	20.61	31.0
加拿大	16 537 000	2 288 000	13.84	12.0
奥地利	25 291 000	34 955 000	138.21	66.0

资料来源：世界银行数据库 2016 *International Report on Snow & Mountain Tourism*

注：因滑雪游客可能涉及重复统计，故比例存在大于 100% 情况

总的来看，各国国内滑雪游客人数排名在前的国家是德国、美国、法国和日本（表4），入境游客人数排名在前的国家是法国、美国、西班牙和中国（表5）。这说明中国本国游客对滑雪旅游认知度偏低，参与性不高，但中国优越的滑雪开发条件吸引着大量入境游客，有着较大的发展潜力。其实，我国滑雪旅游开发条件较为成熟，需要做的就是升级滑雪旅游产品，并对国内市场进行深度构建和经营。

（2）时间特征

2000 年以来，国际滑雪旅游市场总体保持平稳变化状态，2006/2007 年雪季游客市场达到历史最低点，2008 年金融危机以后出现逐年萎缩的不景气状况，2013/2014 年雪季缩水明显加剧。其实，这种现象在欧洲五大滑雪市场已经得到证实。2000～2014 年的统计数据分析显示，受全球金融危机和气候变暖影响，北美市场最先出现下降趋势，接着意大利和瑞士游客人数明显减少，随之奥地利和法国市场开始萎缩。日本的国际市场占有率从 2006 年开始一路下滑，2014 年的份额不及 2000 年水平。与此相反，有些国家却在近年国际滑雪旅游市场中积极抢占空间，如中国市场于 2003 年开始起步，2014 年滑雪游客量占世界滑雪游客总量比例近 5%。

3.3　产销链条

（1）空间特征

美国、奥地利、澳大利亚、韩国、瑞士、法国及日本等国家已建立完善的滑雪产业体系，形成装备品、雪具、雪鞋等完整的供给体系，拥有各自的王牌滑雪产品。美国滑雪装备销售额占据体育用品销售榜首，滑雪服的年销售额超过 3 亿美元，各种滑雪器材及用具生产厂商应运而生。日本吸引了全世界 19% 以上的滑雪游客，滑雪装备的市场消费几乎是该数字的两倍，Ogasaka、Yammaha、Idone、Swllowa、Nara、Spost、Mituno、Shinano 等品牌的国内市场占有率达到 50% 以上，在长野形成了滑雪器材生产商集散地，在奈良形成了雪鞋生产工业基地。此外，日本的索道制造与人工造雪技术在国际市场也具有较强的竞争力。同时，日本和韩国将滑雪旅游与自然景观观赏、名胜古迹观赏、参与地方民俗风情以及温泉洗浴、蒸汽浴、美容、按摩、美食、购物等相结合，国内外游客络绎不绝，发挥了滑雪旅游产业的联动效应。顺应滑雪旅游产业发展的新趋势，应该在滑雪旅游集聚区延伸并丰富滑雪旅游产业链条，围绕产销链条打造生态产业、气候产业、健康产业、娱乐产业、户外休闲产业、文化产业、会展产业、冰雪创意产业等新兴产业体系区域集聚的空间格局。但由于起步晚、法规建设不健全、市场机制不健全，我国的滑雪旅游产业与欧洲一些国家存在较大差距，国际品牌"大举入侵"，国内品牌实力虽然有所提高但整体偏弱，大部分滑雪场鲜见国产滑雪装备的"身影"。

（2）时间特征

从季节角度来看，滑雪旅游产品消费集中在北半球冬半年，呈现出较强的季节性，滑雪旅游产品因为存在产销时间差而对仓储要求较高。从产业发展阶段来看，19 世纪末，滑雪运动传入美国，北美滑雪基础设施建设取得新进展。第二次世界大战后，滑雪与旅游更加紧密地结合起来，成为欧洲和北美最受欢迎的休闲放松旅游方式，旅游成为滑雪产业发展的新型增长动力。20 世纪 50～60 年代，滑雪场开始注重雪道的品质以及滑雪区域的发展，涌现出大批具有一定规模的滑雪度假胜地，大型滑雪度假胜地对相互有联系的产业组织及机构产生集聚效应，从而形成滑雪产业集聚区。70 年代，滑雪旅游业开始进行大规模的市场营销和产品扩张，产销链条不断延伸和丰富。现今，滑雪旅游业被称为"白金产业"，20 世纪中后期已跃升为欧洲、北美经济产出量发展速度最快的重要产业。滑雪旅游产销链条以其独特的方式对促进经济发展、优化经济结构、联动相关产业发展繁荣、带动基础设施建设投资、活跃社会服务业、增加就业机会、提升地区知名度、打造地区形象等方面产生了积极影响，具有巨大的社会效益和经济效益。

4　产业发展趋势

4.1　室内滑雪场所

室外滑雪场数量发展逐渐停滞，室内滑雪场悄然兴起。最早的室内滑雪场可以追溯到 19 世纪 20 年代的柏林和维也纳，19 世纪 50 年代早期，日本采用冰粉末铺设室内滑雪场地，后来改用人工坡面造雪，这种方法一直沿用到 2012 年。2012 年，全球共有 30 多个国家在过去的 25 年中建设了 80 余个室内滑雪场，有的开始致力于跨国连锁经营，其中西欧地区建有 43 个室内滑雪场。2014 年室内滑雪场数量达到 1720 万个，大多数集中在西欧地区和亚太地区的国家，如荷兰、英国、中国和日本，如图 4 所示。

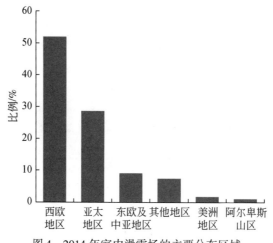

图 4　2014 年室内滑雪场的主要分布区域

4.2　潜在客源市场

世界客源市场呈萎缩趋势，中国客源市场潜力巨大。据世界旅游组织预测，2020 年，中国将成为世界第四大客源输出国和第一大旅游目的国，其中滑雪旅游市场呈现蓬勃发展之势，如图 5 所示。

4.3　增强产业联动

据预测，2020 年，世界滑雪游客将达到 4 亿人次，其中室外滑雪游客 3.8 亿人次，室内滑雪游客 0.2 亿人次。面对世界滑雪产业多样化的发展趋势和滑雪产业集聚区不断扩大

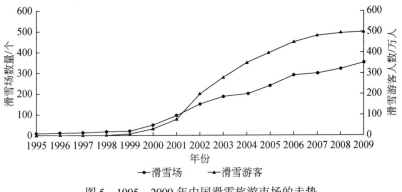

图5　1995～2009年中国滑雪旅游市场的走势

的市场要求，为把握世界滑雪产业的结构调整时机，我国滑雪产业需要优化区域经济增长方式及产业布局，在更高层次上参与国际产业分工，提升国际竞争力，加快滑雪产业凝聚与产业升级，加强"食、住、行、游、购、娱"产业环节联动，延长滑雪旅游产业链条，带动餐饮业、娱乐业等服务业的发展。各国之间滑雪旅游资源的差别可能不大，但是与各国的文化以及饮食、娱乐等产业组合在一起，就会展现出各自的光彩。例如，韩国、日本的影视娱乐业在亚洲一直占据举足轻重的地位，如到韩国电视剧《蓝色生死恋》拍摄地滑雪、泡温泉是很多青年人的梦想，而日本的滑雪度假村一般都建有天然的温泉设施，东北的藏王、长野的野泽、滋贺的草津是日本著名的三大温泉滑雪场，丰富的温泉资源赋予了日本滑雪场独有的特色，是欧美滑雪场所无法比拟的。

5　小结

中国滑雪旅游产业起步较晚，但在国民滑雪消费需求与消费观念持续提升的背景下，政府对滑雪旅游产业及相关产业发展政策的制定与引导催生了滑雪旅游产业的集群式发展，滑雪旅游产业已成为中国旅游业的一个重要收入来源和新经济增长点。

当前，世界滑雪旅游产业以竞技类滑雪和休闲类滑雪为核心而发展壮大，产业集聚区已经在全球范围内粗具规模，产业化进程不断推进，滑雪旅游产业逐渐成为雪资源丰富区域的经济发展新增长点。本书以张家口崇礼滑雪大区规划为例，为中国提升承办2022年冬季奥运会以及打造世界滑雪胜地的硬件要求和软件能力提供有价值的参考，为实现中国滑雪产业国内场馆建设与国际水平接轨、客源市场与国际市场对接、产业培育与国际标准看齐的蓝色愿景提供构建思路。2022年冬季奥运会的成功承办势必将国内游客的冰雪热情推向一个高潮，中国滑雪旅游产业势必迎来巨大的发展机遇。

第1章　张家口崇礼滑雪大区背景分析

张家口崇礼滑雪大区包括张家口市崇礼区①、赤城县和沽源县，考虑到游客行为规律与旅游产品的完整性，范围适当兼顾张北县部分地区，区域简称为崇礼滑雪大区。

1.1　战略需求

1）建设京津都市后花园，充分发挥张家口市地处京畿的经济地理区位优势，使地缘优势转化为发展优势，加强京津世界级都市圈大市场和旅游目的地之间的联系，促进京津冀旅游一体化和河北省环首都绿色经济圈发展。

2）实施大旅游发展战略，培育张家口市滑雪旅游动力产业，建立滑雪旅游产业集群，形成大旅游产业体系，打造中国滑雪旅游产业旗舰；深度挖掘张家口市山地资源、雪地资源潜力，使资源优势转化为经济优势；全面推动张家口市及周边地区产业优化和升级，转变经济发展方式；依托旅游优势在贫困山区创建跨越式的发展模式。

3）打造国际滑雪旅游品牌，积极提升张家口城市形象，全面提升滑雪运动、竞技体育、生态休闲旅游品质，大力开拓国内外滑雪旅游市场。

4）积极申办举办"三冬会"，即中华人民共和国全国冬季运动会（简称全国冬运会）、亚洲冬季运动会（简称亚冬会）、冬季奥林匹克运动会（简称冬季奥运会），打造国际滑雪运动训练和比赛基地，通过竞技滑雪提升张家口滑雪旅游品牌，促进大众滑雪发展。

5）全面借鉴国外国际水准滑雪度假区的发展经验，以张家口市滑雪旅游产业发展为典型案例，对我国滑雪旅游度假区在开发模式、运营模式和赢利模式等方面进行创新。

6）实现生态产业替代传统产业，改善生态环境，增强张家口市作为首都生态安全屏障和水源涵养区的生态系统服务功能。

1.2　区域背景

崇礼滑雪大区地处张家口市东北部，位于河北省西北部，114°17′E～115°34′E，40°47′N～41°17′N，地处北京、河北、山西、内蒙古交界处，东邻首都北京，西连煤都大同，南接华北腹地，北靠内蒙古草原，是京津冀和晋冀蒙经济圈的交汇点，是华北、东北、西北三大市场的重要中转地，区位优势独特。张家口市区东距北京市150km，西距大

---

① 2016年1月27日，崇礼县撤销，设立崇礼区，管辖范围和政府驻地不变。

同市218km。崇礼滑雪大区中的崇礼区位于张家口市中部，总面积为2334 km²，2015年总人口为12.7万人；赤城县位于张家口市东部，东靠北京市延庆区，总面积为5287km²，2015年总人口为29.9万人；沽源县位于张家口市北部，北倚内蒙古草原，总面积为3654km²，2015年总人口为23.2万人。崇礼滑雪大区总面积为1.1275万km²，2015年区内人口合计65.8万人。

1.2.1 地处京津水源涵养区，是首都最重要的生态安全屏障

张家口市位于首都北京市的上风上水区域，是京津重要的水源涵养区、城市供水水源地和风沙源治理区，是首都最重要的生态安全屏障，是保障首都供水来源的官厅水库和密云水库的主要集水地区，区内鸳鸯河、闪电河分别为洋河、滦河的源头，而洋河和滦河分别是北京市和天津市的供水生命线，因此生态保护一直放在重要位置。

张家口市作为首都最重要的生态安全屏障，其工业布局自20世纪50年代后受到严格限制，区域发展相对封闭。为落实保护首都水源生命线的战略部署，近年来农牧业发展总体呈收缩之势，亟待破解生存发展与生态保护的双重难题。

1.2.2 过渡性地带，自然环境独特

张家口市自然地带过渡性特征明显，孕育了独特的冰雪、温泉、丹霞地貌、草原和森林自然景观，构成了发展滑雪旅游业的自然基础。

1. 地处内蒙古高原与华北平原过渡地带，坝上环境与京津迥异

张家口市地处内蒙古高原与华北平原的过渡地带，太行山、燕山、恒山、阴山在这里交汇，北东向山系（新华夏构造体系）和东西向山系（纬向构造体系）在这里穿插叠覆，使区域内地貌格局发生分异，其中张家口-北票深断裂及丰隆断裂将张家口市分为坝上和坝下两大地貌单元。坝上地区为内蒙古高原的一部分，自中生代以来形成稳定地块，整体抬升为高原；而坝下地区受宣化断裂、阳原断裂、下花园断裂、黑山寺-狼山断裂以及更次一级断裂影响，又分异为坝缘山地、山间河谷盆地和南部中山区，自然地理特征分异明显。

崇礼滑雪大区内的沽源县呈现波状起伏的浑圆岗梁与宽阔平坦的谷地相间分布的高原地貌景观；赤城县、崇礼区地处坝上高原与坝下山间河谷盆地的过渡地带，地势北高南低，大马群山、翠屏山、冰山梁、桦皮岭、红花梁等崇山峻岭绵延起伏、横亘全境，山地植被良好，对区域小气候的形成起到重要作用。

2. 小气候特征突出，冬季漫长可滑雪，夏季凉爽可度假

张家口市位于温带大陆性气候区，属中温带半干旱大陆性季风气候，四季分明，春季干燥多风，夏季雨热同期，秋季短促，冬季盛行由大陆吹向海洋的干冷冬季风。受西伯利亚冷空气南下影响，冬季平均气温为-12℃左右，0℃以下的严冬期长达5个月，雪期跨越11月到次年4月，冬季年均降雪量超60cm，累计积雪量达1m左右，存雪时间长达150多天，颗粒硬度、黏度等各项雪质参数均符合滑雪标准，平均风速仅为2级，具备开发滑雪旅游的气候条件。张家口市夏季平均气温为20℃，是京津地区居民良好的避暑去处。

3. 降水偏少，分布不均

张家口市降水总体偏少，年降水量为 306~681.1mm；蒸发量偏大，年蒸发量为 1800~2200mm。坝缘山地、山间河谷盆地和南部中山区为外流区，而坝上高原大部分短小河流属于内陆水系，且在其终端形成咸水湖泊（当地称为淖），闪电河、鸳鸯河属于外流水系，分别为滦河、洋河的源头。

4. 山地植被相对较好，但山地土层瘠薄，破坏后不易恢复

坝缘山地的水文条件相对较好，山地植被盖度较高，达 50% 以上，局部区域可达 95%；山地植被呈现出明显的垂直带谱，在海拔 1500m 以下为落叶阔叶林，在海拔 1500~1800m 为针阔叶混交林，在海拔 1800m 以上为针叶林，在海拔 2000m 左右的甸子梁夷平面上发育亚高山草甸。较高的植被覆盖度不仅能涵养水源，改善区域小气候，并且能使游客在工作之余享受放松和自然的生活状态。滑雪旅游已逐渐成为人类生活中不可缺少的一部分，但适宜建滑雪场的区域坡度大，土层相对瘠薄，一旦遭到破坏，不易恢复。

1.2.3 多元文化交融，历史文化底蕴深厚

平原文化与高原文化、汉文化与少数民族文化、中原文化与塞外文化不断交融，形成了丰富的文化底蕴及多样的旅游资源。

张家口市历史悠久，历史文化源远流长，是中华民族与中华文明的发祥地之一。4700年前，中华民族三大人文始祖——黄帝、炎帝、蚩尤都曾生活、战斗在涿鹿之野，开创了"千古文明开涿鹿"的旷世伟业，留下了众多的历史文化遗迹。其中，古人类活动遗址 80余处，阳原县的泥河湾遗址、小长梁遗址、虎头梁遗址和泥泉堡遗址，均为国内外知名旅游景点。张家口为"涿鹿之战"和"土木之变"等历史事件的发生地，军事遗址有野狐岭古战场、蚩尤三寨、八角台；交通遗址有鸡鸣驿、张（家口）库（伦）大道、独石口、黄帝城、上谷郡、沽源九连城、代王城、元中都 8 处国内知名的废城与聚落遗址。

另有寺庙、石窟、长城段落、城堡、碑碣、建筑小品、传统与乡土建筑、名人故居、书院、陵区墓葬及水库观光区段等 41 处景观。这些景观中有相当一部分为国家、省级重点文物保护单位。

抗日战争时期，张家口市海陀山区是平北抗日根据地的中心地，现在已经发展成为爱国主义教育基地。

1.2.4 传统增长模式面临严峻挑战、经济发展相对落后

崇礼区、赤城县和沽源县受多方面条件约束，面临人口压力大、贫困面广、基础设施落后、工业化进程缓慢、农牧业社会特征突出、社会经济发展相对滞后的问题，如期全面建成小康社会的任务十分艰巨，亟待走出环京津贫困带发展的困境。

亚洲开发银行调研发现，2005 年在河北省环绕京津的区域有 25 个贫困县、200 多万贫困人口，集中连片，与西部地区最贫困的"三西地区"相比，处在同一发展水平，有的指标甚至更低，为此提出了"环京津贫困带"的概念。改革开放初期，河北省环京津贫困带的 32 县经济与京津二市远郊的 15 县经济基本处于同一发展水平，但多年后的今天，两

者之间的经济社会发展水平已形成了巨大的落差。崇礼县、赤城县和沽源县综合经济发展水平与周边县（市）还有一定差距，如表 1-1 所示。

表 1-1　2015 年河北省环京津各县（市）经济综合实力比较

序号	行政区名称	地区生产总值/万元	全社会固定资产投资额/万元	财政收入/万元	农民人均可支配收入/元	农林牧渔业总产值/万元	规模以上工业总产值/万元
1	兴隆县	974 886	1 452 725	52 092	8 977	392 390	1 382 167
2	滦平县	255 504	1 825 467	65 080	7 156	462 354	2 119 668
3	丰宁满族自治县	945 883	1 676 578	83 415	6 152	414 254	697 650
4	怀来县	1 290 186	1 283 293	135 366	12 432	301 355	318 923
5	涿鹿县	923 935	1 240 861	54 562	9 142	483 489	617 535
6	赤城县	752 471	974 118	32 161	7 723	369 270	723 509
7	遵化市	4 837 673	2 732 119	96 500	13 246	716 795	4 878 359
8	玉田县	3 521 598	2 450 609	87 297	13 252	1 144 899	4 837 033
9	三河市	5 100 515	4 969 189	723 101	14 901	616 114	9 119 029
10	香河县	1 986 076	1 924 838	351 247	13 997	294 295	3 357 892
11	大厂回族自治县	866 264	1 274 068	248 912	13 121	179 222	903 630
12	固安县	1 825 192	1 838 332	356 769	12 513	562 554	1 292 548
13	永清县	996 124	1 341 988	76 577	12 244	855 902	736 576
14	霸州市	4 644 642	2 963 137	192 785	13 660	312 772	100 250 973
15	文安县	1 311 672	1 991 497	74 194	13 096	237 760	903 630
16	大城县	1 115 638	1 550 522	66 728	12 007	318 638	1 373 867
17	涿州市	2 615 967	1 993 462	187 768	14 246	383 726	2 621 789
18	高碑店市	1 236 592	1 268 072	95 423	12 385	292 952	1 249 325
19	涞水县	585 077	1 033 206	81 250	7 468	210 731	1 832 682
20	青县	1 743 312	1 911 325	57 004	12 725	701 541	2 418 952
21	黄骅市	2 462 954	2 385 638	130 088	12 622	620 616	183 743 439
22	崇礼县	343 421	736 167	44 000	7 695	141 098	193 240
23	沽源县	437 859	656 006	30 501	7 305	365 336	132 059

资料来源：《河北经济年鉴 2016》

1. 社会经济发展相对滞后，全面建成小康社会时间紧迫

根据《张家口市国民经济和社会发展第十三个五年规划纲要》，到 2020 年，全市生产总值和城乡居民收入均比 2010 年翻一番；贫困县全部摘帽，贫困村全部出列，贫困人口全部脱贫，美丽乡村全部覆盖；如期全面建成小康社会；地区生产总值年均增长 8% 左右，迈上 2000 亿元台阶，人均生产总值年均增长 7%，达到 44 000 元，一般公共预算收入年均增长 10%，达到 200 亿元。

如表 1-2 所示，2015 年张家口市距离全面建成小康社会的阶段性目标还有一定差距，与全国同步实现全面建成小康社会目标的难度较大，必须实施超常规、跨越式发展战略才能缩小发展差距。

表 1-2　2015 年张家口市主要社会经济指标与全面小康社会标准对比

指标	单位	全面小康社会标准值	2015 年
人均 GDP	元	≥31 400	30 840
R&D 经费支出占 GDP 比重	%	≥2.5	2.1
第三产业增加值占 GDP 比重	%	≥50	42.1
城镇人口比重	%	≥60	56.1
失业率（城镇）	%	≤6	3.14
城乡居民收入比	以农村居民收入为 1	≤2.8	2.9
基本社会保险覆盖率	%	≥90	97
居民人均可支配收入	元	≥15 000	23 841

注：GDP 指 gross domestic product，国内生产总值；R&D 指 research and development，科学研究与试验发展

2. 亟待改变资源高耗、粗放型传统经济增长方式

张家口市已形成以能源、机械制造、冶金、化工、轻纺、建材、医药、食品等为主导的产业体系，拥有一批如矿山机械、生铁、电石、白酒、葡萄酒、中高档卷烟、医药等有市场竞争力的优势产品。但近年来，由于技术更新较慢，传统产业资源和能源消耗大，对区域生态环境施加了巨大的压力，经济发展持续性受到考验。崇礼、赤城、沽源等地工业基础相对薄弱，主要以采矿业和风电产业为主，资源型工业特征突出，而矿业发展面临储量有限的困境，经济转型的任务艰巨。要想实现生态建设与全面建成小康社会双重目标，必须走生态经济发展之路。

3. 旅游业处于加快发展阶段，成为经济转型的重要突破口

近年来，张家口市充分发挥紧邻首都北京市的区位优势，把旅游业作为全市第一支柱产业来打造，取得了良好的效果。"十二五"期间，张家口市旅游业已进入加速发展期，2015 年，旅游业综合收入超 300 亿元（表 1-3）。以崇礼为龙头的滑雪旅游业逐渐成为旅游业新的增长点，有望成为张家口市经济转型、调整优化经济结构的重要突破口。云顶滑雪场、万龙滑雪场、长城岭滑雪场、翠云山滑雪场、多乐美地滑雪场、太舞滑雪小镇等滑雪场的建设将会带动崇礼滑雪大区旅游由"一季游"向"四季游"转变。

表 1-3　张家口市"十二五"期间接待游客情况

年份	国内游客				国外游客			
	人数/万人次	增长率/%	收入/亿元	增长率/%	人数/万人次	增长率/%	收入/万美元	增长率/%
2011	1495.18	44.50	85.68	47.21	7.50	41.60	1187.69	37.50
2012	2109.70	41.10	126.59	47.75	8.30	10.67	2048.60	72.49
2013	2739.57	29.86	181.97	43.75	8.93	7.59	2257.68	10.21
2014	3308.07	20.75	235.72	29.54	9.93	11.20	2724.86	20.69
2015	3837.28	16.00	299.66	27.13	10.72	7.96	2908.97	6.76

资料来源：《张家口经济年鉴》（2012～2016 年）、《张家口市国民经济和社会发展统计公报》（2011～2015 年）

综上所述，崇礼滑雪大区战略地位突出，加快经济转型发展迫在眉睫。崇礼滑雪大区未来发展方向与首都北京市关联密切，因此需要探索与京津对接的生态经济发展模式。良好的旅游资源条件和区位条件赋予了崇礼滑雪大区旅游业较大的发展潜力，滑雪旅游业已经起步，需做大做强，提升其对社会经济发展的带动能力。

1.3 滑雪旅游业发展概况

1.3.1 世界滑雪旅游业已逐渐成熟

人类最早的滑雪起源地在我国新疆阿勒泰地区，距今有一万多年，但是直到 20 世纪 90 年代，我国大众滑雪才形成规模，远远落后于世界滑雪产业的发展。20 世纪以来，世界滑雪旅游已形成巨大的产业。截至 2018 年，全球已有滑雪场超过 6000 个（欧洲 4000 个、北美洲 1000 个、亚洲 1000 个），全球滑雪游客达 4 亿人次，全球滑雪场年均产值达到 700 亿美元，在欧美和日韩地区，滑雪人口约占总人口的 10%。美国、法国、瑞士、奥地利、澳大利亚、日本、韩国等国家都在大力发展滑雪产业。滑雪运动的旅游消费已成为一些国家旅游业的支柱，滑雪旅游业已成为许多雪资源富集国家的重点发展产业。

法国是发展滑雪旅游业最为典型的国家。为发展滑雪产业让山区脱贫致富，法国在国家层面制定了总体发展战略，提供土地优惠政策，科技部门集中攻关，在国家各部门协力相助下，法国已成为滑雪大国。开发雪资源为当地民众提供了冬季的工作机会，甚至吸引了巴黎等城市居民在冬季到山区寻求工作，滑雪旅游、观光旅游、度假旅游在法国山区的普遍开展，使拥有全国土地面积 21% 和全国人口 6.3% 的山区显著改变了贫穷落后的面貌。除此之外，开发雪资源还丰富了法国的旅游产品，为法国的科技界和产业界提供了广阔的开发天地和市场空间，取得了良好的经济效益和社会效益。

1.3.2 我国滑雪旅游业进入加速发展期

在我国滑雪产业的发展进程中，东北地区起步较早，其中黑龙江滑雪旅游业发展最好。2017 年，仅春节黄金周期间黑龙江接待以滑雪旅游为主的游客就达到 1000 万人次，直接经济收入达 120.5 亿元。此外，我国每年还有数以万计的滑雪旅游爱好者出国滑雪。

西北地区以新疆的滑雪条件最为优越，滑雪旅游资源十分丰富，具有雪质好、降雪周期长、积雪丰厚等先天优势。2017 年，据新疆维吾尔自治区文化和旅游厅的统计，新疆有滑雪场 210 个，其中 50 余个滑雪场粗具规模。

华北地区是滑雪旅游业的新兴聚集地，其中北京北郊地区的滑雪场属于近郊型滑雪旅游产品（不具备度假接待功能），由于滑雪旅游资源的局限性，发展空间受到限制。张家口与首都北京较近，拥有优质的消费群体，且地理优势明显。近年来，张家口滑雪旅游业得到飞速发展，并且蕴藏着巨大的发展潜力。

1.3.3 张家口滑雪旅游业已进入赶超跨越阶段

张家口滑雪旅游业的发展经历了三个阶段：①起步探索阶段。1996 年，在我国首位全国滑雪冠军单兆鉴的指导下，开始尝试发展滑雪旅游业，建起了华北地区第一个滑雪场。

②快速发展阶段。2003 年，万龙滑雪场开始运营，之后，长城岭滑雪场、多乐美地山地运动度假区分别投入运营，推动滑雪旅游业快速发展。③跨越赶超阶段。2010 年，崇礼密苑生态旅游度假产业示范区的全面开工建设以及冰雪小镇项目的成功签约，标志着滑雪旅游业步入了跨越赶超的新发展时期。至 2017 年，已建成云顶滑雪场、万龙滑雪场、长城岭滑雪场、多乐美地滑雪场、张北塞那都滑雪场、太舞滑雪小镇等滑雪场，被评为华北地区首家以滑雪为特色的国家 AAAA 级旅游景区。多乐美地滑雪场是张家口第一个外资滑雪场，已建成具有国际水准的雪道 8 条、索道 5 条，完成雪具大厅、停车场和设备房等工程；长城岭滑雪场已建成雪道 4 条、索道 5 条以及运动员公寓、综合训练馆、田径场及餐饮、住宿、娱乐等设施，该滑雪场也是河北省第一个现代化高原竞技训练基地和体育健身基地；崇礼密苑生态旅游度假产业示范区为综合性滑雪旅游景区，每年可接待游客 100 万人次以上。目前，张家口滑雪旅游已经成为河北省冬季旅游的亮点，加上其地理位置优势，受到了华北地区滑雪爱好者的青睐，每年冬季接待游客 80 多万人次，其中 80% 为北京自驾车游客。

2004 年，崇礼县被国家体育总局正式批准建设国家滑雪基地；2007 年，崇礼县荣获首批河北省旅游强县称号；2008 年，崇礼县、赤城县、沽源县被列入河北省环京津休闲旅游产业带，其中崇礼县是 19 个特色休闲重点县之一；2010 年，赤城县被列为环首都绿色经济圈 13 个县级城市之一。优越的区域位置，以及旅游产业和滑雪产业大力发展的势头，代表着张家口滑雪旅游业正在蓬勃发展，并进入了新的发展阶段。

1.4　滑雪旅游业发展的 SWOT[①] 分析

1.4.1　优势

1. 滑雪旅游资源优势

张家口山地及坝上地区具有纬度高、海拔高、寒冷期长、生态环境优良及局部区域小气候（冬季寒冷漫长、夏季炎热短促）等特点，天然降雪次数多、积雪较厚，冬季降雪平均可达 60cm，且积雪时间长，滑雪环境好。

接坝地区最为典型，存在多处海拔 1400m 左右的山区，具有独特小环境。以崇礼区为代表，年均降雪量达 63.5cm，累计积雪量在 0.5～1m，雪质好，颗粒硬度、黏度等各项雪质参数均符合滑雪标准，雪期长达 150 天。山地坡度多在 5°～35°，适宜修建滑雪场。

崇礼滑雪大区滑雪旅游资源空间组合良好，雪资源品质高，是理想的天然滑雪区域；雪期长，且较日本和韩国更早进入滑雪期。

2. 旅游资源互补性强

过渡地带的自然景观，以及平原文化和高原文化、汉文化和少数民族文化、中原文化和

---

①　SWOT 分析是一种态势分析方法，其中 S（strengths）是优势、W（weaknesses）是劣势、O（opportunities）是机遇、T（threats）是威胁。

塞外文化、儒释道和天主教在崇礼滑雪大区交汇。崇礼滑雪大区与区外环京津地区旅游资源具有良好的互补性，与区内周边各地区的民族文化、草原、森林、温泉、山野等人文和自然旅游资源具有良好的组合性，是中国乃至世界范围内最具特色的四季旅游度假目的地。

张家口市内可以和崇礼滑雪大区形成互补的旅游景区有中都草原旅游区、金莲川草原旅游区、华北第一天然滑雪旅游区、关外第一泉温泉旅游区、京西第一府旅游区、泥河塘古人类遗迹旅游区、滑沙漂流农业观光旅游区、京西第一州文化旅游区、中华三祖文化旅游区。

3. 市场区位优势

崇礼滑雪大区紧邻京津高端客源市场和国际旅游热门景区，客源市场容量大、增长快、潜力足。截至 2018 年，京津冀三地人口规模约 1.18 亿人，约占全国总人口的 10%。崇礼滑雪大区方圆 400km 范围内有北京、天津等高端客源市场。北京作为世界级的大都市，旅游人数众多，2015 年，北京周边游出游人数达到 4700 万人次。北京地区以其便捷的交通优势和坚实的经济基础，给张家口带来了大量的客源。2018 年，京津地区常住人口为 3713.8 万人，人均 GDP 为 132 287.68 元，对于消费水平要求较高的滑雪运动，该地区客源市场潜力巨大。

4. 生态环境优势

张家口是首都生态安全屏障和水源涵养区，因此崇礼滑雪大区及其周边地区目前尚是一片净土，水、土、气等自然条件优越，生态环境保护较好，是发展休闲度假旅游业的重要依托。

5. 政策基础优势

张家口滑雪旅游业得到了多方支持：文化和旅游部对环京津休闲旅游业的大力支持，国家体育总局对滑雪运动的支持，国家对北京、张家口联合承办 2022 年冬季奥运会的支持，河北省在资金和政策上对滑雪旅游业的大力支持。张家口高度重视旅游业，将其定位为第一支柱产业。

1.4.2　劣势

1. 水资源短缺成为发展滑雪旅游的制约因素

张家口地区多年平均水资源量为 21.91 亿 m^3，人均水资源量不足 $500m^3$，属严重缺水地区。水资源短缺成为张家口发展滑雪旅游的制约因素之一。

2. 基础设施滞后，滑雪旅游人才短缺，服务和接待能力严重不足

干道交通上，崇礼滑雪大区与京津对接的快速通道单一，易在八达岭接口地区形成拥堵，降低崇礼滑雪大区的可达性，形成瓶颈制约；从主干道通往滑雪场的道路等级低，同样也降低了崇礼滑雪大区的可达性。

崇礼滑雪大区大部分旅游景（区）点在空间上较为分散、相距较远，游客旅途消耗时间偏长，且各个景（区）点之间尚未形成有机的联系，相互之间信息较为闭塞。

综合服务设施滞后，接待能力有限。崇礼滑雪大区住宿和餐饮卫生环境较差，服务人员服务水平较低，缺少具有地方特色的高档餐馆；接待宾馆大都缺乏晚间娱乐活动；缺少大型旅游购物商场，旅游商品缺乏地方特色，这些都制约了游客在旅游景（区）点的逗留时间和消费水平，游客食、住、行、游、购、娱的需求不能完全满足。

滑雪旅游业人才严重不足。崇礼滑雪大区滑雪旅游市场尚不够成熟，且存在季节差异大、市场规模小等问题，很难留住高端专业的滑雪教练和营销人员。旅游从业人员中，中高级管理人才也十分缺乏，"候鸟式"教练和频繁跳槽的管理人员降低了员工对企业的忠诚度，影响了滑雪企业的稳步发展，进而对滑雪旅游业的发展产生影响。崇礼滑雪大区大部分宾馆、饭店的服务人员没有进行过正规的培训，旅游景区几乎没有专职讲解员和导游，现有的导游和讲解员量少质弱，其思想认识和工作水平仍然停留在一般的接待阶段，与发展旅游业的要求极不适应。

3. 与国外相比，我国滑雪人口过少

与较为成熟的欧美和日韩滑雪旅游市场相比，国内滑雪人口仅 300 万～500 万人，滑雪普及程度很低（表 1-4）。滑雪是一项高危险性运动，国内大众对滑雪运动充满了敬畏感，这严重制约着国内滑雪运动的普及。

表 1-4　2010 年全球主要滑雪客源市场滑雪人口对比

序号	国家和地区	滑雪人口/万人
1	美国	1100
2	日本	1000
3	欧洲	2000
4	中国	300～500

4. 滑雪旅游产品趋同，四季旅游产品体系尚未形成

崇礼滑雪大区尚未建成滑雪旅游度假区，区内滑雪旅游产品均以滑雪运动体验为主，几乎没有休闲娱乐类旅游项目，旅游产品种类单一，层次性、综合性大众旅游产品匮乏，特别是夏季旅游产品少，没有形成四季旅游产品体系，难以满足游客多样化的需求，留不住游客。

随着中国滑雪旅游市场的高速发展，崇礼滑雪大区将与地理区位相近、气候类型相同的北京周边滑雪场进行客源争夺。在滑雪初学者市场方面，北京周边滑雪场和崇礼滑雪大区的客源存在明显的重叠。

1.4.3　机遇

1. 国家加快旅游业发展的政策机遇

《国务院关于加快发展旅游业的意见》（国发〔2009〕41 号）、《国务院办公厅印发贯彻落实国务院关于加快发展旅游业意见重点工作分工方案》（国办函〔2010〕121 号）和

中共中央对外宣传办公室、国务院新闻办公室与国家旅游局共同签署的《关于开展国家形象宣传推广的合作框架协议》等一系列政策的发布推动了我国旅游业的发展。随着收入水平的提高和对生活质量要求的提高，全国进入大众旅游和休闲度假旅游阶段，京津滑雪旅游需求即将进入快速增长期，将推动崇礼滑雪大区滑雪旅游业的发展。

2. 2022 年冬季奥运会举办城市，京张发展冰雪体育产业的重大机遇

2022 年冬季奥运会是中国历史上第一次举办冬季奥运会，北京、张家口同为主办城市，北京将承办所有冰上项目，北京延庆区和张家口将承办所有雪上项目。北京、张家口具备良好的滑雪产业发展条件和消费市场，京津冀地区将成为国内冰雪场地最为先进、基础设施配套最为完善的核心区域，并能够辐射、传导和带动京津冀周边地区及国内冰雪体育旅游消费需求。与此同时，京津冀地区滑雪产业链条的延长将大幅拉动滑雪产业上下游项目发展，推动旅游、文化等相关产业迅速发展。

3. 建设环首都绿色经济圈和环京津休闲旅游产业带

《京津冀都市圈区域规划》将作为国家区域发展的重大战略强力推进，京津冀地区经济发展的巨大潜能和活力将充分释放。河北省作为京津冀都市圈的中坚和沿海大省，将大力实施环首都绿色经济圈战略和沿海开放战略。目前，河北省已相继出台《河北省环京津休闲旅游产业带发展规划（2008—2020）》和《关于加快河北省环首都经济圈产业发展的实施意见》，并把建设环首都绿色经济圈写入了《河北省国民经济和社会发展第十三个五年规划纲要》，将其作为重点进行发展规划。张家口滑雪-温泉休闲区是环京津和环渤海地区三大具有影响力的休闲旅游产业聚集区之一，区内的赤城县是环首都绿色经济圈 13 个县级城市之一。这些重大战略的实施将为张家口借助京津优势大力发展滑雪旅游业提供难得的历史机遇。

4. 对接京津地区交通基础设施大改善，将带来客流量的增加

京张高铁、张承高速、张石高速、京石高速等交通线修建于北京、天津等中心城市的 1～2h 交通圈范围内，将显著增加崇礼滑雪大区的客流量。

5. 国际财团战略性开发项目提升滑雪旅游品质

崇礼密苑生态旅游度假产业示范区的开发极大地提升了崇礼滑雪大区滑雪旅游的品质。多乐美地山地运动度假区项目带来的成熟市场的管理理念不仅提高了崇礼滑雪大区滑雪旅游的服务水平，而且提升了滑雪旅游产品的品质。

1.4.4　威胁

1. 国内外传统滑雪旅游区的激烈竞争

世界滑雪旅游的核心地区在欧美，无论是在滑雪旅游、滑雪竞技体育方面，还是在滑雪装备制造等方面，北欧地区和北美地区都走在全球前列。滑雪旅游最发达的是阿尔卑斯山区的法国、瑞士、奥地利、意大利、德国等国家。其中，法国滑雪产业最为成熟，每年

冬季就接待 700 多万人次的滑雪旅游者，其中包括 140 多万人次的外国滑雪旅游者；每年冬季收入达 50 多亿美元，其中包括 10 亿美元外汇收入。北美地区是欧洲之外滑雪运动社会基础最好的地区，从美国斯阔谷承办第 8 届冬季奥运会开始，北美地区已 5 次承办冬季奥运会。良好的群众基础和体育赛事的举办，联合促进了北美地区滑雪旅游产业的发展。据美国滑雪协会 2018 年统计，美国滑雪爱好者大约有 1200 万人，滑雪旅游年度收入为 60 亿美元。此外，美国滑雪装备工业基础雄厚，滑雪装备的销售额居体育用品销售额榜首。阿尔卑斯山区和北美地区对我国高端滑雪运动爱好者具有很强的吸引力，每年都有大量中国高端滑雪运动爱好者赴欧美滑雪。

亚洲地区的日本和韩国的滑雪旅游起步相对较早，发展相对成熟，群众参与率达 10% 以上。日本拥有发展现代滑雪的良好经济条件和自然条件，现有 1000 余个现代滑雪场，滑雪爱好者达 2000 万人，滑雪群众基础非常好，是亚洲唯一两次承办冬季奥运会的国家，札幌和长野两个城市分别承办过第 8 届和第 18 届冬季奥运会。韩国滑雪旅游遵循的是精品化开发模式，雪场服务更加完善，滑雪度假旅游相当发达，已成功承办 2018 年冬季奥运会。日本、韩国滑雪旅游业在发展水平和服务理念方面，都较我国先进。

我国国内滑雪旅游的竞争极为激烈。近期竞争主要来自北京周边的滑雪场和内蒙古、天津等地域周边的滑雪场；中远期竞争主要来自北京周边规模大、设备好的几个滑雪场和东北部分国家 SS、SSS 级滑雪场。届时，崇礼滑雪大区已经在设备和服务上成为国内一级滑雪基地，与东北滑雪场形成"双足鼎立"的局面，竞争主要表现在不同细分市场的竞争与合作、营销方式和服务方式等方面。

2. 冬季替代型休闲方式的多样化竞争

目前，我国滑雪运动并未普及，且滑雪文化没有得到广泛宣传，大众对于滑雪运动的认识不够，仍有相当一部分人因认为滑雪运动是一项技术高且风险大的运动，而并未尝试。同时，打雪仗、爬犁、坐马拉雪橇、滑轮胎、堆雪人等室外活动，保龄球、台球、游泳、桑拿、夜总会、电子游艺等室内游乐项目，以及冬季避寒等休闲方式对潜在的滑雪旅游游客进行了分流。

3. 全球气候变暖增温减湿的影响

受全球气候变暖的影响，张家口气温有所上升，降水量年际变化较大，给滑雪场的发展带来了一定影响；气候变暖可能导致该地区降雪量呈下降趋势，增加滑雪场的运营成本并缩短运营周期。

4. 滑雪旅游开发过程中的生态修复难度较大

滑雪场多建设在高海拔地区，且这些地区多为河流源头地区，生态环境脆弱，如果要建设滑雪场就会不可避免地对植被、自然景观、野生动物栖息地产生影响。此外，旅游活动产生的噪声污染、交通工具及游客产生的垃圾造成的大气污染，以及建设过程中因植被和山体破坏产生的滑坡及泥石流等次生灾害都会对这些地区造成严重的环境污染及生态破坏。这些地区的生态环境一旦被破坏将很难恢复。

综上所述，张家口滑雪旅游业具有独特的资源、区位、自然环境优势和良好的发展机遇，但同时也面临诸多内部制约因素和外部竞争与挑战。未来十年是张家口滑雪旅游业赶超发展的关键时期，必须充分发挥自身优势，借力北京，攻克艰难，实现滑雪旅游业的跨越式大发展。

1.5　规划政策依据

1.5.1　国家法规

1）全国人民代表大会常务委员会，《中华人民共和国旅游法》，2013 年。

2）全国人民代表大会常务委员会，《中华人民共和国城乡规划法》，2007 年。

3）全国人民代表大会常务委员会，《中华人民共和国土地管理法（修正案）》，2018 年。

4）全国人民代表大会常务委员会，《中华人民共和国森林法》，2009 年修订。

5）全国人民代表大会常务委员会，《中华人民共和国水土保持法》，2010 年修订。

1.5.2　相关规划

1）第十二届全国人民代表大会第四次会议，《中华人民共和国国民经济和社会发展第十三个五年规划纲要》，2016 年。

2）中国共产党中央政治局，《京津冀协同发展规划纲要》，2015 年。

3）河北省第十二届人民代表大会第四次会议，《河北省国民经济和社会发展第十三个五年规划纲要》，2016 年。

4）河北省旅游发展委员会、北京市旅游发展委员会、天津市旅游局，《京津冀旅游协同发展行动计划（2016—2018 年）》，2016 年。

5）张家口市第十三届人民代表大会第五次会议，《张家口市国民经济和社会发展第十三个五年规划纲要》，2016 年。

6）张家口市人民政府，《张家口市城市总体规划（2001—2020 年）》，2011 年修订。

7）张家口市人民政府，《张家口赛区承办 2022 年冬奥会总体规划》，2016 年。

8）张家口市国土资源局，《张家口市土地利用总体规划（2006—2020 年）》，2007 年。

9）张家口市旅游发展委员会，《张家口市旅游业发展总体规划（2012—2025 年）》，2012 年。

1.5.3　主要技术规范与标准

1）国家质量监督检验检疫总局，《旅游规划通则》（GB/T 18971—2003），2003 年。

2）国家旅游局，《旅游滑雪场质量等级划分》（LB/T 037—2014），2014 年。

3）中国滑雪协会，《中国滑雪协会章程》，2005 年。

4）国家质量监督检验检疫总局，《旅游资源分类、调查与评价（GB/T 18972—2003）》，2003 年。

1.5.4　相关文件、统计资料

1）国务院，《国务院关于加快发展旅游业的意见》（国发〔2009〕41 号），2009 年。

2）国务院，《国务院关于促进旅游业改革发展的若干意见》（国发〔2014〕31 号），2014 年。

3）河北省人民政府，《河北省人民政府关于促进旅游业改革发展的实施意见》（冀政发〔2015〕11 号），2015 年。

4）河北省人民政府，《河北省人民政府印发关于加快河北省环首都经济圈产业发展实施意见的通知》（冀政〔2011〕12 号），2011 年。

5）河北省人民政府，《河北省人民政府关于印发〈河北省环京津休闲旅游产业带发展规划（2008—2020）〉的通知》（冀政函〔2008〕82 号），2008 年。

6）张家口市及各县（区）旅游资料、文史资料与相关统计资料。

第2章 滑雪旅游资源评价

2.1 资源基础评价

2.1.1 自然地理条件分析

崇礼滑雪大区的生态地位重要而特殊，是京津的生态安全屏障和北京的重要水源地，但同时也是生态敏感区，生态环境脆弱，预防灾害能力不强。崇礼滑雪大区内的三县地处河北、内蒙古交界的生态脆弱区，属于中温带半干旱大陆性季风气候区，气温较低，植被生长缓慢；降水量少，易发生干旱等自然灾害；降水集中于夏季，且多有暴雨，易引起洪涝、泥石流等灾害；该地区长期以来表现出生物多样性减少和生态退化的趋势，自我恢复能力弱，不合理的开发过程易引起不可修复性的破坏。

1. 地质

崇礼滑雪大区南北受尚义–赤城深断裂、康保–赤峰深断裂影响，形成沉降带与背斜交错分布的格局。

崇礼境内的大地构造，以尚义–赤城深断裂为界，因大地构造运动的差异性，形成两个构造特征截然不同的构造单元。尚义–赤城深断裂横穿崇礼，东西长约60km，南北宽约10km，由混合岩带、挤压破碎带构成。在断裂带南侧发生局部沉降，沉积了海相地层，形成局部地槽，称为燕山沉降带。

赤城位于天山–阴山纬向构造体系的东部，在大地构造单元上以尚义–赤城深断裂为界，南部为燕山宣（化）–龙（关）复向斜，北为内蒙古背斜驿马图–猫峪台凸，南邻军都复背斜，东南部边界一带为"山"字形构造体系，有赤城–后城断裂带。

沽源属中朝准地台，为内蒙古背斜土城子台拱、冀北陷断束所控制，南北受尚义–赤城深断裂、康保–赤峰深断裂影响，张北–高山堡断裂纵贯县境。

2. 地貌

崇礼滑雪大区属于多山地区，崇礼、赤城山地面积广布，落差较大，沽源整体海拔较高，起伏度相对较缓，具有高原地貌特征。

崇礼为冀西北山地，位于阴山山脉东段的大马群山支系和燕山余脉交接地带，山脉多为东北–西南以及东西走向。山峰海拔多在1500～2000m，属于中低山区。在地貌上，崇礼属于坝上和坝下过渡型山区，地貌特征是"山连山，连绵不断，沟套沟，难以计数"。崇礼境内地表形态类型可分为山地和沟谷。

赤城海拔在 500～1540m，四周高山环绕，境内山脉以靠近坝上高原的坝头为起点，向东南与横贯南部的大海陀山脉闭合，地势由东南向西北逐渐增高。全县地貌类型分为中低山地、丘陵、山间盆地、河谷阶地。

沽源海拔在 1356～2211m。在大地貌上，沽源属于内蒙古高原的东南边缘，阴山余脉横贯东西，南部与燕山山脉相接，总的趋势是南高北低，东高西低。在中地貌上，以坝头为界，沽源形成截然不同的地貌景观，东南坝头属中低山地形，中部属低山丘陵地形。

3. 气候

崇礼、赤城、沽源三地都属于中温带半干旱大陆性季风气候区，气候干旱，崇礼、赤城、沽源多年平均降水量分别为 483 mm、417 mm、401 mm，我国半湿润区与半干旱区以 400mm 等降水量线来分，崇礼滑雪大区基本位于半湿润区与半干旱区之间。冬季漫长寒冷，降水很少，夏季增温迅速，全年降水大部分集中于夏季，春季雨雪少。

受地形、地貌的影响，崇礼滑雪大区不同区域间的小气候差异明显。崇礼分为东北部湿润寒温区、东南部湿润寒温区、西北部半湿润寒温区、西部干旱暖温区、西南部半干旱暖温区。赤城分为暖区、较暖区、温区、较温区、冷凉区。沽源由于森林覆盖率增加，小气候有所改善，降雨期延长，气温升高，冬季积雪量减少，出现暖冬现象，气候呈现为"冬天严寒，夏无酷热"之态。

4. 水资源

崇礼滑雪大区水资源不丰富，人均水资源占有量低，地表水资源较缺乏，分布有清水河、黑河、红河、白河、闪电河、葫芦河等河流。2012 年，崇礼、赤城、沽源人均水资源占有量均低于国际公认的用水紧张警戒线 1700m³/a，也远远低于全国人均水资源占有量 2100m³/a。

5. 生态条件

崇礼滑雪大区森林主要分布在崇礼的红花梁地区，赤城与沽源交界处的冰山梁地区、黑龙山地区、赤城与北京交界处的大海陀山地区，以及赤城与承德交界处的山区。草地主要分布于沽源。

崇礼原始次森林面积是河北省最大的。"十一五""十二五"以来，京津风沙源治理工程和退耕还林工程等林业工程全面实施，随着工程实施规模加大，治理速度加快，建设质量显著提升，社会化造林蓬勃兴起，生态工程建设取得显著成效。

近年来，通过退耕还林工程、京津风沙源治理工程、天然林保护工程等生态工程建设，赤城的水土流失和土壤沙化得到一定治理，森林植被也有所恢复，有林地面积逐年增加。

沽源处于中国草原和稀树草原植被型组区内，主要由耐寒的旱生多年生草本植物组成，在河川湿地发育有隐域性的湿地草原，花卉种类繁多。南部坝缘山地生长着成片的原始次森林，海拔较高的山坡或山顶分布着山地草甸植被。沽源不仅拥有以三河源为主的坝上高原内陆沼泽，还拥有沼泽化草甸型湿地资源，湿地生态系统功能较好。

2.1.2　环境容量现状评价

1. 大气环境容量

张家口大气环境质量好。2014 年，张家口市区空气质量总体达标天数为 315 天，占监测天数的 86.3%，环境质量综合指数均为 4.91，居京津冀第一；全市主要流域水质监测断面功能区达标率达 100%；张家口市中心城区二氧化硫（SO_2）年均值低于《环境空气质量标准》（GB 3095—2012）中二氧化硫（SO_2）的年平均浓度二级标准限值（60μg/m^3）。

2. 水环境容量

白河：主要监测指标均高于Ⅲ类地表水水质标准，部分指标已达到Ⅰ类或Ⅱ类地表水水质标准，溶解氧、高锰酸盐指数、五日生化需氧量三项指标达到Ⅰ类地表水水质标准，氨氮监测指标达到Ⅱ类地表水水质标准。

主要采用 COD_{Cr} 浓度指标进行表征：

$$A_i = \frac{P_i - G_i}{P_i} \tag{2-1}$$

式中，i 表示区域；A_i 表示 i 区域水环境容量指数；G_i 表示 i 区域 COD_{Cr} 断面监测值；P_i 表示 i 区域 COD_{Cr} 控制目标浓度［选取《地表水环境质量标准》（GB 3838—2002）中化学需氧量（COD）的Ⅲ类标准值：20 mg/L］，当 $0 < A_i \leqslant 1$ 时，COD_{Cr} 水环境容量符合国家Ⅲ类地表水水质标准，数值越大，COD_{Cr} 水环境容量越大；当 $A_i \leqslant 0$ 时，COD_{Cr} 水环境容量已经超出国家Ⅲ类地表水水质标准，数值越小，COD_{Cr} 超标越严重，COD_{Cr} 水环境容量越小。

白河水环境容量指数 A_i 平均值为 0.475，水环境容量大。

2.2　滑雪旅游资源评价

2.2.1　滑雪旅游资源评价指标体系

目前，国际上对于滑雪场发展条件的研究已逐步由原来集中评价滑雪场建设自然要素特征转向综合考虑滑雪场自然和人文开发条件。20 世纪 70 年代，美国土地管理局（BLM）提出用降雪期、雪质、雪深、海拔、坡度、风力、温度等技术性指标对滑雪场进行评价，但该评价指标体系主要关注滑雪场建设的自然要素特征，忽视了滑雪场建设的人文要素特征。降雪量、雪深、温度等气候条件已成为当今滑雪场发展条件评价研究的热点领域（Elsasser and Bürki，2002；Bicknell and McManus，2006；Scott et al.，2008；Beyazit and Koc，2010；Toeglhofer et al.，2011；Landauer et al.，2012；Pons-Pons et al.，2012；Dawson and Scott，2013）。例如，评价中综合考虑海拔、坡度以及气候变化对滑雪场的温度、降雪量、降雪期、湿度的影响，应用人工造雪措施提升滑雪场应对气候变化的能力（韩杰和韩丁，2001；Scott et al.，2008；Steiger and Mayer，2008；Rixen et al.，2011；Pons-Pons et al.，2012；Berghammer and Schmude，2014）。此外，人工造雪的水体质量、空气质量、土壤和植被情况也成为滑雪场发展考虑的重要因素（Pickering et al.，2003；

Kubota and Shimano，2010；Caskey，2011；Ristić et al.，2012）。随着游客对滑雪旅游舒适度需求的逐步提升，国内外学者注重在滑雪场发展过程中自然要素研究的基础上，对滑雪场管理（Holden，1998；Pintar et al.，2009）、所在区域地方文化（Landauer et al.，2014）、交通与环境条件（Nepal，2002；杜杰，2012；李小兰等，2015）、大事件影响（Getz，2008；张凌云和杨善林，2014；杨凝等，2015）进行研究，这些因素已逐渐成为滑雪场建设过程中的重要影响因素，研究成果对不同区域滑雪场建设起到了积极的指导作用。但不足的是，滑雪场发展条件评价指标体系与方法研究尚处于起步阶段，绝大部分滑雪场直接引用美国滑雪场建设参考指标，偏重自然要素发展条件，对滑雪场建设区域的地理区位条件、环境条件、人文要素发展条件考虑不足，这在一定程度上影响了滑雪场的持续发展。

本书在借鉴著名国际滑雪场发展条件的基础上，综合考虑竞技体育和大众滑雪旅游发展评价需求，遵循共有性、简单性、独立性、可比性、可测性原则，运用指标文献频度统计和德尔菲法，构建滑雪场发展条件综合评价指标体系，评价指标分为目标层指标、主类指标、亚类指标和基本类型指标 4 个层次。其中，目标层指标是综合发展条件，主类指标层包括自然要素发展条件和人文要素发展条件，亚类指标层包括自然要素发展条件中的地形条件、生态条件、气候与雪资源条件、自然灾害条件和人文要素发展条件中的市场区位条件、建设条件、发展潜力条件，基本类型指标层可细化为 25 个指标，具体指标内涵如表 2-1 所示。

本书以 2012 年滑雪旅游发展条件好，滑雪场数量排名居全国前 5 位的黑龙江省、吉林省、河北省、北京市、新疆维吾尔自治区为调研区域，选取建成 6 条以上游客提升设备（包括至少 2 条架空索道），并且承办过国际滑雪联合会单项国际赛事或亚洲冬季运动会的河北省万龙滑雪场、黑龙江省亚布力滑雪场、吉林省北大湖滑雪场、北京市南山滑雪场、新疆丝绸之路国际滑雪场 5 个高水平滑雪场为评价对象，研究滑雪场的综合发展条件。2012 年 12 月 10～17 日进行了万龙滑雪场、南山滑雪场实地调查，2013 年 1 月 6～22 日进行了亚布力滑雪场、北大湖滑雪场、丝绸之路国际滑雪场实地调查，获取了滑雪场发展条件评价指标数据。

2.2.2 评价方法

基于国际著名滑雪场建设条件（王欣欣，2010）和我国滑雪场开发现状，应用专家区间评分法，将滑雪场发展条件基本类型指标分别划分为优良、较好、中等、较差、差 5 个等级，5 个等级分别赋值为 0.50、0.25、0.00、-0.25、-0.50。对于其中可量化的指标，基于国际滑雪场发展条件标准直接划分为 5 个等级进行评价赋值；对于难以直接量化的指标，采用描述性指标，基于实地调研划分为 5 个等级进行专家评分赋值。基于科研院校、滑雪场、政府管理部门的滑雪旅游规划、滑雪场运营管理、社会经济发展、土地规划与利用、自然地理、生态环境等领域 15 位专家咨询打分结果，分别对 2 个主类指标、7 个亚类指标和 25 个基本类型指标在 0.1～0.9 分别进行权重评价赋值，求取平均值后进行适宜调整，确定 2 个主类指标、7 个亚类指标和 25 个基本类型指标的权重。

表 2-1　中国北方地区滑雪场发展条件综合评价指标体系

主类	权重	亚类	权重	基本类型	权重	评价等级				
		指标		指标		优良(0.50)	较好(0.25)	中等(0.00)	较差(-0.25)	差(-0.50)
自然要素发展条件	0.55	地形条件	0.2	雪道垂直落差/m	0.55	>800	500~800	300~500	150~300	<150
				雪道坡度/(°)	0.45	26~35	16~25	9~15	5~8	0~4
		生态条件	0.2	森林覆盖率/%	0.55	>60	45~60	30~45	15~30	<15
				生态系统脆弱度	0.45	低	较低	一般	较高	高
		气候与雪资源条件	0.4	积雪厚度/cm	0.25	>100	80~100	50~80	30~50	<30
				降雪期/月	0.25	>5	4	3	2	<1
				雪质（粉雪占雪季降雪量的比例）	0.20	>$\frac{2}{3}$	$\frac{1}{2}$	$\frac{1}{3}$	$\frac{1}{4}$	<$\frac{1}{4}$
				冬季日极端气温/℃	0.10	>-10	-18~-10	-25~-18	-30~-25	<-30
				冬季风力特征	0.10	微风	偶尔中风	偶尔大风	经常性大风	强风
				年平均降雪量/mm	0.10	>600	500~600	400~500	300~400	<300
		自然灾害条件	0.2	地质灾害频度	0.60	低	较低	一般	较高	高
				水土流失度	0.40	低	较低	一般	较高	高

续表

主类	权重	亚类指标	权重	基本类型指标	权重	评价等级				
						优良(0.50)	较好(0.25)	中等(0.00)	较差(-0.25)	差(-0.50)
人文要素发展条件	0.45	市场区位条件	0.45	区位优势度	0.60	高	较高	一般	较低	低
				交通优势度	0.40	高	较高	一般	较低	低
		建设条件	0.3	人工造雪的气候与经济条件	0.25	非常适合	较适合	适合	一般	不适合
				基础设施建设水平	0.10	完善	较完善	一般	较差	不完善
				开展滑雪活动条件/天	0.05	>150	120~150	90~120	60~90	<60
				雪道连贯性	0.15	良好	一般	需做相应量土方工程	需做大量土方工程	工程量巨大超限
				雪道维护水平	0.15	100%雪道有足够的防范	75%雪道有足够的防范	60%雪道有足够的防范	50%雪道有足够的防范	所有雪道无足够的防范
				林地开垦成本	0.15	低	较低	一般	较高	高
				地表植被恢复成本	0.15	低	较低	一般	较高	高
		发展潜力条件	0.25	雪场建设空间潜力	0.35	有足够开发空间	有较大开发空间	有一定开发空间	有较小开发空间	无足够开发空间
				土地可开发度	0.20	好	较好	一般	较差	差
				滑雪旅游产业重要性	0.35	非常重要	很重要	重要	比较重要	不重要
				周边环境优美度	0.10	好	较好	一般	较差	差

滑雪场发展条件评价公式如下：

$$E = \sum_{i=1}^{7} f_{ij}\omega_{ij} \tag{2-2}$$

式中，E 为滑雪场发展条件综合评价值；f_{ij} 为 i 指标层 j 单指标评价值，$1<i<7$，$2<j<7$；ω_{ij} 为 i 指标层 j 单指标权重，$1<i<7$，$2<j<7$。

2.2.3 评价结果

1. 综合指标评价及主类指标评价

综合发展条件评价结果分别为北大湖滑雪场（0.304）、亚布力滑雪场（0.278）、万龙滑雪场（0.270）、南山滑雪场（0.214）、丝绸之路国际滑雪场（-0.025）。北大湖滑雪场、亚布力滑雪场、万龙滑雪场的综合发展条件处于较好水平；南山滑雪场综合发展条件接近较好水平；丝绸之路国际滑雪场综合发展条件接近中等水平，如图 2-1 所示。

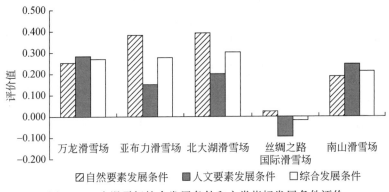

图 2-1 5 个滑雪场综合发展条件和主类指标发展条件评价

滑雪场自然要素发展条件评价结果分别为北大湖滑雪场（0.393）、亚布力滑雪场（0.383）、万龙滑雪场（0.258）、南山滑雪场（0.190）、丝绸之路国际滑雪场（0.025）。北大湖滑雪场与亚布力滑雪场自然要素发展条件接近优良水平；万龙滑雪场自然要素发展条件达到较好水平；南山滑雪场自然要素发展条件高于中等水平但与较好水平还有一定差距，丝绸之路国际滑雪场处于中等水平，如图 2-1 所示。

滑雪场人文要素发展条件评价结果分别为万龙滑雪场（0.284）、南山滑雪场（0.243）、北大湖滑雪场（0.196）、亚布力滑雪场（0.151）、丝绸之路国际滑雪场（-0.087）。万龙滑雪场人文要素发展条件达到较好水平；南山滑雪场人文要素发展条件接近较好水平；北大湖滑雪场、亚布力滑雪场人文要素发展条件高于中等水平但与较好水平还有一定差距；丝绸之路国际滑雪场人文要素发展条件与中等水平还有一定差距，如图 2-1 所示。

2. 亚类指标评价

亚类指标层包括地形条件、生态条件、气候与雪资源条件、自然灾害条件 4 个自然要素发展条件和市场区位条件、建设条件、发展潜力条件 3 个人文要素发展条件，各指标评价值如图 2-2 所示。

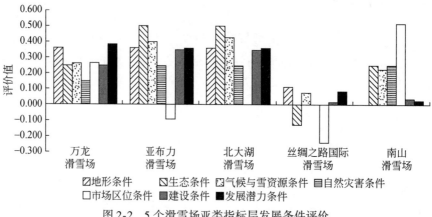

图 2-2　5 个滑雪场亚类指标层发展条件评价

1）地形条件。万龙滑雪场、亚布力滑雪场、北大湖滑雪场地形条件评价值均为 0.363，3 个滑雪场雪道的垂直落差、坡度与国际知名滑雪场相比，都处于较好水平，雪道的垂直落差在 300～800m，雪道的坡度在 8°～35°，雪道类型多样；南山滑雪场和丝绸之路国际滑雪场地形条件评价值分别为 0 和 0.113，处于中等水平，雪道的垂直落差在 150～500m，雪道的坡度相对较平缓。

2）生态条件。北大湖滑雪场和亚布力滑雪场生态条件评价值均为 0.500，处于优良水平，滑雪场森林覆盖率在 60% 以上，生态系统脆弱度低；万龙滑雪场和南山滑雪场生态条件评价值均为 0.250，处于较好水平，滑雪场森林覆盖率在 45%～60%，生态系统脆弱度较低；丝绸之路国际滑雪场生态条件评价值为–0.145，处于较差水平，滑雪场森林覆盖率相对较低，生态系统脆弱度较高。

3）气候与雪资源条件。北大湖滑雪场和亚布力滑雪场气候与雪资源条件评价值分别为 0.425 和 0.400，接近优良水平，主要是降雪期、年平均降雪量、雪质和积雪厚度 4 个基本类型指标评价值高，而冬季日极端气温、冬季风力特征 2 个基本类型指标处于中等水平；万龙滑雪场气候与雪资源条件评价值为 0.263，处于较好水平，虽然降雪期、年平均降雪量、雪质和积雪厚度 4 个基本类型指标评价值低于亚布力滑雪场和北大湖滑雪场，但是冬季日极端气温、冬季风力特征 2 个基本类型指标处于中等或较好水平；南山滑雪场气候与雪资源条件评价值为 0.225，接近较好水平；丝绸之路国际滑雪场气候与雪资源条件评价值为 0.075，处于中等水平。

4）自然灾害条件。亚布力滑雪场、北大湖滑雪场、南山滑雪场自然灾害条件评价值均为 0.250，处于较好水平，地质灾害和水土流失等问题发生频度较低；万龙滑雪场自然灾害条件评价值为 0.150，与较好水平还有一定差距，主要是由于滑雪场森林覆盖率相对较低，生态系统脆弱度相对较高，植被受到破坏后水土流失发生的频度相对较高，今后建设中要提高滑雪场森林覆盖率，提高生态系统服务功能和控制水土流失发生发展；丝绸之路国际滑雪场自然灾害条件评价值为 0，处于中等水平，主要是潜在水土流失发生的频度较高。

5）市场区位条件。南山滑雪场、万龙滑雪场市场区位条件评价值分别为 0.500 和 0.250，分别处于优良和较好水平，因毗邻北京、天津等国际旅游目的地，万龙滑雪场和南山滑雪场拥有潜在客源优势，有利于未来滑雪旅游产业的发展；亚布力滑雪场、北大湖滑雪场市场区位条件分别为-0.100 和 0，接近或处于中等水平，主要是远离北京、天津等客源输出地，游客需要乘坐转乘航空、铁路或高速公路，且交通用时较长；丝绸之路国际滑雪场市场区位条件评价值为-0.250，处于较差水平，主要是距离北京、天津等客源输出地远，交通相对不便。

6）建设条件。亚布力滑雪场、北大湖滑雪场和万龙滑雪场建设条件评价值分别为0.350、0.350 和 0.250，处于较好水平；南山滑雪场建设条件评价值为 0.038，处于中等水平；丝绸之路国际滑雪场建设条件评价值为 0.013，处于中等水平。亚布力滑雪场、北大湖滑雪场、万龙滑雪场人工造雪的气候与经济条件、基础设施建设水平、雪道连贯性、雪道维护水平 4 个基本类型指标评价值相对较高，并且林地开垦成本、地表植被恢复成本 2 个基本类型指标评价值相对较低；南山滑雪场、丝绸之路国际滑雪场人工造雪的气候与经济条件相对较差，同时林地开垦成本、地表植被恢复成本相对较高。

7）发展潜力条件。万龙滑雪场、北大湖滑雪场和亚布力滑雪场发展潜力条件评价值分别为0.388、0.363 和 0.363，均处于较好水平，3 个滑雪场今后建设空间潜力较大，滑雪场土地利用已经列入当地政府土地利用规划，比较容易开发，且滑雪场能与周边环境融为一体，整体环境较好，同时滑雪旅游产业对当地经济发展具有重要意义，南山滑雪场、丝绸之路国际滑雪场发展潜力条件评价值分别为 0.025 和 0.088，处于中等水平，南山滑雪场受北京对水源涵养和生态要求的影响，其未来发展空间和土地利用开发受到一定限制，丝绸之路国际滑雪场由于生态系统脆弱，土地利用开发受到一定限制，且滑雪场周边环境需要优化。

3. 小结

5 个滑雪场是我国目前综合发展条件最好的滑雪场，但与国外国际水准滑雪场相比还有一定的差距。北大湖滑雪场、亚布力滑雪场、万龙滑雪场综合发展条件处于较好水平，南山滑雪场综合发展条件接近较好水平，丝绸之路国际滑雪场综合发展条件接近中等水平。在主类指标层，北大湖滑雪场、亚布力滑雪场、万龙滑雪场自然要素发展条件达到较好水平，南山滑雪场自然要素发展条件接近较好水平，丝绸之路国际滑雪场自然要素发展条件达到中等水平；万龙滑雪场人文要素发展条件达到较好水平，南山滑雪场人文要素发展条件接近较好水平，北大湖滑雪场、亚布力滑雪场人文要素发展条件已经具有较好的基础，丝绸之路国际滑雪场人文要素发展条件接近中等水平。

在亚类指标层，万龙滑雪场地形条件、生态条件、气候与雪资源条件、市场区位条件、建设条件和发展潜力条件均达到较好水平，自然灾害条件与较好水平还有差距；亚布力滑雪场、北大湖滑雪场生态条件达到优良水平，地形条件、气候与雪资源条件、自然灾害条件、建设条件、发展潜力条件均达到较好水平，市场区位条件接近中等水平；南山滑雪场市场区位条件为优良水平，生态条件、自然灾害条件为较好水平，气候与雪资源条件接近较好水平，地形条件、建设条件、发展潜力条件为中等水平；丝绸之路国际滑雪场地形条件、气候与雪资源条件、建设条件、发展潜力条件略高于中等水平，自然灾害条件为中等水平，生态条件、市场区位条件处于较差水平，市场竞争优势较弱。

2.2.4 综合比较和开发潜力

1. 崇礼滑雪大区滑雪旅游资源的国内竞争优势

1）崇礼滑雪大区是北京周边最优质的天然滑雪区域，雪资源最佳，滑雪期最长，且建设国际水准滑雪场的地形优势明显。

2）崇礼滑雪大区是国内最具市场区位优势和发展潜力的天然滑雪区域，还是国内最优质滑雪旅游资源富集的地区之一，雪资源条件与东北、西北地区类似，但地形条件相对较好。毗邻北京的巨大市场区位优势，使崇礼滑雪大区成为国内最具发展潜力的天然滑雪区域。

2. 崇礼滑雪大区滑雪旅游资源的国际竞争优势

1）崇礼滑雪大区是东亚地区极具竞争力的天然滑雪区域，虽然整体竞争优势不如日本，但是和韩国具有同等竞争优势。崇礼滑雪大区地形条件与日本类似，但优于韩国。崇礼滑雪大区天然滑雪旅游资源不占优势，但是滑雪期比韩国长。最重要的是，中国巨大的国内市场使其发展潜力远大于日本和韩国。

2）崇礼滑雪大区与欧美地区的天然滑雪区域相比存在明显差距。欧洲阿尔卑斯山区、北美落基山区等地区是全球目前最主要的滑雪旅游集聚区，两地滑雪旅游资源得天独厚，滑雪历史悠久，客源市场基础优越。与之相比，崇礼滑雪大区滑雪旅游资源在总体质量与规模上还存在一定差距，主要表现为气候条件和地形条件与两地差距较大。

第3章　　　　滑雪旅游市场分析

3.1 张家口滑雪旅游市场现状

基于张家口市滑雪场、北京市滑雪场、北京首都国际机场、北京西站的 2000 份游客问卷，进行滑雪旅游市场分析。

(1) 总体规模偏小，经济贡献率低，与滑雪旅游资源不匹配

张家口每年冬季接待游客 80 多万人次，旅游收入上亿元，其中 80% 为北京自驾车游客。张家口主要旅游定位为中高级滑雪旅游目的地，人均日消费在 1000 元以上。张家口滑雪旅游收入占全国旅游总收入比例为 13% 左右。

(2) 客源分布近域性特征明显，国外市场尚未得到有效开发

根据景区随机抽样问卷调查、相关统计资料以及万龙滑雪场 2008/2009 年雪季接待游客概况汇总，张家口滑雪旅游游客呈现明显的近域分布特征。国内滑雪旅游游客主要来自以北京为核心的京津冀地区，其中北京游客比例超过 75%，天津游客比例近 20%，石家庄、张家口等河北省城市游客比例近 4%，其他如山西、内蒙古、河南、山东等周边地区游客也有增加，但比例非常小。同时，也有少量游客来自冰雪运动发达的东北地区以及距离张家口较远的海南、四川、广东、上海等地区，说明张家口滑雪旅游资源有良好的口碑。

国外客源以日韩竞技训练客源为主，虽有部分其他地区的散客，但总量很小，国外客源市场尚未得到有效开发。

(3) 滑雪游客以高收入、高学历群体为主

目前，企事业单位管理人员、公务员等是滑雪旅游的主要消费群体（53%）。被调查者普遍具有较高受教育水平，被调查者中具有大专及以上学历的占 52%，具有高中以上学历的约占 81%。

(4) 滑雪旅游产品的知晓度有提升，但仍需积极拓展营销渠道和手段

对滑雪景区及核心市场所做游客问卷调查显示，获取崇礼滑雪大区滑雪旅游产品信息的渠道首推行业及群众自发的口碑宣传（约为 50%），其次为旅行社（约 20%），此外，还有网络、户外广告等渠道。与之前相关数据相比，除口碑宣传外，其他形式的宣传渠道有所增加，这主要得益于张家口市近期对滑雪旅游宣传的大投入，尤其是公交车体广告等户外广告投入较大，且这些宣传对提升崇礼滑雪大区滑雪旅游品牌的知名度已产生一定影响。但对北京客源市场所做调查显示，与亚布力滑雪场等国内知名滑雪场相比，崇礼滑雪大区滑雪旅游产品的知名度仍较低，在未来旅游产品开发中要继续关注产品质量，保持较高的美誉度，同时积极拓展营销渠道。

（5）各类旅游资源的知名度

游客问卷调查分析及日常接待情况显示，在崇礼滑雪大区拥有的各类旅游资源中，游客最感兴趣的旅游资源依次为滑雪、草原、森林、长城、温泉、民俗文化活动等。

（6）对主要滑雪场的满意度较高

游客在崇礼滑雪大区主要滑雪场的评价中，对崇礼滑雪大区生态环境（72%）、雪场环境（70%）、雪场设备（70%）、服务（73%）、交通（83%）、住宿（74%）、通信（77%）、购物（73%）的满意度都在70%以上，只有在产品综合性价比（68%）、餐饮（67%）、滑雪项目（66%）、其他娱乐设施（65%）的满意度低于70%。

3.2 主要客源市场分析

以北京为核心的京津冀地区交通便捷，经济基础坚实，是张家口滑雪旅游产品的核心客源市场。在北京首都国际机场、北京南站等主要交通集散地，蓝色港湾国际商区、朝阳大悦城、金源新燕莎等中高档商业区，使馆区周边，高等院校，以及北京延庆滑雪场等处发放客源地市场调查问卷1521份，收回有效问卷1079份，问卷有效率为71%。综合分析实地调研资料、客源地市场调查问卷统计资料、张家口市文化广电和旅游局行业统计数据，对张家口滑雪旅游市场分析如下。

在滑雪旅游市场中男性游客的比例要大于女性游客，游客年龄集中在18～30岁，中等收入的人数略多，主要游客的受教育程度处于中等偏上水平，游客的职业集中在单位工作人员（企事业单位职员和企事业单位管理人员）和学生（表3-1）。

表3-1 2011年北京市场专项问卷调查人口统计学特征汇总

项目		人数/人	比例/%	项目		人数/人	比例/%
性别	男	600	56	受教育程度	高中及以下	111	10
	女	479	44		大专	291	27
年龄	18岁以下	26	2		大学本科	544	51
	18～30岁	606	56		研究生及以上	133	12
	31～40岁	278	26	职业	公务员	48	5
	41～50岁	139	13		企事业单位管理人员	226	21
	51岁及以上	30	3		企事业单位职员	349	32
年收入	3万元以下	368	34		工人	43	4
	3万～6万元	287	27		农民	22	2
	6万～10万元	254	24		学生	209	19
	10万～20万元	102	9		军人	46	4
	20万～30万元	32	3		离退休人员	12	1
	30万～50万元	22	2		其他	124	12
	50万元及以上	14	1				

3.2.1　京津冀都市圈

京津冀地区人口密集（2015 年总人口为 1.1 亿人，其中 3000 多万人为城市居民）、经济发达，居民的旅游意识很强，旅游消费水平居全国前列，是国内三大旅游客源地之一。同时，京津冀地区道路交通体系完善，交通便捷，具有庞大的潜在滑雪旅游客源市场。

1. 北京客源市场需求特征与潜力

北京位于张家口东南部，距离约 150km，约 2h 车程；距离崇礼约 249km，约 3h 车程，高铁通车后此距离可缩短至 40min，2h 就可到达崇礼滑雪大区。以北京为核心，不断延伸和完善的高速公路及铁路网络大大缩短了崇礼滑雪大区与北京客源市场间的距离。作为世界级大都市，北京 2015 年周边游出游人数达 4700 万人次，绝大部分出游居民以休闲度假、观光为目的，消费人群为北京周边城市带来了巨大的商机。而张家口以便利的交通、完善的滑雪设施成为北京居民周边游的首选之地，所以北京是张家口滑雪旅游的核心客源市场。

（1）居民年龄与职业结构

第一，仅从年龄因素考虑，2015 年滑雪旅游重要潜在客源约 1063 万人，拓展潜在客源约 803 万人（以 20～44 岁为重要潜在客源，5～19 岁、45～64 岁为拓展潜在客源）。

参与滑雪需要一定的身体素质为基础，因此滑雪旅游游客年龄主要集中在 25～40 岁，这一年龄段的游客身体素质相对较好，且随着生活水平的提高，这一年龄段的范围将会向两端延伸。根据 2015 年人口抽样调查结果，北京 20～44 岁居民占总人口比例约为 49%，按 2170 万常住总人口计算，20～44 岁人群总数为 1063 万人，这些都是滑雪旅游的重要潜在客源，如图 3-1 所示。

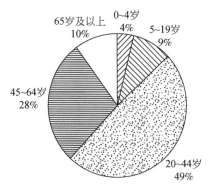

图 3-1　2015 年北京人口年龄构成
资料来源：《北京统计年鉴 2016》

第二，从职业构成来看，对滑雪、休闲度假等旅游产品具有较强支付能力的群体规模大。

高收入群体多：2015 年，北京拥有 30 多家世界 500 强企业总部，在京设立机构约 500 家，还拥有约 100 家中国 500 强企业总部，共集中约 50 万的大型企业白领。

公务员群体规模大：北京拥有较多中共中央直属机构、市直机关以及各类驻京办事机构。调查问卷统计分析显示，公务员、企事业单位中高级职员支付能力强，且具有较高的滑雪意愿，是重要的潜在客源。

外籍人士集中：滑雪运动源自挪威，因具有自然条件优势、发展历史悠久、居民消费意识强，滑雪旅游已成为北欧、北美等地区一些国家的冬季旅游主要项目，也是一项最受欢迎的国际性大众旅游活动。很多国家已形成"全民皆滑"的现状，国民滑雪旅游意识很强。例如，瑞士仅有 750 万人口，但每年滑雪人口达 3500 万人次，平均每人每年滑雪 5 次。北京作为中国的政治中心和文化中心，有大批外国驻华使节及使馆工作人员等外籍工作人员、留学生等，这些群体的滑雪旅游消费意识超前、消费能力强，是崇礼滑雪大区潜在的滑雪旅游客源。

（2）旅游消费特征

第一，旅游消费意识强，容易接受新鲜事物。年龄、收入、受教育程度等因素成为促进滑雪旅游需求迅速增长的助推器。

人们的旅游消费过程受消费意识的支配和控制，而其消费意识则由消费心理、消费观所构成。消费观为人们的消费活动提供模式，消费心理则直接影响着人们现实和具体的消费行为。滑雪旅游在我国兴起时间较短，且价格较高，对国内消费者来讲是一项比较新鲜的高消费旅游活动。因此，年龄、收入、受教育程度是影响滑雪旅游需求的三个最重要的因素。

北京人口密集（2015 年北京常住人口已超过 2170 万，其中常住外来人口 800 多万，城镇人口占总人口比例在 80% 以上）、经济发达（2015 年，北京人均 GDP 为 106 497 元，位列全国第 2 位，城镇居民人均可支配收入为 52 859 元），既是国内三大旅游客源地之一，同时又是重要的旅游目的地和中转站，具有极大的市场潜力。密集的城市人口带动的经济增长使北京居民生活水平持续提高，旅游消费逐渐成为居民生活的重要组成部分。自 2015 年起，北京居民旅游消费支出及出游率均保持比较平稳上升的态势。从北京旅行社组团情况来看，2014 年，北京仅随团出游人数达 4 537 238 人，共计 16 809 758 人天（表 3-2），表明北京居民旅游消费意愿强烈。随着经济社会的持续发展，人均家庭收入逐渐增加，北京居民滑雪旅游的参与率也会增加。

表 3-2 2014 年北京旅行社组团情况

地区	旅行社组团人数/人	旅行社组团人天数/人天
全国	131 166 562	415 458 339
北京	4 537 238	16 809 758

资料来源：《中国旅游统计年鉴 2015》

同时，从旅游游客受教育程度来看，受教育程度越高，对旅游的需求往往越大，接受新鲜事物的能力也越强，滑雪旅游对其吸引力也越大，且受教育程度较高的人群旅游消费能力往往也较高。如图 3-2 所示，根据 2015 年北京人口抽样调查数据，在 6 岁及以上人口中，大专及以上学历的居民所占比例为 38%，而高中及以上学历的居民所占比例超过 50%。居民受教育程度普遍较高也在一定程度上增强了其选择滑雪旅游产品的意愿。

第二，旅游消费能力总体较强，对滑雪旅游产品的购买力强。

消费能力是指人们为满足旅游需求而进行消费活动的能力，它既包括人们生理上的消费能力，又包括人们获取一定量消费的经济能力。2014 年，北京城镇居民人均家庭总收入达 49 730 元，人均可支配收入为 43 910 元，全年人均消费性支出为 28 009 元（图 3-3），同时家庭恩格尔系数已降至 30.8%，达到富裕状态的消费水平（30%~40%）。在此背景下，北京居民的旅游消费能力节节攀升。

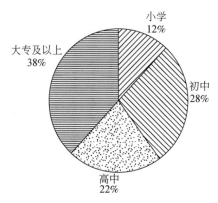

图 3-2　2015 年北京居民受教育程度（6 岁及以上人口）

资料来源：《北京统计年鉴 2016》

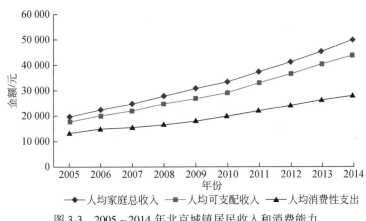

图 3-3　2005~2014 年北京城镇居民收入和消费能力

资料来源：《北京统计年鉴》（2006~2015 年）

　　北京居民对旅游产品的需求与其可支配收入呈正相关，与家庭恩格尔系数呈负相关。随着可支配收入的日益增加和家庭恩格尔系数的持续下降，居民用于旅游消费的支出越来越大。因此，对总体消费相对较高、需要有较高经济实力支撑的滑雪旅游来说，北京居民具有较强的消费能力，是滑雪旅游的重要客源。

　　第三，旅游消费偏好。

　　1）自驾车旅游——北京居民最喜爱的旅游产品之一。

　　2015 年底，全国私人轿车保有量达 1.24 亿辆，其中北京私人轿车保有量为 439.33 万辆，占比为 3.5%。随着北京私人轿车保有量的剧增以及公路交通的日益便捷，自驾车旅游成为备受推崇的一种旅游方式。根据客源地市场调查问卷结果，北京居民到郊区及周边省（市）旅游的比例达 52%。在被问及自驾车出游范围时，37% 的被访者能接受车程 2h 左右的目的地。在被问及如果到张家口滑雪旅游，最关心的问题是什么时，仅有约 1% 的被访者关心景区名气，多数被访者比较关心距离（交通）、住宿餐饮等配套设施、景区产品质量等，说明北京居民在旅游消费上已逐步趋于理性，选择旅游目的地时不会过多关注景区的名气，而是关心与旅游体验本身紧密相关的产品质量、服务、交通、住宿、餐饮等因素。

2）旅游信息获取渠道——可以通过网络营销、旅行社获取旅游信息。

由客源地市场调查问卷分析可知（图 3-4），北京居民获取旅游信息的渠道 11% 来自网络，24% 来自旅行社，26% 来自亲朋好友推荐，另有约 11% 来自电视，19% 来自报纸杂志。因此，张家口滑雪旅游客源市场的开拓应重点发展旅行社营销宣传，以保证良好的美誉度。

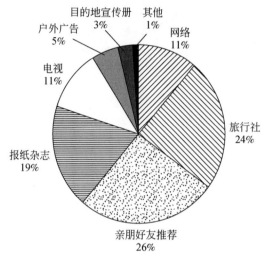

图 3-4　2015 年北京居民旅游信息获取途径

资料来源：客源地市场调查问卷

3）出游方式——注重与家人、朋友一起出游，自助游与随团游共同发展。

由客源地市场调查问卷分析可知，北京居民出游常以家庭为单位（比例为 39%），或是与单位同事、朋友一起（比例为 42%）。在被问及如果选择到张家口滑雪旅游，希望的出游方式时，31% 的被访者选择自助游，约 55% 的被访者希望随团到张家口滑雪旅游或需要旅行社等旅游服务机构的帮助。自助游对旅游目的地旅游公共服务的要求更高（如旅游景区信息、目的地交通标识系统、目的地交通便捷度），与家人一起出游则要求旅游目的地拥有适合不同家庭成员消费的旅游产品、适合家庭的住宿餐饮配套设施。

4）对配套服务要求高，但并不盲目追求高档次。

由客源地市场调查问卷分析可知，北京居民对住宿服务的关注点第一是安全卫生（占被访者的 27%），第二是服务热情（占被访者的 25%），第三是物美价廉（占被访者的 22%），第四是出游方便（占被访者的 12%），第五是有特色（占被访者的 9%）[图 3-5 (a)]。对餐饮服务的要求集中度很高，67% 的被访者希望品尝到目的地的特色美食及地方小吃，不盲目追求高档次 [图 3-5 (b)]。

（3）对滑雪旅游的感知

1）滑雪旅游意愿强。

由客源地市场调查问卷分析可知，在滑雪旅游产品喜好程度调查中，喜欢滑雪旅游的

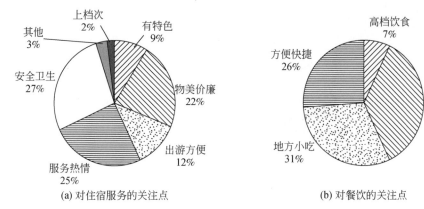

(a) 对住宿服务的关注点　　　　(b) 对餐饮的关注点

图 3-5　北京居民对住宿服务、餐饮服务的关注点

资料来源：客源地市场调查问卷

被访者占 83%，不喜欢滑雪旅游的被访者仅占 17%；在崇礼滑雪大区规划旅游产品喜好程度调查中，对规划中设计的滑雪产品感兴趣的被访者占 37%，希望体验草原风情的被访者占 33%，对温泉养生感兴趣的被访者占 19%，对森林休闲、文化观光感兴趣的被访者占 11%。总体来讲，北京居民对滑雪旅游的消费意愿较强，且随着居民可支配收入的持续增加，这一需求还会继续增长。

从北京周边滑雪场供给方面来看，军都山滑雪场、雪世界滑雪场、八达岭滑雪场、石京龙滑雪场、莲花山滑雪场、怀北国际滑雪场、南山滑雪场、云居滑雪场、云佛山滑雪场、渔阳滑雪场、万龙八易滑雪场等老资格的滑雪场分布在距北京城区 30~80km 范围内。同时，不仅京郊滑雪场增多，城内也出现了众多滑雪场和戏雪乐园，如鸟巢滑雪场、狂飙乐园滑雪场、朝阳公园·亚布洛尼滑雪场、望京冰雪乐园、温都水城滑雪场等，充分表现出北京客源市场对滑雪旅游消费的强烈需求。

2）中高端客源数量倍增，大众滑雪群体蓄势待发。

2000 年之后，北京出现一批滑雪发烧友，且滑雪目的地开始向京外优质滑雪场转移，这部分人群应成为张家口拓展高端滑雪旅游市场的重要目标客源。北京部分滑雪场的调查和相关资料显示，北京滑雪人群的滑雪水平在不断提高，出现一批滑雪爱好者和发烧友。过去北京滑雪场游客几乎100%都会租用滑雪场的器材，而现在约有 10% 的游客都自带装备。因为更为注重滑雪场本身质量，很多最初在京郊滑雪的中高端滑雪人群，现已逐渐向我国东北地区的大型滑雪场转移，同时还有一部分专业滑雪人群向日本、韩国、欧美国家转移。

潜在大众滑雪消费者：在对潜在初级客源参加滑雪旅游的主要障碍性因素/最关心因素的问卷调查中，被访者第一是对安全的担心（占被访者的 22%），主要是由于对滑雪旅游缺乏深入了解而产生心理障碍；第二是对服务质量的担忧（占被访者的 15%）；第三是对活动项目种类的担忧（占被访者的 14%）（图 3-6）。

（4）对张家口滑雪旅游产品的知晓度及价格的预期

在客源地市场调查问卷中，93% 的被访者表示不知道张家口的滑雪旅游产品，5% 的被访者表示听说过，仅有 2% 的被访者表示去过，张家口滑雪旅游产品的知晓度较低，张家口需要通过各种手段，宣传旅游产品，提高其知名度 [图 3-7（a）]；51% 的被访者认

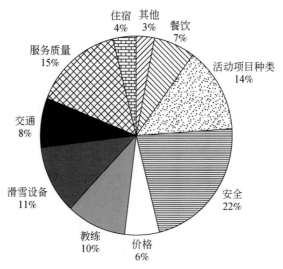

图 3-6 潜在大众滑雪消费者参加滑雪旅游的最关心因素

资料来源：客源地市场调查问卷

为人均消费应在 1000 元以下，37% 的被访者可以接受人均消费在 1001～3000 元，9% 的被访者可以接受人均消费在 3001～5000 元，2% 的被访者可以接受人均消费在 5001～10 000 元，1% 的被访者甚至可以接受人均消费在 1 万元以上 [图 3-7（b）]，说明北京客源市场本身存在明显分化，既有高支付能力的客源，也有旅游消费水平尚处于初级阶段的客源。

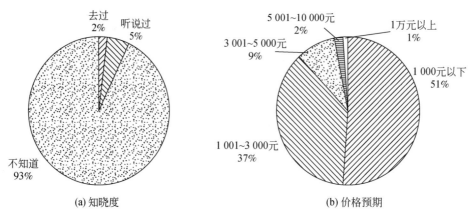

(a) 知晓度　　　　　　　　　　(b) 价格预期

图 3-7 北京居民对张家口滑雪旅游产品的知晓度及价格预期

资料来源：客源地市场调查问卷

（5）针对北京客源市场的开发建议及潜力预测

第一，北京客源市场旅游消费趋于理性，张家口滑雪旅游开发应发挥比较优势，做好环境影响评价和生态环境保护规划，确保生态环境和自然资源的可持续利用；对旅游资源进行合理组合，进一步丰富自身产品线。

第二，针对大众市场对距离和交通的关注，通过宣传营销消除心理距离，使其有这样一种认识：去张家口滑雪旅游与去北京远郊区滑雪旅游在时间距离上相差无几。同时，努力在道路基础设施等硬件上缩短景区和客源地之间的时间距离和经济距离。

第三，加强散客需求较多的旅游公共服务体系建设，完善旅游城市的旅游功能，如问询中心、旅游专线与专车、道路标识等，增加旅行社的散客服务功能，设计提供适合所有家庭成员消费的旅游产品组合。

第四，引进和培育高品质旅行社企业，做好团队滑雪游客的接待工作。

第五，完善住宿、餐饮等配套设施，进行特色化建设。

第六，加大营销力度，拓展营销渠道，提高知名度。

第七，阶梯式定价：为高端目标市场打造高质量产品；为大众目标市场提供质价相符产品。

第八，加强专业教练、安全保障等方面的宣传，逐步消除潜在大众滑雪旅游客源对滑雪旅游安全性的认识误区。

2. 天津、河北客源市场旅游消费特征及市场潜力

（1）天津与河北客源市场概况

2015年，天津总人口为1547万人，其中城镇人口为1278万人，占总人口的82.6%；人均GDP为107 960元，居全国第1位。天津居民选择国内游的比例大，50%以上选择京津冀、河南等地区出游，且休闲、观光、游览、度假的人数占出游总人数的60%左右。在出游方式上，随团或结伴出游、亲友自助旅游的人数占出游总人数的50%左右，单位组织旅游的人数占出游总人数的近20%，参加旅行社的人数较少，仅占出游总人数的20%左右。此外，80%以上的居民选择过夜游。随着居民旅游消费经验的日益丰富，以及天津周边滑雪场的建设，居民对滑雪旅游的消费意愿迅猛提升。

京津冀都市圈中河北的人口基数大，2015年，河北总人口达7425万人，人均GDP为40 255元，居全国第12位。石家庄是河北省会，其经济实力和旅游消费水平较高，在全国处于中上水平。

（2）滑雪旅游市场需求预期

天津的经济发展水平及居民旅游消费能力较北京稍低，但近年来天津居民国内旅游出游率一直呈现较高增长趋势。同时，天津周边滑雪场建设开始蓬勃兴起，居民对这种旅游产品已经开始产生浓厚兴趣。从整体上来讲，虽然河北旅游消费能力低于北京和天津，但石家庄等省内大中城市的居民旅游消费水平较高，已具备向滑雪旅游等中高端旅游产品转移的消费能力，应通过完善道路交通系统、加强宣传营销、有针对性地提供大众滑雪旅游产品等措施来开拓客源。

3.2.2　以上海为龙头的长三角地区

1. 市场概况

长三角地区是跨越江苏、浙江、上海两省一市的沿海地区，包括15市及所辖的70多个县，人口密集（2015年，长三角地区人口共计15 930万人，其中城镇居民为11 067万人），经济发达（2015年，上海、江苏、浙江人均GDP分别居全国第3、第4、第5位），是全国经济最活跃的地区。长三角地区居民旅游消费水平很高，旅游经验丰富，对康体健

身、生态休闲、度假、民俗体验等旅游产品兴趣高,是国内三大旅游客源输出地之一。

2. 滑雪旅游市场需求预期

张家口虽属远距离旅游目的地,通行所耗费的经济成本较高,但基于长三角地区居民的旅游意向与旅游经验,再加上张家口与长三角地区旅游资源的差异性,张家口对该地区居民具有较强的吸引力。通过积极建设必要的交通等基础设施,并提高服务水平,长三角地区居民普遍较高的旅游消费水平会弱化其与旅游目的地间的空间距离,张家口中高端滑雪旅游、民俗风情旅游、绿色旅游等旅游产品会成为他们的选择。

3.2.3 以广州为龙头的珠三角地区

珠三角地区是我国经济最发达的地区之一,2018 年,珠三角地区人口共计 6300.99 万人。珠三角地区居民具有强烈的出游意识。居民普遍对自然风光旅游资源很感兴趣,喜欢去国内较为著名的旅游地旅游,居民旅游率居全国之首。居民外出旅游方式多以参加旅行团为主,交通多以飞机为主,旅游消费水平较高。张家口的居住环境和生活方式与珠三角地区有较大差别,这种差异性使得张家口对珠三角地区居民具有较大的吸引力。随着交通、食宿等旅游设施的完善及服务水平的提高,珠三角地区将会成为张家口重要的潜在客源市场。

3.2.4 国外主要客源市场旅游消费特征

1. 市场概况

(1) 日本和韩国客源市场

目前,张家口滑雪旅游的国外客源主要是日本、韩国等东亚国家的竞技滑雪训练客源,这也是未来张家口拓展国际滑雪旅游市场的核心。

日本经济发达,国民旅游购买力强,是全球前几位的客源输出国,且与中国有着复杂紧密的地缘关系和文化渊源。日本年滑雪人数已达 1000 万人次,国内滑雪参与率达 10%,是张家口滑雪旅游最具潜力的国际客源市场之一。

从客源国文化特征来看,因儒教文化是韩国近代文化的核心,故韩国居民对中国文化有亲近感。同时,中韩之间航空运力、海运航线增加,旅途时间缩短,以及费用降低等因素也促使韩国来华旅游人数迅速增长。韩国居民出境旅游以近距离目的地为主(亚洲所占比例在 60% 以上),前 5 位的目的地除美国外都在亚洲。目前,中国为韩国出境旅游的第一目的地。韩国经济发达、居民旅游意识强,同时韩国居民酷爱运动,喜欢举家出游。因此,崇礼滑雪大区对韩国居民具有极大的吸引力。

虽然日本、韩国的滑雪设施及服务均是一流水平,对张家口拓展东亚地区客源市场形成强有力的竞争,但 2011 年发生福岛地震及核泄漏事故后,日本滑雪旅游业受影响较大,这对张家口开拓日本客源市场是一个机会。可加强张家口航空等基础设施建设,并与国内其他已与日本通航的城市(如北京、上海、西安等)进行联合营销,吸引日本游客来张家口旅游。

（2）欧美客源市场

欧美游客崇尚自然、自由、灵活、新奇的旅游，多采用航空飞行的出行模式，对目的地的交通要求极高。同时，欧美客源输出量位居全球前列，不仅有较高的出游率，且消费能力较强。欧美游客在住宿上倾向于星级饭店，不仅要求饭店符合食品卫生标准、具有高质量的服务水平，还向往原始、安静、自然、生态的环境。美国旅游分销体系发达，游客通过计算机预定系统、网络营销购买旅游产品的比例高；还有很多欧美游客通过旅游代理商或批发商够买旅游产品。张家口观光休闲旅游潜力依然很大，滑雪、探险等特种旅游产品以及参与性强的旅游产品的市场前景广阔，2018 年，美国滑雪人次达 1100 万，欧洲滑雪人次超过 2000 万。因此，加强交通系统建设，完善旅游网站，重视对旅游代理商和旅游经营商（批发商）的直接营销与合作，以及将浓郁的中国特色文化型旅游项目与滑雪旅游相结合，共同开发，将有利于拓展欧美市场。对国内外潜在客源市场旅游消费特征及滑雪旅游需求的汇总如表 3-3 所示。

表 3-3 主要潜在客源市场旅游消费特征及滑雪旅游需求汇总

主要客源市场		旅游消费特征及滑雪旅游需求
京津冀地区	北京	对滑雪、休闲度假等旅游产品具有较强支付能力的群体规模大； 滑雪旅游已成为北京居民最喜爱的旅游产品之一，大众滑雪群体蓄势待发； 出现一批滑雪发烧友，且滑雪目的地开始向京外优质滑雪场转移，这部分人群应成为张家口拓展高端滑雪旅游市场的重要目标； 周边游需求旺盛，自助游与随团游共同发展； 对住宿、餐饮等配套服务要求高，但并不盲目追求高档次
	天津	近年来，天津居民旅游消费能力呈现出较高的增长趋势，潜力巨大，居民对滑雪旅游的消费意愿迅猛增长，但居民旅游消费能力仍较北京稍低
	河北	经济实力和旅游消费水平在全国处于中上水平； 石家庄等省内大中城市旅游消费水平较高，已具备向滑雪旅游等中高端旅游产品转移的消费能力
环渤海地区中心城市		旅游消费水平较高，已具备向滑雪旅游等中高端旅游产品转移的消费能力
山西、内蒙古等地区		在煤炭等产业的带动下，拥有一批具有较高支付能力的富裕阶层
长三角地区		人口密集，经济发达； 居民旅游经验丰富，支付能力强，对康体健身、生态休闲、度假、民俗体验等旅游产品兴趣高； 崇礼滑雪大区自然景观和人文资源与该地区差异较大，对该地区居民有很强的吸引力
珠三角地区		经济发达； 居民出游意识强烈，旅游消费水平高，对自然风光旅游资源很感兴趣，注重食宿条件，参团比例高

主要客源市场	旅游消费特征及滑雪旅游需求
日本	与中国相邻，地缘优势明显，文化渊源密切； 经济发达，消费能力强； 年滑雪人数已达 1000 万人次，国内滑雪参与率达 10%； 受福岛地震及核泄漏事故影响，日本滑雪旅游业遭受重创，对崇礼滑雪大区开拓国外旅游市场是一个契机
韩国	出境旅游以近距离目的地为主，对中国文化有亲近感； 旅游意识强，酷爱运动，喜举家出游
欧美地区	出游率高、消费能力强； 崇尚自然、自由，喜爱轻松、舒适、灵活、新奇、参与性强的旅游；对交通、住宿、餐饮等设施要求高； 2018 年，美国拥有滑雪人数 1100 万人次，欧洲拥有滑雪人数超过 2000 万人次

2. 滑雪旅游市场需求预期

对于张家口来说，应利用民俗文化、生态环境为竞争优势，扩大对日本、韩国游客的吸引力；开展滑雪旅游、民俗旅游、生态旅游等多种旅游产品结合的复合型旅游，占领客源市场。此外，北京是韩国游客来华旅游的主要目的地之一，张家口在拓展北京客源市场的同时，也可以吸引一部分韩国游客在北京中转后来张家口旅游。

3.3 目标客源市场选择与规模预测

针对国内客源市场，近期重点发展一级市场，加快一级市场的开发速度，在旅游营销中遵循"重点突出，全面发展"的原则，在对北京等京津冀地区中心城市客源市场进行重点营销的同时，逐步延伸到华北、长三角、珠三角等地区的中心城市（表 3-4）。针对国际客源市场，近期重点开发日本、韩国等东亚滑雪竞技训练客源，并逐步向大众滑雪旅游客源拓展（表 3-5）。针对欧美等具有滑雪旅游传统的客源市场，近期重点开拓在华（尤其是在北京、天津等一级中心城市工作和生活的欧美人士）欧美籍客源市场，中远期则可逐步拓展欧美来华旅游市场，尤其是以北京、天津、上海等一级中心城市为主要旅游目的地的欧美游客，通过针对性营销，吸引他们来张家口旅游（表 3-5）。

表 3-4　国内客源市场定位

时期	市场划分	客源市场	开发战略
近期	一级市场	以北京为核心的京津冀地区中心城市（北京、天津、石家庄）； 国内专业滑雪运动员训练市场	稳定、重点发展
	二级市场	环渤海地区中心城市及山西、内蒙古	积极拓展
	三级市场	珠三角地区中心城市（广州、深圳）、长三角地区中心城市（上海等）及香港、澳门、台湾	适时、积极开发

续表

时期	市场划分	客源市场	开发战略
中远期	一级市场	京津冀地区大都市（北京、天津、石家庄等）； 京津冀地区二线城市； 其他地区专业滑雪运动员训练市场	稳定、重点发展
	二级市场	珠三角地区中心城市（广州、深圳）、长三角地区中心城市（上海等）及香港、澳门、台湾	积极拓展
	三级市场	国内其他地区	适时、积极开发

表 3-5　国际客源市场定位

时期	市场划分	客源市场	开发战略
近期	一级市场	京津冀地区外籍驻华工作人员； 日本、韩国等东亚滑雪竞技训练客源	稳定、重点发展
	二级市场	日本、韩国大众滑雪旅游市场及俄罗斯	积极拓展
	三级市场	亚洲其他国家； 在北京、天津等旅游中心城市旅游、中转的欧美游客	适时、积极开发
中远期	一级市场	日本、韩国等周边国家和地区； 原以日本为旅游目的地的国际游客	稳定、重点发展
	二级市场	欧美地区	积极拓展
	三级市场	国际其他地区	适时、积极开发

第4章　滑雪大旅游动力产业发展战略

4.1　指导思想与发展原则

4.1.1　指导思想

以科学发展为主题，以转变发展方式为主线，抢抓环首都绿色经济圈和环京津休闲旅游产业带建设机遇，以把滑雪旅游为支撑的旅游业打造为全市第一主导产业为目标，打造国内顶尖、国际知名的滑雪旅游品牌，突出精品化、国际化、产业化和生态化，积极对接京津大市场，实施大旅游发展模式，依靠大项目带动，高标准规划建设世界一流滑雪基地，建设环京津最具吸引力的滑雪运动、康体娱乐和休闲度假旅游胜地。

4.1.2　发展原则

1）精品开发原则。全面提升滑雪旅游品质，培育多元化旅游精品，打造滑雪旅游王牌，以大众滑雪旅游为龙头，带动温泉养生游、民俗文化（树花、剪纸等）游和草原、森林休闲游等旅游精品的开发，重构张家口旅游产品体系；充分借鉴国际高水平滑雪度假区的发展经验，创新崇礼滑雪大区开发模式、运营模式和赢利模式。

2）国际标准原则。以国际滑雪场标准高规格规划建设滑雪基地，达到承办冬季奥运会雪上项目要求的标准；积极申办国际滑雪赛事，依托国际重大赛事，提升崇礼滑雪大区滑雪旅游品牌，促进大众滑雪旅游发展。

3）区域协调原则。协调崇礼滑雪大区和区内各县、各滑雪场的关系，积极对接京津大市场，联动开发崇礼滑雪大区周边旅游市场，形成内外协调的区域互动发展机制。

4）产业替代原则。打造滑雪大旅游动力产业，带动崇礼滑雪大区旅游业大发展，以旅游业等生态产业替代传统产业，改善生态环境；把滑雪旅游为核心的旅游业打造为全市第一主导产业，推动区域产业优化和升级，加快转变经济发展方式。

5）生态优先原则。合理开发，严格保护，树立"生态是滑雪旅游第一生命线"的观念，将滑雪资源开发和旅游开发的强度控制在生态承载力和环境容量限度之内，切实保护首都生态安全屏障，提升张家口水源涵养功能。

4.2　战略定位与发展目标

4.2.1　战略定位

总体定位：东方雪都。

滑雪场规模和游客量力争赶超日本和韩国著名滑雪大区。把崇礼滑雪大区建成亚洲滑雪运动首善之区，打造国际滑雪旅游目的地品牌，积极提升崇礼滑雪大区旅游形象，全面提升滑雪运动、竞技体育、生态休闲旅游品质。

充分发挥张家口举办 2022 年冬季奥运会和地处京畿的经济地理区位优势，使地缘优势转化为发展优势，积极对接京津世界级大市场，促进河北省环京津休闲产业带和环首都绿色经济圈发展。

1. 经济定位

旅游服务业龙头：把滑雪旅游打造为旅游业龙头，结合休闲度假游、温泉养生游等旅游产品打造四季旅游经济模式。

战略性动力产业：滑雪大旅游动力产业替代传统资源型产业，成为张家口转变经济发展方式的重要突破口。

2. 社会定位

扩大社会就业，带动脱贫致富：把滑雪旅游业作为全市扩大就业的重要渠道，滑雪旅游业的就业拉动指数达 8~9，即 1 个滑雪旅游业就业需拉动 8~9 个旅游相关产业就业。通过引爆滑雪旅游业，刺激众多关联产业对劳动力的需求，就地转移农村剩余劳动力，使旅游业成为拉动就业最强的产业之一。通过扩大就业，带动当地居民脱贫致富。

推动城镇建设，加速乡村发展：通过发展滑雪旅游业，加快旅游城镇改造与新农村建设，加速乡村旅游开发，改变居民生活模式，拓宽居民增收渠道。

促进对外开放，传承历史文化：通过发展滑雪旅游业，间接加快当地对外开放进程，优化投资环境，提高当地人对现代文明的接受程度。同时，通过发展滑雪旅游业，挖掘区域文化内涵，保护地域传统文化，将滑雪旅游产业打造成为和谐社会的典范。

3. 区域可持续发展定位

替代传统工业，推进节能减排：发展旅游业，使其逐步替代以采矿业和原材料产业为代表的传统工业，减缓生态破坏，推进节能减排。

改变生活模式，减少生态破坏：通过发展旅游业，促进城市化建设，改变农民生活方式，减轻农业开发和农村薪柴砍伐对区域生态环境的压力，推进资源节约型、环境友好型社会的建设。

强化环保宣传，建设生态文明：加强保护旅游环境的宣传力度，减弱旅游对自然环境和民族文化的不利影响，以及为滑雪旅游游客提供优美、舒适的旅游环境，有利于深化生态文明理念，促进生态文明建设。

4.2.2 发展目标

三年大变样，五年大跨越，十年成主导。以承办冬季奥运会和举办国际重大赛事为契机，以精品滑雪场、高档次特色滑雪小镇和完善的滑雪产业链为支撑，用十年左右的时间，把崇礼滑雪大区建设成为国内最大、国际著名的滑雪旅游目的地；把以滑雪旅游为支撑的旅游业发展成全市第一支柱产业，辐射带动区域经济实现跨越式发展。依托滑雪大旅游实现产业结构的全面升级和发展方式的根本转变，加速实现全面建成小康社会目标，推进生态文明建设和可持续发展。

4.3 滑雪大旅游产业发展战略

4.3.1 滑雪大旅游产业战略步骤

滑雪大旅游产业"三步走"战略如表 4-1 所示。

表 4-1 滑雪大旅游产业"三步走"战略

步骤	战略	战略核心	产业目标
第一步	多元化战略	打造四季旅游产品	满足多种旅游需求，形成多元化的旅游产品体系
第二步	一体化战略	打造滑雪旅游目的地	形成旅游多要素、多层面混合的区域开发形态
第三步	精品化战略	打造高档次休闲度假区	形成成熟的综合性休闲度假产业基地

第一步：实施多元化战略，以打造四季旅游产品为目标，做强核心滑雪旅游，延伸服务性产业链，开发满足多种需求的旅游产品，形成滑雪运动、休闲度假、观光游乐、康体养生等多元化的旅游产品体系，树立崇礼滑雪大区知名品牌形象。

第二步：实施一体化战略，以打造滑雪旅游目的地为核心，发展支撑性产业链，构建滑雪产业体系，做大滑雪旅游规模；以滑雪旅游业为龙头，统领带动相关产业联动发展，形成旅游多要素、多层面混合的区域开发形态，建成中国滑雪产业基地。

第三步：实施精品化战略，以打造高档次休闲度假区为核心，建设国际化精品滑雪特色小镇，形成高档次滑雪旅游度假集聚区，建成国际滑雪旅游目的地和休闲度假胜地。

4.3.2 整合大旅游资源

通过整合崇礼滑雪大区滑雪旅游资源，强化滑雪旅游主题，使旅游形象更加鲜明；增强滑雪旅游整体实力，约束恶性竞争，优化发展环境，提升产品竞争力。重点整合滑雪、休闲度假、历史文化和生态旅游四类旅游资源，旅游资源整合的路径如下：

1）空间层次整合。将区内众多的滑雪旅游区在较高的空间层次进行旅游资源整合，形成大资源、大景区，扩大旅游产业规模、提升旅游产品档次，集中力量在一个更广阔的空间开发产品、开拓市场，形成崇礼滑雪大区、赤城温泉大区等旅游空间形态。

2）共生与主题整合。协调利益关系，调整开发行为，统一开发力度，将具有共生关系的滑雪旅游资源统一起来，打造最具市场竞争力的核心产品，形成最具吸引力的滑雪旅游目的地。

3）产品与线路整合。依据产品开发理念将某些不能形成成熟旅游产品或市场竞争力较弱的旅游资源整合起来，形成新的旅游产品，改善崇礼滑雪大区旅游形象，提升崇礼滑雪大区的市场竞争力。利用旅游资源在区位、交通和功能上的联系，将分散的旅游资源组织起来，组成旅游线路整体推出，共享客源市场，丰富旅游内容，提高崇礼滑雪大区对游客的吸引力。

4）龙头整合。利用崇礼滑雪大区内已经开发成熟的龙头滑雪旅游资源（如万龙滑雪场、密苑生态旅游度假产业示范区等），发挥其带动作用，挖掘和整合其辐射范围内的旅游资源，一方面服务于龙头滑雪旅游资源，完善其旅游服务功能，另一方面借力开发，实现崇礼滑雪大区滑雪旅游经济的整体提升或旅游线路的充实。此外，还可以将龙头滑雪旅游资源与其周边地区旅游资源直接打包开发，使之成为丰满、协调的整体。

5）市场与产业链整合。根据崇礼滑雪大区旅游产品的目标市场定位，将不同类型旅游产品中核心目标市场一致的旅游资源捆绑开发，打造多类型的旅游产品，增加游客停留时间，提高游客消费金额，实现客源的充分利用；根据旅游产品在消费上的关联作用及其与相关产业的深刻联系，对滑雪旅游资源甚至整个大旅游产业进行整合，完善旅游产业链，带动旅游经济发展。

4.3.3　构建滑雪大旅游产业体系

以滑雪旅游产业为主导，培育滑雪旅游动力产业，建立滑雪旅游产业集群，形成滑雪大旅游产业体系。滑雪大旅游产业是指能促进滑雪休闲旅游发展的各相关环节的组合。崇礼滑雪大区旅游业发展既要以具有市场竞争力的滑雪旅游精品作为开发主体，又要以食、住、行、游、购、娱、学主导产业作为配套，从而形成完善的滑雪大旅游产业体系。充分调动各部门、各行业、各投资者、各旅游业主的积极性和投资热情，全面推动旅游交通运输业、旅游住宿业、旅游餐饮业、旅游中介业、旅游地产业、旅游商贸业、旅游娱乐业、旅游教育培训业等核心旅游服务业和滑雪装备制造业、旅游商品制造业、建筑业、体育业、邮电通信业等辅助产业的发展，增强滑雪大旅游产业综合实力，注重旅游业与其他相关产业的协调发展，通过滑雪大旅游产业联动第一、第二、第三产业协调发展（图4-1）。

4.3.4　打造大旅游精品

在整合大旅游资源的基础上，开发大旅游产品，重点开发滑雪精品游、温泉体验游、生态水趣游、山地森林游、文化体验游和商务会展游六大旅游精品，打造四季旅游品牌，塑造独特的滑雪旅游形象，提升崇礼滑雪大区滑雪旅游知名度和美誉度。

4.3.5　拓展大旅游市场

采取积极的财政激励措施，加大营销推广力度，激发市场需求；完善落实滑雪旅游消费政策，培育滑雪旅游消费市场。以大众滑雪为主、竞技滑雪为辅，近期积极争取京津冀市场客源；中远期拓展国际市场，打造国际旅游目的地。

4.3.6　探索大旅游发展模式

崇礼滑雪大区大旅游发展模式（崇礼模式）：政企联合、精品开发、冬奥扬名、引爆

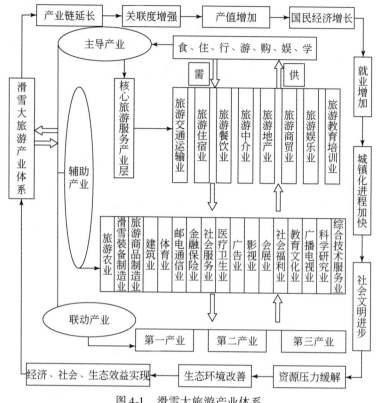

图 4-1　滑雪大旅游产业体系

大众。

积极推进生旅联动、文旅联动、体旅联动、城旅联动、农旅联动、工旅联动六大旅游发展模式。

1）生旅联动——生态建设与滑雪旅游相互促进。加强生态建设与环境保护，营造良好的生态环境氛围，以旅游业为突破口，加快转变经济发展方式，缓解生态压力，实现生态建设与滑雪旅游共同发展。

2）文旅联动——文化产业与滑雪旅游相互促进。激发文化旅游发展活力，挖掘区域文化内涵，扩展文化旅游资本，形成文化旅游产品；积极探索新途径，促进文化与旅游、文化与企业、文化与科技的结合，推动文化旅游大联姻，实现文化旅游产业和经济社会大发展；通过文化旅游联动保传承，加大对文化遗产的保护。

3）体旅联动——竞技体育与滑雪旅游相互促进。积极申办和筹备国际重大滑雪赛事，依托滑雪体育赛事，提高崇礼滑雪大区的国际知名度；建立国家雪上运动训练基地，促进我国滑雪运动的发展。

4）城旅联动——城镇建设与滑雪旅游相互促进。打造滑雪旅游城镇带，把滑雪旅游小镇作为滑雪旅游业发展的重要支撑，以滑雪旅游业发展推动城镇化进程，实现城乡统筹发展。

5）农旅联动——滑雪旅游带动生态农业。通过滑雪旅游带动乡村旅游发展，通过旅游城镇建设促进社会主义新农村建设，农业为旅游业提供独具地域特色的旅游商品，旅游消费带动地方农产品需求。

6）工旅联动——滑雪旅游带动滑雪装备制造业。积极引进滑雪装备制造业，推动区域工业化进程；以旅游业带动制造业的发展。

4.4　滑雪旅游产业集群和滑雪城镇带发展战略

按照承办冬季奥运会要求的标准，高起点、高水平建设一批高档次、高品位的滑雪运动场地、基础服务设施、旅游度假区和滑雪旅游小镇，围绕滑雪运动构建滑雪产业链和产业群，建成国家级滑雪基地。以崇礼滑雪、赤城温泉和高尔夫休闲为核心打造四季休闲度假旅游产业集群，建成以精品滑雪场、滑雪旅游小镇和滑雪旅游产业链为支撑的崇礼滑雪大区，中远期打造为中国大型滑雪旅游产业集聚区和滑雪旅游城镇带。

以滑雪运动产业链为基础，优先发展以滑雪运动为主体的休闲服务产业，积极培育滑雪装备制造产业链，发展延伸上下游产业链。

1）滑雪运动产业-休闲服务产业链：是指滑雪场的开发运营—客源的组织与开发—雪具的出租和销售—滑雪培训—滑雪运动休闲—餐饮—娱乐—地产—购物。与国际专业机构合作设立国际滑雪学院，培养专业滑雪教练、运动员、研发人员等，培训滑雪爱好者，努力建成国内滑雪教学、科研和培训基地；提高崇礼滑雪大区综合性娱乐设施配置水平，提高下游相关产业服务水平。

2）滑雪装备制造产业链：是指雪具研发—滑雪装备生产—试验—销售—维修。通过独资、合资等方式，引进国际雪具和装备生产商，建设国内一流的雪具和装备生产基地，形成生产、试验、销售、维修的一条龙服务。

3）滑雪-温泉组合产业链：充分发挥崇礼滑雪与赤城温泉的组合优势和聚集效应，积极构建崇礼滑雪基地与赤城温泉度假区之间的便捷交通体系，采取销售通票、联合营销等方式加大市场开发力度，并支持和鼓励相关资本同时投资滑雪场和温泉度假区，或者滑雪场经营机构与温泉度假区经营机构通过参股、控股等方式实现经营一体化，努力打造崇礼滑雪大区"滑天然雪、洗温泉浴"的龙头旅游产品。

4.5　旅游联动的协作与战略

4.5.1　实施中心—边缘互动战略，促进区域协调发展

主要开发以崇礼滑雪为重点、以六大精品滑雪场和五大滑雪旅游小镇（长城遗址、太子城遗址、冬奥冰雪小镇等）为支撑的崇礼滑雪大区，打造四季旅游产品链，联动周边地区旅游业发展。

建设张家口与周边 1h—2h—3h—6h 旅游经济圈，经济辐射京津冀及北方其他地区、长三角地区，珠三角地区，甚至全国及东北亚地区。通过区域中心—边缘地区的旅游互动发展，为边缘地区和中心城市带去人流、物流、信息流和资金流，促进边缘地区和中心城市旅游发展。

同时，加强张家口与其周边旅游资源的合作联动，形成四季旅游产品。

对接长城内外，与北京、内蒙古联合开展区域性合作旅游，加快构建北京—张家口—内蒙古的境内旅游线路，实现与周边旅游城市如山西大同的对接，建设现代化旅游经济体系。

4.5.2　加强区内联动，共同打造崇礼滑雪大区旅游品牌

政府转变发展观念，深化旅游综合协调机制，建立紧密型合作伙伴关系，加强崇礼滑雪大区旅游合作规划，协调合作事项落实，共创崇礼滑雪大区旅游品牌。

区内联动的思路：举崇礼、推赤城、拉沽源。加速优势区域的形成和发展，突破带动相关区域滑雪产业发展。通过政府大力扶持，进一步做大做强崇礼滑雪产业，完善产业结构，提升产业素质，培育滑雪旅游市场，树立崇礼滑雪大区旅游品牌形象，提升区域产业吸引力，以此建立滑雪旅游产业基地，形成中国滑雪旅游产业集聚区核心。发挥各区域不同的自然特色，促进赤城、沽源大力发展综合性滑雪旅游度假区建设，加强与崇礼滑雪大区的联系，共同打造中国滑雪旅游产业集聚示范区。

区内联动的内容如下：

1）联合宣传营销。联合设计旅游宣传口号、标志，设计跨区域旅游路线；针对特定客源市场联合开展主题化营销，拓展市场渠道，增加市场份额，要特别注意开发高端客源市场；联合参加国内大型旅游交易会，发送统一制作的崇礼滑雪大区旅游宣传品；加强崇礼滑雪旅游资源及区域整体形象的全方位整体宣传，统一推广滑雪旅游产品；有效推进区内旅游合作不断向广度和深度进军，合力打造无障碍旅游区。

2）联营产品服务。开放滑雪旅游市场，在各地建立旅游集散中心，并且实现集散中心的连接，为游客的出游提供最大便利。另外，要在崇礼滑雪大区逐步建立投诉联网机制、信息通报机制、联手行动机制、区内旅游投诉24h反馈机制等。

3）联动市场发展。在旅游产品的设计和旅游项目的建设方面，要重视以市场为导向，塑造崇礼滑雪大区整体旅游形象，明晰各地地缘联系及资源优势，避免重复建设，整合各地资源，形成完整旅游产品体系，提升整体竞争优势。在旅游项目建设方面，崇礼滑雪大区应加强沟通与交流，按照错位发展、资源共享、优势互补的原则，推进滑雪旅游大项目建设，进一步丰富区内旅游产品。通过区域实质性的合作，联动促进崇礼滑雪大区内旅游经济的快速、协调发展，努力使崇礼滑雪大区形成旅游兴旺的大好局面。

4）联手人才培养。做好人才培训工作，建立教育资源共享、培训工作互动的有效机制，加强滑雪旅游教育培训部门的工作交流；在导游资格考试、技术业务与基础服务培训、滑雪教练培养等方面探索建立统一的标准，强化崇礼滑雪大区服务内容，使旅游服务人员熟练掌握滑雪知识；建立旅游服务人员市场化流动机制。

4.5.3　推动政企联动，营造滑雪旅游发展环境

在滑雪旅游开发过程中，政府应明确其主导地位，进行统一规划，主导联合区域进行共同营销、基础设施建设，切实加大对旅游企业的支持力度，要围绕旅游企业最直接、最现实、最紧迫的利益要求，着力抓好以土地和资源整合为主要内容的要素配置，为旅游企业融资创造环境、搭建平台；明晰企业财团进行景区开发和配套服务体系构建的职责，在政府引导下树立大旅游大发展观念，拓宽投资领域，开发新的旅游产品，对原有旅游产品

进行改造升级。在以市场为导向的基础上，企业要做到开发有据、开发有序、经营有诚信、发展有后劲，严禁旅游行业恶性竞争、旅游无序开发和对旅游资源的破坏行为，努力营造良好的旅游经营环境。

4.6　低碳发展战略

（1）绿色能源

提高滑雪场和滑雪旅游小镇使用太阳能、风能等新能源的比例。

（2）低碳旅游

以营造生态宜居的优良旅游环境为目标，以高效循环的减排及节能技术、产品为支撑，以健全的低碳经济法规制度为保障，按照低能耗、低污染、低排放和高效能、高效率、高效益的要求，引导旅游活动中的低碳消费，实现旅游产业链全程低碳化设计与管理。

（3）低碳城镇

建设以低碳建筑和低碳交通为支撑的低碳旅游城镇，打造低碳型人居环境。在城镇化建设过程中推广公共交通节能设施，提高能源利用效率，缓解能源约束，减少大气污染排放。

（4）低碳环境

保护崇礼滑雪大区的碳汇生命线，构建生态景观网络格局，提升区域碳汇能力。

（5）节约资源

从节约用水角度破解水资源短缺制约发展难题，以节水、节地为重点将崇礼滑雪大区打造为资源节约型和环境友好型滑雪旅游基地。

第5章 滑雪旅游功能区划与土地利用

5.1 滑雪旅游功能区划

基于滑雪旅游资源评价，综合考虑滑雪场开发的自然资源、生态、人文等多因子要素，将崇礼滑雪大区划分为红花梁滑雪旅游区、冰山梁滑雪旅游区和桦皮岭滑雪旅游区三大滑雪旅游功能区。

5.1.1 红花梁滑雪旅游区

红花梁滑雪旅游区总面积为306km²，包括崇礼区的西湾子镇、四台嘴乡、白旗乡大部分区域，以及赤城县的镇宁堡乡、炮梁乡和龙关镇部分区域。红花梁滑雪旅游区雪场资源的空间集聚度高，垂直落差在300~800m的雪场集中连片，已经开发万龙滑雪场、多乐美地滑雪场、长城岭滑雪场等，正在建设四季度假的密苑云顶乐园。红花梁滑雪旅游区适于开展大众滑雪旅游和滑雪竞技项目。

5.1.2 冰山梁滑雪旅游区

冰山梁滑雪旅游区总面积为391km²，包括赤城县的独石口镇、云州乡、三道川乡、黑龙山国家森林公园部分区域，以及沽源县的丰源店乡。冰山梁滑雪旅游区面积大，分布广，地貌景观良好。冰山梁滑雪旅游区具有垂直落差在800m以上的潜在雪场资源，面积为72km²，开发建设速降滑雪等高山滑雪竞技项目和大众滑雪旅游的基础条件好，发展潜力大。黑龙山的雪场资源大部分位于黑龙山国家森林公园内，其中部分区域属于森林公园的生态保护区，因此黑龙山雪场资源的开发需要严格进行生态环境保护。

5.1.3 桦皮岭滑雪旅游区

桦皮岭滑雪旅游区总面积为135km²，分布在崇礼区的白旗乡、红旗营乡、狮子沟乡、石窑子乡，以及沽源县的莲花滩乡。桦皮岭滑雪旅游区雪场资源的空间分布较分散，在崇礼区的狮子沟乡西部、清三营乡中部和沽源县的莲花滩乡南部呈现三个组团分布，适于开展大众滑雪旅游。

5.2 空间总体布局

崇礼滑雪大区空间布局为三区一带三组团。其中，三区——三大滑雪旅游功能区，包括红花梁滑雪旅游区、冰山梁滑雪旅游区、桦皮岭滑雪旅游区的十大滑雪场区，以及三大滑雪旅游功能区分别预留的滑雪旅游发展备用地；一带——由三大滑雪旅游功能区组成的崇礼滑雪大区滑雪旅游产业带；三组团——依托三大滑雪旅游功能区配套建设 3 个滑雪旅游镇组团。

5.3　旅游功能区土地利用规划

根据《张家口市土地利用总体规划（2006—2020 年）》，崇礼滑雪大区三大滑雪旅游功能区内没有基本农田，除冰山梁滑雪旅游区的黑龙山有很小部分土地属于一般农业发展用地外，其他全部位于崇礼区、赤城县、沽源县的林业发展区内；崇礼滑雪大区三大滑雪旅游功能区全部位于张家口市土地利用的限制建设区，因此三大滑雪旅游功能区的土地利用和开发建设必须加强林业生态建设和环境保护，为滑雪旅游可持续发展提供良好的生态环境保障。

红花梁滑雪旅游区地跨崇礼区和平森林公园和赤城县泉林森林公园，冰山梁滑雪旅游区大部分位于沽源县金莲山森林公园和赤城县黑龙山国家森林公园内，桦皮岭滑雪旅游区中部位于张北县桦皮岭森林公园内。三大滑雪旅游功能区位于森林公园生态保护区的部分禁止任何开发建设，因此应充分结合森林公园内游览区、游乐区、狩猎区、野营区、休疗养区、接待服务区、生产经营区、行政管理区进行适宜的滑雪场开发建设，结合森林公园内居民生活区进行适宜的滑雪旅游小镇建设。

红花梁滑雪旅游区南部和东部（包括崇礼区西湾子镇、四台嘴乡部分区域）、冰山梁滑雪旅游区东部（包括赤城县独石口镇、云州乡部分区域）、桦皮岭滑雪旅游区西南部（包括崇礼区白旗乡、红旗营乡以及石窑子乡和狮子沟乡交界区域）和东北部（沽源县莲花滩乡）的森林覆盖率低，亟待加强生态建设，提高森林覆盖率。

第6章　滑雪旅游及周边产品规划与线路设计

6.1　滑雪旅游产品开发理念

6.1.1　基本设计理念

1. 冰雪、清凉

冰雪、清凉：围绕冰雪理念，综合配置冬季滑雪旅游系列产品；依托夏季清凉气候资源，配置度假、观光等旅游产品，实现崇礼滑雪大区的四季旅游。

以冰雪美景、冰雪运动、冰雪休闲、冰雪时尚为基本理念，营造冬季冰雪旅游体验氛围；依托资源优势，打造北京世界城市冰雪旅游国际品牌；以滑雪为核心，综合配置冰雪观光、冰雪运动、冰雪娱乐、冰雪度假、冰雪温泉、冰雪健身系列旅游产品；以高端化服务，发展商务旅游、会展旅游等高端旅游，为游客全方位地提供冬季冰雪环境下追逐时尚、完善自我、修养身心的产品体验。

以清凉乐园、阳光运动、绿色养生、休闲度假为基本理念，面向京津及周边夏季避暑度假旅游市场需求，承接冬季冰雪旅游理念，打造夏季清凉旅游特色，配置观光、运动、温泉、休闲、娱乐、度假等系列旅游产品，打造北京世界城市夏季避暑度假旅游的胜地，实现冬季冰雪旅游产品向夏季避暑度假旅游产品的全面转化。

2. 运动、休闲

以滑雪、高尔夫等高端休闲运动带动崇礼滑雪大区高端系列产品发展。

以运动理念为核心，叠加冰雪与清凉理念，综合配置四季运动健身旅游产品，打造冬季滑雪精品品牌与夏季高尔夫高端品牌；全面开展四季大众运动健身活动，打造京津山地健身运动旅游品牌与产业集聚地。

以温泉、冰雪、避暑、休闲、度假理念为支撑，结合运动理念形成旅游产品的动静结合，配置系列化休闲旅游产品，打造京津休闲之都。

3. 生态、文化

全面展示崇礼滑雪大区自然生态资源、历史人文资源，培育以体验为核心的区域旅游产品。

旅游产品的打造以生态为核心理念，应确保与自然环境的和谐关系，并为游客提供与自然亲近的生态体验。

旅游产品的打造以文化为灵魂，应突出时尚文化、世界多元文化，同时结合当地长城边塞文化、农牧通商文化、草原民族文化、民俗风情文化，不断深化游客对旅游产品的文化体验。

6.1.2　产品开发原则

1. 高端服务

瞄准京津高端人群，重点开发高端旅游产品。以高品位、高质量、大品牌为定位，打造旅游精品，实现高市场占有率、高竞争力、高效益。

2. 系列配置

以核心旅游产品为生长点，培育旅游产品链。在充分突出滑雪、避暑旅游资源特性的基础上，针对文化、历史、环境、种族、娱乐、业务等各种类型的旅游需求，开发丰富多彩的旅游产品，充分实现滑雪资源和避暑资源与自然景观资源相结合，与人文资源相结合，与历史文化、现代文化、民俗文化、异域文化相结合，以及与风情、节庆相结合。

3. 四季开发

做精冬季冰雪旅游、做大四季旅游，实现崇礼滑雪大区的高效发展。冬季与夏季相结合，冬季旅游场地与夏季旅游场地互换结合。冬季滑雪场地与设施在夏季闲置，开发夏季滑草、山地自行车、骑马、高尔夫等休闲度假旅游产品，充分形成完整的冬夏产品组合。针对季节变化，设计周期性变化的季节特色项目；针对旅游淡季，设计人工干预性强的全天候旅游产品等。

6.1.3　产品配置目标

1. 打造东亚冬季冰雪运动休闲旅游胜地

以滑雪旅游为先导，以冰雪旅游体验为主题，全面打造体验式、高端服务化、国际化系列冰雪旅游产品，将冰雪旅游做大做强，成为中国第一、亚洲前列、世界著名的国际冰雪运动基地和滑雪旅游胜地。

2. 打造京津冀都市圈四季生态后花园

突出旅游产品市场定位，突出夏季旅游产品清凉避暑主题，全面开发运动、观光、休闲、温泉、度假等四季旅游产品；依托滑雪旅游品牌与旅游景区美誉度，打造京津冀都市圈四季生态后花园，最大化地实现旅游景区设施在冬季、夏季之间的共享与转换。

3. 打造北京世界城市商务休闲中心

服务北京世界城市建设，依托国际运动赛事，开发国际滑雪、国际高尔夫、国际骑术、温泉休闲、别墅度假等高端旅游产品，积极开拓商务旅游、会展旅游、奖励旅游等高端旅游产品市场，以旅游景区的高端服务吸引京津高端商务人群，不断提升张家口滑雪胜地的品牌形象。

6.1.4　旅游产品开发总体思路

开发深度游旅游产品，并进行产品组合，形成营销体系，构建有序发展、配置合理的滑雪旅游产品体系，以高端服务营造景区核心竞争力。

将避暑打造成与滑雪齐名的旅游品牌，形成兼顾冬季旅游产品与四季旅游产品的开发布局。

服务北京世界城市建设和北京世界旅游城市建设，开发具有国际一流服务水平的特色旅游产品。

6.2　滑雪旅游产品体系总体开发框架

6.2.1　打造高端休闲旅游产品

以滑雪旅游为核心，全面打造滑雪冰雪体验精品游（SKI&SNOW）、夏季避暑休闲度假游（SUMMER）、温泉养生游（SPRING）、运动休闲游（SPORT）、生态观光游（SIGHTSEE）、山地森林游（SILVA）、历史文化游（CIVILIZATION）、商务会展游（COMMERCE）、节庆精品游（CELEBRATION），构建"6S3C"滑雪旅游产品体系，开发深度游旅游产品，整合各类滑雪度假区、滑雪场及雪上娱乐场等，以各种营销方式面向市场，打造品牌产品，形成一个有序发展、配置合理的滑雪旅游产品体系，营造景区核心竞争力。

6.2.2　完善四季旅游产品体系

打造四季旅游产品链。重点打造以滑雪精品游、冰雪体验游、温泉体验游为主体的冬季滑雪冰雪体验精品游产品体系，同时积极培育山地森林游、文化体验游、生态水趣游、商务会展游、节庆精品游、休闲度假游为主的四季生态文化体验游产品体系，实现四季旅游产品的整合和全面发展。

积极培育夏季避暑休闲度假游、温泉养生游、运动休闲游、生态观光游、山地森林游、文化体验游、商务会展游、节庆精品游，打造春、夏、秋旅游产品，在推进滑雪旅游发展的同时，将避暑打造成与滑雪齐名的旅游品牌。

景区设施建设实现四季旅游服务功能，形成兼顾冬季旅游产品与四季旅游产品的开发布局，打破单纯依靠滑雪旅游、不能有效开发利用自然生态资源的现状，由"一季红"向"四季火"转变，力争改变旅游淡季过淡的局面，实现四季旅游的协调发展，确保滑雪旅游景区的可持续发展。

6.2.3　服务北京世界城市

突出崇礼滑雪大区滑雪、避暑、国际商务三大旅游特色，服务北京世界城市建设和北京世界旅游城市建设，开发具有国际一流服务水平的旅游产品，突出旅游产品的国际化特色。其中，万龙滑雪场突出中国龙文化，多乐美地山地运动度假区体现意大利风情，长城岭滑雪场营造法国文化氛围，密苑云顶乐园突出马来西亚和加拿大特色与风情，摩天岭滑雪场与温泉相结合融入日本特色，冰山梁滑雪场可展示韩国风情。重点开发商务会展游、科技教育文化游、假日运动休闲游、家庭游、自驾游、节庆游等旅游产品,将旅游产品与大都市假期进行紧密结合、合理配置。

6.3　核心旅游产品规划

树立东方雪都形象,以滑雪精品游、冰雪体验游、温泉体验游为主体,营造冬季滑雪冰雪旅游竞争优势(图6-1)。

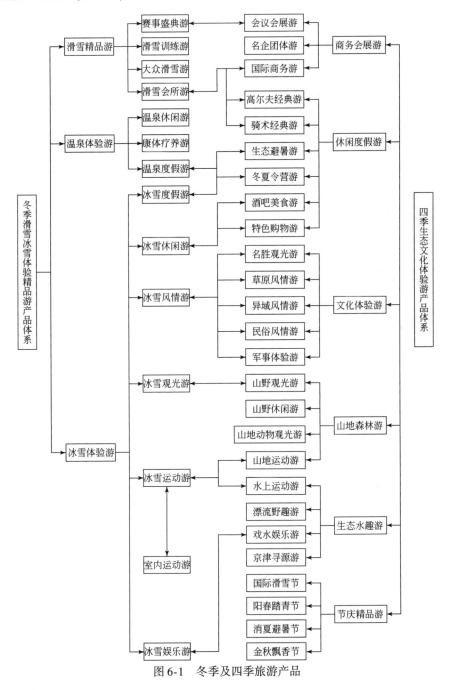

图6-1　冬季及四季旅游产品

6.3.1 滑雪精品游

产品定位：以举办"三运会"为目标，营造崇礼滑雪大区核心竞争力。

产品内容：以赛事盛典游、滑雪训练游、滑雪会所游为重点，开发高端产品，提供高端服务，同时发展大众滑雪游。

1. 赛事盛典游

产品定位：以举办"三运会"为目标，各大滑雪场赛事分工，各谋特色，树立崇礼滑雪大区国际化形象，为开展国际、国内会议提供软硬件基础。

产品内容：开发体育赛事、表演旅游产品。冬季结合滑雪赛事，开展雪上运动、冰上运动、冬泳等赛事与表演；夏季结合避暑度假，依托冬季冰雪运动设施，开展山地运动、球类运动、水上运动等多项体育赛事与表演，打造四季运动之都。重点开发冰雪运动旅游产品，开发高山滑雪、越野滑雪、跳台滑雪、自由式滑雪、现代冬季两项等滑雪赛事旅游项目。

2. 滑雪训练游

产品定位：充分利用滑雪比赛场馆设施，开展国际滑雪训练旅游，普及推广滑雪运动。

产品内容：

1）开展专业运动员训练比赛，培养专业冰雪教练、运动员、研发人员等，提升滑雪运动从业人员的专业素养，促进我国滑雪运动发展。

2）开发运动训练旅游产品。举办培训活动、体育夏令营，开展体育旅游。冬季依托冬季运动设施，开办雪上运动、冰上运动专业培训学校；夏季在冬季冰雪运动训练基地的基础上，进行山地运动、水上运动训练。

3. 滑雪会所游

产品定位：依托完善的滑雪设施，开展专业滑雪活动。

产品内容：面对大量具有较强运动意识的专业滑雪人士与滑雪爱好者，开发俱乐部与会所等专业性滑雪旅游产品，延伸开发高端商务旅游，以高质量的旅游产品服务吸引高端人群。

4. 大众滑雪游

产品定位：面对周边大都市，开拓国内外市场，开展大众健身滑雪。

产品内容：利用崇礼滑雪大区内不同区域小环境在不同时间的变化进行产品组合，如秋季滑雪旅游、冬季滑雪旅游、春节滑雪旅游等。对高山滑雪产品与越野滑雪产品、白天滑雪与夜场滑雪、传统滑雪与其他雪地运动等不同时间及空间产品进行组合。大力发展滑雪–观光、滑雪–保健、滑雪–度假、滑雪–购物等多元化的滑雪复合型旅游产品，推出更加丰富的旅游产品，增强旅游产品吸引力，提高游客消费水平。另外，在夏季开发山地森林旅游项目，游客可通过参与夏令营的方式，进行山野观光、野生动物观光等活动，身临其境地接触自然、了解自然。

6.3.2　冰雪体验游

产品定位：突出冰雪主题，丰富冬季旅游产品与东方雪都内涵。

产品内容：开发冰雪度假游、冰雪观光游、冰雪娱乐游，冰雪休闲游、冰雪风情游、冰雪运动游。

1. 冰雪度假游

产品定位：打造张家口冰雪度假品牌。

产品内容：结合国际赛事、滑雪旅游、冰雪观光、冰雪娱乐，开发冰雪度假旅游产品。结合主题娱乐园区和主题酒店、森林木屋、森林生态浴等设施，形成人与景观、设施的互动结构，成为北京周边甚至中国北方独一无二的集观赏、住宿、娱乐为一体的体验性旅游休闲度假产品。冬季依托崇礼滑雪大区南部山地雪场和北部湖泊冰面，构建北冰南雪的冰雪度假旅游产品格局。同时，夏季结合冰雪度假旅游设施，转化开发崇礼滑雪大区生态避暑旅游产品。

2. 冰雪休闲游

产品定位：营造体验冰雪的时尚空间。

产品内容：通过体验在滑雪环境中的生活，促进滑雪与雪域休闲相结合，营造室内休闲体验空间，开发酒吧美食游、特色购物游等旅游产品，使游客获得滑雪新体验。夏季开发生态避暑休闲旅游产品。

3. 冰雪观光游

产品定位：营造自然、人工的冰雪美景。

产品内容：滑雪与雪地观光（观光列车）结合，开发冰雕、雪雕、冰灯、雪淞、雾淞等观赏项目。

4. 冰雪运动游

产品定位：丰富冰雪休闲运动项目，开发大众旅游。

产品内容：冬季开发雪地跑马、雪地摩托、雪地足球、雪地风筝比赛等冰雪运动旅游产品，同时开发雪地高尔夫、攀冰、雪地滑翔、雪地定向运动、冰上保龄球赛等新型冰雪运动旅游产品。夏季开发山地运动旅游项目和水上运动旅游项目。

5. 冰雪娱乐游

产品定位：冬季丰富的滑雪、休闲、度假、冰雪娱乐项目有利于增强崇礼滑雪大区对游客的吸引力。

产品内容：

1）大众冰雪娱乐。开发大众休闲项目，如儿童戏雪场、雪地足球场、雪雕、冰雪动力板、冰雪气垫船、冰雪碰碰车、冰壶球、雪地冰桥等。同时，针对中青年市场设计产品，完善冰雪娱乐旅游产品。例如，依托山地雪场开展雪地摩托、雪上飞碟、堆雪人、雪地自行车等雪地娱乐活动，开发野外踏雪、林海雪原生活体验、冰雪过年、雪地生存等活动。

2）大众冰上娱乐。例如，冰爬犁、冰陀螺、冰上自行车、冰上碰碰车等。

6. 冰雪风情游

产品定位：展现张家口冰雪文化魅力。

产品内容：依托滑雪场旅游度假设施与当地民俗文化、历史文化，以冰雪体验、文化体验为核心，开发冰雪名胜观光游、冰雪草原风情游、冰雪异域风情游、冰雪民俗风情游、冰雪军事体验游。

6.3.3　温泉体验游

产品定位：打造冬季温泉旅游特色产品和夏季温泉水上娱乐旅游特色产品作为带动四季旅游的主导产品。

产品内容：重点开发温泉度假游、温泉休闲游、康体疗养游。综合配置美食、购物、保健、娱乐、演出等活动，突出温泉文化、水体验，展现旅游产品特色。大力开发冰雪与避暑 SPA 旅游，温泉与滑雪相结合，打造滑雪–温泉特色旅游产品；温泉与避暑度假相结合，打造避暑–温泉特色旅游产品。温泉属于体验性旅游，温泉文化是温泉旅游产品开发的核心。开发度假、休闲、康体、医疗系列旅游产品，不断提高旅游产品对游客的吸引力。

1. 温泉度假游

产品定位：打造滑雪运动–温泉度假的旅游品牌，建设具有文化特色的国际性温泉度假旅游基地。

产品内容：开展温泉度假旅游。突出旅游产品的国际化特色与文化特色，引进日本、韩国的温泉文化与北欧、北美地区的冰雪沐浴文化，为游客提供高端温泉文化体验。

2. 温泉休闲游

产品定位：丰富温泉旅游项目，发展温泉旅游文化。

产品内容：

1）温泉沐浴。开发森林温泉、鱼疗、茶浴、花浴等功能性沐浴和温泉景区娱乐、美食等旅游产品，丰富温泉旅游项目，营造良好的温泉旅游氛围。室内大型游泳池在夏季可以开展人工造浪、游泳等活动，在冬季可以变成滑冰场。

2）温泉美食。突出温泉特色，开发国际化与本地特色冰雪温泉菜品。结合温泉景区及景区周边，配置特色餐馆，丰富旅游区地方特色美食文化。

3）温泉娱乐。开发夜间灯火娱乐、温泉歌舞综艺演出、温泉酒吧、KTV、茶艺棋牌等旅游产品，不断完善温泉娱乐项目。

3. 康体疗养游

产品定位：促进温泉旅游产品品质提升与增值。

产品内容：依托温泉的药效作用，开展温泉医疗保健活动。

6.4　积极培育四季特色旅游产品

树立京津花园形象，依托冬季冰雪旅游设施，转化与拓展四季旅游产品，开发休闲度假游、山地森林游、生态水趣游、文化体验游、商务会展游、节庆精品游。

6.4.1　休闲度假游

依托红花梁滑雪旅游区、冰山梁滑雪旅游区、桦皮岭滑雪旅游区冬季冰雪旅游设施，建设四季休闲度假旅游景区。以崇礼密苑生态旅游度假产业示范区为核心，打造高档次综合性休闲娱乐度假区，集中开发夏季避暑、高尔夫、登山、骑术、山地自行车、卡丁车、野外拓展、极限运动等产品，形成各具特色的、针对不同游客群体的生态休闲旅游主题产品系列。万龙滑雪场开发夏季森林娱乐、山地运动；翠云山景区开发森林度假、山地娱乐、避暑疗养、森林探险；塞北林场开发森林度假、森林避暑；桦皮岭滑雪旅游区开发森林度假、森林避暑、山地健身。此外，建设体育公园与国际骑术会所，打造国际高端旅游产品。

结合西湾子镇、镇宁堡乡、奥林匹克村、黄土嘴村等八大滑雪旅游小镇，建设度假村、酒吧美食街、特色购物街。近期建设崇礼区游憩中心，将崇礼区建设成为集接待、住宿、娱乐等于一体的具备旅游服务功能的生态人居样板城镇。

1. 生态避暑游

产品定位：利用夏季凉爽的气候，以及为冬季滑雪与冰雪旅游配置的形式多样的食宿设施，开发以休闲度假、山地游乐、景区观光为主导的夏季生态避暑旅游产品。

产品内容：

依托滑雪场海拔较高的山地，夏季凉爽宜人的气候，开发分时度假旅游产品。结合如诗如画的自然风光、丰富的山地资源、良好的原生态环境，开展各种形式的避暑度假，形成类型多样的避暑度假模式。

针对企业白领阶层，设计带薪休假、拓展训练、舒缓的森林度假旅游产品。

针对城市大众，设计运动型、静养型康体休疗旅游产品，包括户外运动、健康疗养等。

密苑集中开发各具特色的针对不同游客群体的生态休闲旅游主题产品。例如，夏季避暑、高尔夫、登山、马术、山地自行车、卡丁车、野外拓展、极限运动等。

构建多元化滑雪/避暑度假旅游区，为游客提供体验异国风情的休闲度假旅游产品。发挥葡萄酒资源优势，突出阿尔卑斯、北欧、北美、日本、韩国等异国风情，服务北京世界城市建设。

以长城为主题，建设野外露营区、历史军旅主题文化度假区，发挥本区域内长城旅游资源与夏季避暑旅游优势，依托历代边陲军事重镇、户外徒步旅游景区，配套建设野外运动与篝火晚会场地。

依托北部草原风光，开发草原休闲度假旅游。以蒙古包为主要接待设施，以蒙古族礼仪与风俗为特色，依托闪电湖澳洲草原风情旅游区、冰山梁滑雪旅游区、金莲山庄、五花草甸开发蒙古包度假村和草原景观地。

2. 冬夏令营游

产品定位：定位大都市学生市场，开展冬令营、夏令营旅游。
产品内容：

举办形式多样的生态专题夏令营，建立湿地和森林科学考察及野外实习基地，依托高原湿地和山地森林等自然资源，开展科学考察教学等专项旅游。

举办大中专学生冰雪运动训练冬令营与学生运动训练夏令营，开展运动旅游。

利用丰富的历史文化和红色旅游资源、古人类遗址等，开展爱国主义及相关的教育旅游活动，如学术讲座、专题夏令营、现场参观考察、参与实践操作等。

3. 高尔夫经典游

产品定位：以建设国际滑雪旅游中心为目标，依托优美的自然生态环境，打造高尔夫高端旅游产品。
产品内容：为高端游客提供打球、度假、参会、交友等活动的空间。综合开发高尔夫风景游、高尔夫猎奇游、高尔夫商务游。

4. 骑术经典游

产品定位：服务国际滑雪旅游中心建设目标，结合滑雪场山地森林、湿地草原，打造国际骑术高端旅游产品。
产品内容：以俱乐部形式经营，集马术、骑术、餐饮、酒店、康体、娱乐休闲于一体，开发骑马观光、骑马交友、骑术健身、骑术运动等骑术经典旅游产品。

5. 特色购物游

产品定位：实现商旅互动、工旅互动，发挥旅游主导产业作用。
产品内容：

1）滑雪用品购物游。建设滑雪装备生产基地：通过独资、合资等方式，引进国际滑雪用具和装备生产商，建设国内一流的滑雪用具和装备生产基地，在崇礼形成集生产、试验、销售、维修于一体的一条龙服务，推动滑雪用具和装备向产业化方向发展。

2）当地特色购物游。境内野生资源十分丰富，山杏、蕨菜、黄花菜、蘑菇，以及各种野生药材均有分布。森林资源丰富，可以利用林业资源进行艺术品加工、编制等。这些资源都可以作为旅游商品进行开发，其关键是商品如何形成规模和系列。

主要开发四大旅游商品系列：旅游纪念品、山野珍品、民间手工艺品、旅游专备及用品。

6. 酒吧美食观光游

产品定位：实现农旅互动，发挥旅游主导产业作用。
产品内容：

1）冰雪/避暑酒吧游：怀涿盆地和柴宣盆地 20 万亩①葡萄园为开展葡萄文化活动和生态农业旅游提供了理想场所。

2）山野美食游：形成饭店餐饮、特色餐饮与社会餐饮系列。提高各类餐饮的服务质量和档次，在全市培育一批旅游特色餐饮名店。形成旅游饭店、茶肆酒楼、景区餐饮互补的合理格局，全面实现旅游餐饮业的经营特色化、类型多样化。在高档饭店餐饮方面，提供品质优良、美味可口的佳肴和热情周到的服务，努力营造优雅的就餐环境，在此基础上突出地方特色和饭店自身的特点。对于一般社会餐饮企业，特别是主要面向游客的餐饮企业，重点应放在突出崇礼地方饮食文化特色上，同时注意卫生和环境的改善。开展美食节，使之与大规模的文化娱乐、购物活动相结合，并从国内扩展到国外，形成具有崇礼地域特色的节庆活动。

6.4.2　山地森林游

产品定位：依托夏季清凉的气候优势，突出山地生态特质，形成山地旅游产品的系列化配置，实现滑雪景区冬、夏季旅游产品的转化。

产品内容：开发山野观光游、山野休闲游、山地动物观光游、山地运动游等旅游产品。

1. 山野观光游

产品定位：将观光游览项目渗入冬季冰雪旅游产品与夏季避暑度假旅游产品中，以最佳的游览线路，把每个景区（点）进行有机、合理的珠联。

产品内容：

崇礼滑雪大区四季风景优美，各个景区均具备开展观光旅游的条件。观光旅游作为旅游活动的基础始终占据着巨大的市场份额，是旅游发展过程中始终不能忽视的市场需求。观光类产品分布较为分散，项目种类较多，更多的是作为其他旅游产品的附属品出现，对这类旅游活动更重要的是加以引导，使其参与到更为多样的旅游活动中。

生态体验游。重点开辟湿地、草甸、河流、湖淖、森林、山地、农田等观光旅游资源，开发高品位、高文化含量的观光型旅游产品，增加产品附加值。

生态艺术游。开展摄影、写生等专项旅游活动。

2. 山野休闲游

产品定位：丰富生态避暑度假旅游项目。

产品内容：夏季重点开发森林野餐、野营、拓展、狩猎、垂钓、划船、漂流、乘车、骑马、歌舞、漫步、疗养、登山、探险、摄影、观光、浏览，以及科学考察、采集标本、教育宣传等系列旅游产品。利用崇礼滑雪大区茂密的森林和新鲜洁净的空气开展森林浴。

3. 山地动物观光游

产品定位：为大都市游客提供与野生动物亲密接触的机会。

---

① 1 亩≈666.7m²。

产品内容：丰富山野景观，提升山野旅游情趣，开发一系列富有山野情趣的旅游产品。

4. 山地运动游

产品定位：强化崇礼滑雪大区健身运动品牌形象，打造冬夏两季特色运动旅游产品。

产品内容：

突出面向大众的运动休闲类产品，推崇健康休闲的生活理念，推行大众喜爱的参与性运动，推进全民健身计划的实施。结合当地资源特征和京津市场需求，开拓京津冀乃至全国运动休闲旅游产品市场。依托滑雪基地，结合区内地形、植被、道路特点，配置全民健身体育设施，满足游客和当地居民的健身需求。

冬季结合冰雪旅游，开发滑雪、雪橇、雪地摩托车、雪地翻滚车、滑冰、冰橇、花样滑冰、冰上舞蹈表演等冰雪运动旅游产品。夏季推出大众运动旅游产品，开发山地体育运动、空中体育运动、水上体育运动、登山探险等各种刺激性强的运动旅游产品。

1）开发山地体育运动系列产品。依托几大滑雪场的滑雪资源和设施条件，开展徒步登山、自驾车越野、赛车、摩托车、翻滚车、月球车、越野自行车、波浪车道自行车、山地自行车、攀岩、多人自行车等体育活动，开发山地越野、定向越野等新兴运动类产品，建设固定的山地运动赛事训练基地，有条件的景区还可开展骑马、骑骆驼、赛马、驯化动物、喂养动物、看驯兽表演等娱乐活动。

2）开发空中体育运动系列产品，如汽车拖拽跳伞、滑翔伞、滑翔机等，开发动力伞俱乐部、热气球训练营、翼伞滑翔基地等项目。

3）开发水上体育运动系列产品。充分利用闪电河、天鹅湖、云州水库等资源，实现冬冰夏水的运动娱乐旅游产品转换。夏日开展游泳、潜水、滑水、漂流、帆板、帆船、水上自行车、水上摩托艇、游艇、碰碰船、赛艇、渔猎、垂钓等水上运动，冬季开展花样滑冰、冰壶、冰球等多种器械型冰上活动。

4）开发登山探险系列产品。依托山地丰富的生物资源和错综复杂的地形条件，将山地建设成为探险发烧友的乐园，在做好安全保障措施的前提下开展登山探险活动。

6.4.3 生态水趣游

产品定位：以水体验为理念，营造夏季柔美、欢娱的体验感受，促进冬季冰雪旅游产品的转化与温泉旅游产品范围的拓展。

产品内容：开展水上运动游、漂流野趣游、戏水娱乐游、京津寻源游。

1. 水上运动游

产品定位：依托崇礼滑雪大区水域资源，开发夏季水上运动游，打造旅游新亮点。

产品内容：改造天然湖泊、河道和人工水域，面向企业团体游客、开发游泳、帆船、赛艇、皮划艇、水球等大众水上运动休闲项目。

2. 漂流野趣游

产品定位：依托闪电河等水域资源，开展漂流观光旅游。

产品内容：在严格安全保障措施下，为喜欢户外活动的游客开展以充气橡皮艇为漂流工具的水上漂流运动。

3. 戏水娱乐游

产品定位：依托水域资源，延续冬季冰雪娱乐，开发戏水娱乐游作为夏季避暑度假休闲旅游的重要组成部分。

产品内容：开展水上自行车、水上三轮车、水上皮划艇、水上滚筒、水上蹦床、水上横木、水上跷跷板、水上风火轮等娱乐项目，使游客在欣赏美景的同时还可以戏水消暑。

4. 京津寻源游

产品定位：以饮水思源理念，吸引北京、天津游客。

产品内容：依托纯净清澈的水质和优美的生态景观，开展湿地生态游。沽源是著名的白河、黑河、滦河的发源地，也是京津水源地。目前，沽源形成了南北两条带，中间一片网的林业格局，构筑起了一道保卫京津的天然绿色屏障，加上得天独厚的地理位置优势，更能吸引北京、天津游客。

6.4.4　文化体验游

产品定位：依托悠久的历史文化和众多的文物保护单位，以建设国际化文化旅游景区为目标，营造多元文化氛围，突出地域文化，结合冬夏两季旅游产品，为游客提供强烈的旅游文化体验。

产品内容：重点打造名胜观光游、草原风情游、异域风情游、民俗风情游、军事体验游。

1. 名胜观光游

产品定位：以冬季冰雪旅游和夏季避暑度假休闲旅游为主导，整合该区域的观光资源，突出自然与文化特色，提升游客在该区域旅游的整体性体验。

产品内容：开发赤城鼓楼、龙关重光塔、镇朔将军杨洪墓、朝阳观滴水崖风景区、金阁山崇祯观、独石口古城等名胜古迹观光游。

2. 草原风情游

产品定位：突出坝上蒙古风情旅游特色，打造景区夏季避暑度假休闲旅游的主打产品。

产品内容：观赏草原美景，品尝草原美食，体验蒙古族风情，打造夏季避暑休闲胜地。

3. 异域风情游

产品定位：突出该地区天主教文化的独特亮点。

产品内容：早在康熙年间就有传教士在该地区进行传教，所以有众多气势恢宏、建筑精美的教堂。结合冬季冰雪旅游，将天主教节日，如圣诞节、复活节等，融入中国文化中，提升游客的旅游文化体验。

4. 民俗风情游

产品定位：努力开发出一批地域色彩鲜明的民俗风情旅游产品。

产品内容：

1）文化艺术游。该地区的民间艺术流传久远，如流传的 100 多首民歌、民间舞蹈打溜子以及历史久远的秧歌、旱船、高跷等民间社火。多方面地弘扬当地的乡土文化和现代气息，并将其逐步引入旅游饭店、旅游景点的定期演出中。

2）乡村民俗游。推出赤城县西沟民俗采风旅游产品，开发农家乐等民俗旅游，打造供游客交流和体验当地文化的集聚地，以及游客与当地居民交流融合的平台。发展西湾子镇黄土嘴、三道沟、四道沟、窄面沟、盆底坑、两间房等，高家营镇下新营、场地等，以及四台嘴乡窑子湾、东坪、太子城、棋盘梁等景区周边乡村的农家游项目，使游客在游览景点之余更进一步地了解地方民俗文化。大力开发乡村旅游市场，引导各乡镇针对旅游市场开发差异化、特色化旅游产品，实现城乡旅游市场互动。积极开发乡村生活体验游、乡村民俗风情游、乡村文化互动游等娱乐性、参与性强的项目。同时，设计推出高中低档齐全的，可供游客购买、收藏、留念的乡村民俗旅游纪念品。将乡村旅游发展全面融入社会主义新农村建设中，并与移民搬迁相结合，通过大力发展农家游，带动农民脱贫致富奔小康。

3）乡村复合型生态游。以良好的自然生态和人文生态为依托，在各景区周边乡村开发自然观光、休闲度假、民俗体验相结合的复合型生态旅游产品。

农事活动。林木的栽培、嫁接、剪枝、浇水、施肥、除虫、采摘都是农事活动的内容。该地区数量众多的树林可作为活动场所，供游客体验农业劳动的乐趣。这些活动必须在技术人员的指导下进行，不能出现毁坏现象。如果管理得当还可以减少工时，提高经济效益。

植树活动。张家口森林覆盖率较低，可种植树木花草的空间还很大，具有开展园艺活动的优势。植树活动可以赋予生态旅游新内容并丰富其内涵，如重要活动、事件的纪念树，纪念新婚、结婚周年的纪念树，象征情侣爱情永恒的情人树，以及纪念人生成长、事业发展的里程碑树等植树活动，既丰富了旅游内容，又保护了生态环境，达到了双赢的目的。

农业采摘游。利用当地蔬菜集中连片、产品品种丰富的优势，大力开发生态农业观光、采摘等特色旅游产品，满足都市人回归自然、亲身体验的愿望，实现农业与旅游业的有机结合，吸引游客亲临田间地头和农家村落，开展干农家活、采农家菜、吃农家饭、体验农家生活、领略田园风光的农业采摘游活动，带动百姓致富。张家口发达的林果业为开展丰富多彩的农业生态旅游提供了重要的物质条件，采摘活动是最能体现经济效益的生态旅游活动。在收获的季节，可以组织游客在果园管理人员的指导下进行瓜果的采摘活动。

农产品自助加工。游客在景区种植庄园采摘的果品可以进行现场加工，如石榴、苹果、葡萄、樱桃等汁多的果品可以直接压榨出果汁饮用，桃、杏等果肉多的果品可在技术人员的指导下加工成罐头、果脯和果酱，杏扁等干果类可在技术人员的指导下加工成多种风味的干果食品。葡萄酒酿造过程较复杂，但参与性、趣味性较强，因此也应积极开展。参与这些活动，游客不仅丰富了自身的旅游内容，还增长了许多知识。

5. 军事体验游

产品定位：依托其他地区无法比拟的历史遗存，如各个历史时期举足轻重的军事防御工程等，展现地区特点，形成军事旅游和红色旅游特色。

产品内容：

由于特殊的地理位置，张家口自古以来就是军事重守之地，是众多战事、军事设施的聚集地。该地区军事旅游资源丰富，既有历代长城遗存，又有现代防御苏联入侵而修筑的军事工事。

依托长城开发匹特博运动项目。开展游戏型或实战型军体竞技、体验驾驭军事装备等活动。长城一带不但山高、坡陡、路险，且有众多自然奇观和人文传说，依托这些资源，可开展滑道、滑索、滑草、攀岩、徒步穿越等活动。

6.4.5　商务会展游

产品定位：依托高端滑雪会所、高尔夫与国际骑术会所、别墅度假区、温泉会所与温泉度假区、旅游小镇，吸引高端人才，建设国际商务旅游集聚区。通过提升商务会议接待能力，将其建设成为城市经营成功的重要标志。

产品内容：面向京津高端游客市场，开展会议会展游、国际商务游、名企团体游等旅游项目。积极促进滑雪旅游与商务度假相结合，开展会议、考察、商务活动、奖励旅游、大型专项活动、大型展览等商务会展旅游。

1. 会议会展游

产品定位：以打造"东方达沃斯"为目标，建设旅游商务会展中心和会展专区。

产品内容：依托良好的度假环境、齐全的住宿设施、便捷的交通条件，为商务、会议、培训提供空间和服务。服务北京世界城市建设，加强与国家部委，以及京津石等地重要中介机构、传媒公司的联系沟通，突出"特、精、专"，积极承办主体鲜明、水平较高、影响较大的专业会展和节庆活动。

重点举办（组织）国际滑雪装备展览会、主题论坛，以及国际滑雪经济论坛、时尚滑雪服展示会、滑雪旅游商贸会等，培育会议会展知名品牌，为崇礼滑雪大区旅游注入新活力。

积极争取举行国际性学术会议、全国性学术会议、区域性学术会议、地区性和全国性学术交流活动。学术旅游市场是近年来发展十分迅速的一个市场，在中国政府大力发展教育和科技的背景下与日俱增，并且具有稳定的周期性特点，蕴藏着巨大的商机。

2. 国际商务游

产品定位：建设国际商务旅游集聚区。

产品内容：积极开展会展、商业谈判、营销、管理（如培训、奖励旅游）等商务旅游活动。其中，会展旅游是商务旅游中最有特点的一个重要内容。同时，重点建设商务会所国际性商务服务设施。

3. 名企团体游

产品定位：依托北京的总部经济、国家企事业、著名国际公司，大力发展奖励旅游。

产品内容：重点建设拓展训练营等。

6.4.6 节庆精品游

产品定位：以节庆旅游引领四季旅游产品开发，成为四季旅游产品的展示窗口，打造以滑雪旅游为龙头的四季旅游品牌。

产品内容：国际滑雪节、阳春踏青节、消夏避暑节、金秋飘香节。

1. 国际滑雪节

产品定位：打造张家口滑雪知名品牌，力争成为世界滑雪知名品牌。

产品内容：滑雪节庆以崇礼滑雪大区核心滑雪场为依托，集中开展全部的滑雪活动和民俗冰雪活动。

突出冰雪文化，举办冰雪旅游节国际雪雕大赛、冰雪旅游节纪实摄影大赛、崇礼旅游节冰雪小姐大赛、冰雪旅游节冰雪旅游博览会等活动。开发自由式滑雪雪上技巧和空中技巧、跳台滑雪、滑雪摄影、滑雪狂欢巡游等滑雪文艺产品作为滑雪节的组成部分，举行各类特色冰雪文艺活动，增强滑雪旅游的娱乐性与参与性。

节庆展览。节庆活动时间组合。时间组合重点是在举行滑雪节庆活动时，将各个旅游区的滑雪项目集中在同一个时段内，实现集体推销。

冰雪温泉节。紧密结合冰雪旅游，充分考虑冰雪旅游的多样性、新奇性。结合滑雪旅游、冰雪旅游、冰雪山地旅游、野外运动与冬泳旅游、保健康体旅游，为游客提供超值享受。

欢乐冰雪节。以冰雪运动、比赛演艺为主题，在每年的严冬季节，以沽源县青年湖为主会场，以闪电湖、天鹅湖、凤凰山度假村、金莲山等地的滑雪场为分会场，举办冰雪欢乐节。滑雪项目：专业性滑雪赛事和表演、大众娱乐滑雪活动；冰上项目：仰式冰橇发烧友大赛、俯式冰橇发烧友大赛、短道速滑、花样滑冰、冰球、掷冰壶赛、冰上卡丁车、冰上坦克车、冰帆、湖面曲道帆动力冰橇赛；演艺项目：冰上舞蹈、冰上体操、冰上模特秀等；其他项目：冰雪高尔夫、飞碟、冰钓、冰帆、白桦芬兰浴、冰车、冰雪摄影展、CS野战等。

2. 阳春踏青节

产品定位：以湿地踏春、观鸟科普为主题。

产品内容：

1）观鸟节。①天鹅回归节。在春季天鹅回归时举办，为众多的天鹅爱好者提供学习、交流的平台。②百灵鸟节。在春夏之交时举办，以观赏坝上特有的百灵鸟为主要活动。

2）金莲山森林科普节。春季山花绽放，这时易从花朵上识别植物，是举办科普节的最佳时节，可为众多植物爱好者提供学习、交流的平台。

3. 消夏避暑节

产品定位：以美食避暑、探险运动为主题。

产品内容：

1）坝上风情美食节。以无公害、绿色、有机食品为原料，通过推出创新名肴、制作精品菜点、烹饪比赛、品尝美食等活动，营造坝上风情美食节的热烈气氛。通过美食节将坝上地区的美食发扬光大，并将沽源逐步建设成为北京的一处特色美食中心，吸引游客来此旅游。

2）金莲山森林野外探险节。夏季天气凉爽、植物茂盛，是开展野外探险活动的最佳时节。

3）水上高尔夫球赛。在闪电湖、天鹅湖、青年湖等地择址举办一年一度的夏季水上高尔夫球赛事活动。

4）山地自行车赛。利用县内山区公路，在夏季举办山地自行车赛，力争成为国家级山地自行车赛事场所。

4. 金秋飘香节

产品定位：以绚烂金秋、摄影观光、越野运动为主题。

产品内容：

1）美食节。金秋时节，瓜果飘香，丰收的喜悦遍布张垣大地，成为一道绚丽的风景。在此时节举办美食节，同时开展摄影大赛、民俗风情表演等一系列文化活动。

2）金莲山森林摄影写生节。在秋季举办金莲山森林摄影写生节，色彩斑斓的森林生态景观为摄影和写生提供了绝佳的素材。

3）坝上天鹅南下节。在秋季天鹅南下过境时举办坝上天鹅南下节成为延长湖泊草场地区旅游季节的重点活动。

4）塞北林海摄影大赛。在秋季坝缘山地森林色彩最丰富的时节举办，以摄影作品（包括林间鸟类）比赛展现沽源南部的山地之美。

5）塞北林海山地长跑赛。在秋季坝缘山地森林色彩丰富时举办，地点在坝缘山地塞北林海林间作业道。同时，应广泛发动长跑爱好者参加此活动。

6）越野汽车赛。利用塞北林海旅游环线的林间作业道，在夏、秋季举办越野汽车赛。

6.5　重点旅游线路设计

6.5.1　冰雪旅游特色产品线路组合

1. 滑雪温泉趣味休闲精品线

产品组合：组合滑雪精品游、冰雪体验游、温泉体验游三大冬季旅游特色产品，为游客提供冬季滑雪、冰雪观光、冰雪娱乐、温泉休闲度假的系列旅游体验，是崇礼滑雪大区开发的核心旅游精品线路。

空间组合：红花梁、冰山梁、桦皮岭三大滑雪基地，以及崇礼密苑生态旅游度假产业示范区、赤城温泉度假区、赤城塘子庙温泉度假村、张北塞那都冰雪世界。

2. 冰雪生态神奇梦幻精品线

产品组合：将滑雪精品游与冰雪运动游、冰雪娱乐游、冰雪观光游紧密结合，在为游客提供滑雪旅游产品的同时，开展雪上娱乐、冰上娱乐活动，使游客充分体验崇礼滑雪大区冰雪天地的旅游乐趣。

空间组合：红花梁、冰山梁、桦皮岭三大滑雪基地，以及崇礼密苑生态旅游度假区、赤城滨河休闲带、沽源闪电湖景区、沽源青年湖景区、沽源滦河神韵风景区、冰雕园、雪雕园、室内运动休闲场馆、雪域酒吧、美食城与购物中心、张北塞那都冰雪世界。

3. 冰雪文化雪乡风情精品线

产品组合：将滑雪精品游与冰雪名胜观光游、冰雪草原风情游、冰雪异域风情游、冰雪民俗风情游进行组合，将滑雪旅游与世界多元文化、本地民俗文化、塞北历史文化有机结合，为游客提供冰雪体验、文化体验。

空间组合：红花梁、冰山梁、桦皮岭三大滑雪基地，以及崇礼密苑生态旅游度假产业示范区、张北塞那都冰雪世界、大境门、堡子里、塞北欧洲山地风情度假区、蒙古风情园、天主教圣诞游乐园、崇礼西沟公路与赤城卯镇山景区民俗村、军事体验园。

4. 赛事盛典会议会展精品线

产品组合：将滑雪精品游与商务会展游、国际滑雪节紧密结合，通过举办国内外重大政务活动、商务活动、学术活动和文化活动，打造崇礼滑雪大区高端会议会展旅游产品。

空间组合：红花梁、冰山梁、桦皮岭三大滑雪基地，以及崇礼密苑生态旅游度假产业示范区、八大滑雪小镇、崇礼国际休闲会馆、沽源冰山梁滑雪度假村、张北塞那都冰雪世界等。

6.5.2 四季旅游特色产品线路组合

1. 消夏避暑浪漫假期精品线

产品组合：依托崇礼滑雪大区三大滑雪基地，发挥毗邻京津的地理优势与夏季凉爽的气候优势，以高尔夫经典游、骑术经典游、生态避暑游、特色购物游、酒吧美食游等休闲度假旅游产品为主体，结合温泉度假游、森林生态游、生态水趣游、文化体验游，开展分时度假，开发消夏避暑节节庆旅游，为游客提供综合性生态休闲度假体验。

空间组合：五大滑雪/避暑小镇，红花梁、冰山梁、桦皮岭三大滑雪基地，以及崇礼密苑生态旅游度假产业示范区、崇礼国际休闲会馆、赤城水世界、赤城塘子庙温泉度假村、赤城黑龙山国家森林公园、张北塞那都冰雪世界等。

2. 山水风光运动养生精品线

产品组合：依托红花梁、冰山梁、桦皮岭三大滑雪基地，组合山地森林游、生态水趣游、温泉养生游三大旅游产品，开发山野观光、山地运动、水上运动、戏水娱乐、康体疗养等旅游，重点打造阳春踏青节节庆旅游，为游客提供综合性生态旅游体验。

空间组合：红花梁、冰山梁、桦皮岭三大滑雪基地，以及崇礼西沟景观长廊、赤城四十里长嵯户外休闲区、沽源闪电河景区、沽源青年湖景区、沽源滦河神韵风景区、沽源白河源风景区、赤城滨河休闲带、赤城水世界、赤城塘子庙温泉度假村。

3. 塞外风情文化体验精品线

产品组合：通过名胜观光游、草原风情游、民俗风情游、异域风情游、军事体验游旅游产品的组合，将各大滑雪场生态景观和服务设施与文化体验旅游紧密结合，重点打造金秋飘香节节庆旅游，为游客提供不同文化背景下的生态文化体验。

空间组合：大境门、堡子里、赤城鼓楼、龙关古城、赤城独石口旅游区、朝阳观滴水崖风景区、赤城金阁山崇祯观等历史名胜，以及闪电湖澳洲草原风情旅游区、沽源金莲山森林公园、沽源五花草甸、沽源天鹅湖旅游区、崇礼西沟景观长廊、赤城卯镇山景区、崇礼塞北风情体验区、水泉淖景区仿元代行宫式度假酒店等。

4. 会议会展高端商务精品线

产品组合：将商务会展游与高尔夫经典游、骑术经典游、温泉 SPA 游等高端旅游结合，打造崇礼滑雪大区国际性四季旅游品牌。

空间组合：八大滑雪小镇、高尔夫俱乐部、国际马术俱乐部、崇礼国际休闲会馆、赤城温泉 SPA 休闲会所、赤城生态乐园/京北狩猎场。

6.6　旅游商品规划

旅游商品销售是旅游目的地重要的收入来源。旅游购物是旅游构成要素的重要组成部分，旅游商品浓缩了地域和民俗风情，能反映旅游目的地的特色，是一个国家或地区历史与文化的缩影，是在旅游市场上具有独占性的商品。

6.6.1　旅游商品开发现状

1. 现有旅游商品

（1）土特产品
土特产品中比较有名的数坝上三宝：莜面、山药、大皮袄。

崇礼区：自然资源丰富，野生动植物繁多，主要盛产的山野菜有蕨菜、苦菜、蘑菇、黄花菜等，主要作物有莜麦、山药、蚕豆、错季蔬菜等。

赤城县：养颜延寿苦杏仁、野生黄花菜、野山榛、蕨菜、松蘑、苦菜、曲曲菜、柴鸡蛋、莜面（莜麦面）、赤城宝典酒、黄金茶、胡麻油等。

沽源县：金莲花茶、山野菜、蘑菇、柴鸡蛋、坝上粗粮等。

（2）手工艺品

崇礼区：根雕艺术、黄金饰品。

根雕艺术又称树根造型，是中华民族一项古老的传统艺术。随着社会的发展，崇礼的根雕艺术也在不断进步。广大根雕艺术爱好者充分利用建筑施工中丢弃的枯木的根、干、枝、瘤等，运用根雕艺术创作的特殊技法，舍其糟粕，变废为宝，赋予朽木残根新的生命，化腐朽为神奇，创作出大批优秀的根雕作品。根雕艺术作品以其独具匠心、艺作天成的艺术感染力及较高的收藏价值，受到越来越多人的青睐，有着广阔的市场前景。

赤城县：麦秆画、桃刻、鸡蛋刻。

麦秆画是一种以麦秆为主要原料、玉米秆等为辅助材料，通过一系列复杂的制作工艺精制而成的传统民间手工艺品。麦秆画色泽鲜亮，自然纯朴，原野风味浓厚，具有很高的欣赏和收藏价值。赤城县其他手工艺品还包括桃刻和鸡蛋刻。

沽源县：蒙古刀具、皮制工艺品等。

旅游纪念品是具有地方特色、方便游客携带的中小型纪念品，如蒙古刀具、蒙古皮具、皮制工艺品、毛制工艺品、手工刺绣工艺品等。

此外，张家口市著名的手工艺品还有蔚县的剪纸和阳原县的石雕。

蔚县剪纸又称窗花，属中国民间剪纸艺术中的精品。

阳原县的石雕历史悠久，阳原石料有赤、橙、青、黄、绿、白、紫七色，自古以来统称为恒山玉。据《阳原县志》等记载，境内石宝山至盘山的燧石和玉石，明代即有所开发和利用。

（3）地方风味小吃

地方风味小吃主要包括清水羊肉、口蘑炖柴鸡、铁锅炖土豆、山野菜、莜面窝窝、云州大锅熬鱼、山药鱼、莜面饺子、山药傀儡、山药烙饼、油炸糕、龙门所豆腐、荞面、手把羊肉、正宗涮羊肉等。

总之，崇礼滑雪大区的旅游商品主要以地方土特产品为主，商品类型相对较单一。

2. 旅游商品开发中存在的问题

旅游商品是旅游者的需求之一，旅游商品销售是旅游产业收入的一项重要来源。目前，中国普遍存在旅游商品生产经营缺乏龙头企业支撑、品牌意识差、特色不明显、技术含量低、产业化程度低、附加值不高的特点。

崇礼滑雪大区旅游商品开发目前存在的问题如下：

1）生产规模小，技术含量低。

2）品种单一，缺乏创新（滑雪景区可以看到的只有口蘑、蕨菜、杂粮等品种较单一的土特产品）。

3）开发盲目，市场较乱。

4）文化内涵挖掘不够，地方特色不明显。

5）发展环境及配套设施不够完善。

6）冰雪旅游商品不足，缺失自有品牌的滑雪装备。

6.6.2　旅游商品开发策略

1．总体策略

1）理顺管理体制，重视商品质量。
2）针对市场需求研发商品。
3）传统工艺结合创新技术。
4）精湛工艺提升商品形象。
5）和谐环境促进商品营销。

2．重点旅游商品规划

（1）特色产品

叫响坝上三宝品牌，如天津三绝、东北三宝，因此要在如何开发三宝上下功夫。

随着经济的快速发展，人民生活水平不断提高，伴之而来的疾病，如高血脂、高血压、高胆固醇等，已成为普遍现象，于是人们开始关注清淡保健的食品。农民一日三餐都有的莜面、山药因具有高营养价值和低糖的特点而受到大众欢迎。

莜面（莜麦面）：莜麦是当地主要粮食作物，莜面是坝上三宝之首，故被称为"塞外珍珠"。莜麦，又称燕麦，品质好、营养价值高、用途广，但烹饪方法较复杂，在生活节奏比较快的都市，很少有人能够在家里花费大量时间制作莜面食物。鉴于此，除了目前市场上已有的方便携带的速食面、燕麦片以外，建议研发具有地域特色并便于携带的品牌莜面系列休闲食品，如速食山药鱼、休闲糕饼等。

山药：山药是大众熟悉的食品，餐厅常见的食材。然而，山药精深加工食品在市场上还不多见，因此可以在山药食品的精深加工上多做文章，将山药精深加工食品开发成为具有地域特色且便于携带的品牌旅游保健食品，如小袋包装的山药干、山药粉、山药糕等。食品的包装设计应以独立小单位、生态包装为特点。

大皮袄：皮袄虽然已经成为昨日的时尚，但是口皮（又称羊羔皮）作为张家口地区出产的毛皮，具有皮板洁净、皮毛丰厚、富有弹性等特点，有山羊皮、西羊皮、兔皮、貂皮、旱獭皮等百余种。可以利用这一资源优势，结合坝上地域文化，创造崇礼滑雪大区做工精良的品牌口皮装饰品，秉承生态友好原则，开发带有坝上风光以及人们日常生产生活情景的挂毯、床毯、沙发坐垫、汽车坐垫等；令时尚女性趋之若鹜的皮草手袋、披肩、马甲、帽子、围巾、皮草耳套、小饰物、拖鞋等；皮革制品，如家居皮拖鞋、手套、笔筒、废纸篓、饰物等。

（2）滑雪装备

通过独资、合资等方式，引进国际滑雪用具和装备生产商，建设国内一流的滑雪用具和装备生产基地，推动冰雪装备向产业化方向发展。

（3）旅游用品制造

可以通过招商引资的方式，引进旅游用品生产企业，带动当地就业及旅游经济发展。

（4）温泉衍生商品

开发温泉片、温泉粉、硫磺香皂等洗浴产品，同时研发具有养生疗效的温泉酒。

（5）资料类

制作滑雪手册、印有雪场四季景色的明信片、宣传片 DVD、滑雪大区的旅游地图。

（6）旅游纪念品

印有雪场、草原景色、蒙古族人物（如穿传统服饰的人物和摔跤人物）的冰箱磁贴和茶杯垫；印有雪场 Logo 的 T 恤衫（包括游客 DIY 的 T 恤衫）和帽子，带有草原风情图案的水杯、钥匙扣、啤酒开瓶器；印有崇礼滑雪大区主要景点的装饰盘、吸引小朋友的各类卡通动物的帽子和手套等。

（7）特色绿色旅游食品系列

组装特色土特产品深加工的休闲食品，推出崇礼滑雪大区特产的食品礼盒，礼盒应拥有浓郁的地域特色并方便携带。

羊肉制品：依托坝上羊肉不膻、鲜嫩的特点，开发精深加工的羊肉制品，如袋装肉脯、孜然羊肉干等休闲食品，以及真空包装的烤羊肉。

杏扁食品：已开发 12 类杏扁食品，建议继续开发杏扁的精深加工食品，如杏仁粉、杏仁汁、杏仁糕、杏仁甜奶酒等。

蚕豆休闲食品：除油炸食品以外，应继续研发蚕豆其他口味的休闲小食品。

土特产品：山野菜和蘑菇类的土特产品可以加工成为具有当地特色口味、即食方便、真空包装的小食品。

（8）手工艺品系列

根雕：除大型的根雕作品以外，应开发更加吸引游客且便于携带的小型根雕作品，既要有巨型产品也要有微型产品。根雕人物不应仅仅局限佛像、菩萨等传统人物，还应挖掘与当代人们的生活贴近的人物；根雕作品除装饰功能外还应在实用性上进行挖掘，做到展示和实用的结合。当地政府应考虑制定适当优惠政策以吸引更多的根雕手工作坊到滑雪小镇的商业街开设商铺，使其形成规模化生产和经营。

麦秆画：对大多数人来说，麦秆画的制作工艺还很陌生，因此在滑雪小镇的商业街可以采纳前店后厂的形式，供游客了解麦秆画的工艺流程，同时也可以让游客 DIY，创作自己的作品。麦秆画的作品主题不应仅局限于传统的山水花卉，还可以挖掘当今人们关注的话题，以传统与创新的结合为主题，进行自然而抽象、简单而精致的作品设计。

蒙古刀具、皮制工艺品、毛制工艺品、银饰品等：在滑雪小镇可以设置专营蒙古刀具、皮画、金银饰品以及具有浓郁地方特色的皮制、毛制工艺品。

剪纸：蔚县的民俗手工艺品剪纸在全国有一定的知名度，因此崇礼滑雪大区可以把蔚县剪纸吸纳进来以充实这一地区的手工艺品市场，如在滑雪小镇的商业街可以设剪纸一条街。剪纸可反映当地居民生产、生活的内容，对其传承不仅对形成当地特色品牌有重要作用，而且对传统文化的保护有重要意义。

石雕：阳原的石雕在中国享有一定声誉，在滑雪小镇的商业街可以设置前店后厂的石雕店铺。石雕的种类需要继续发掘，如增加颇受女性欢迎的小饰品系列，如挂件、胸针等。

3. 崇礼滑雪大区旅游商品开发的建议

1）加强对张家口市特色商品的普查工作，搜集特色商品的资料，正确选择和确定旅游商品的开发方向，确定拳头产品及开发重点。

2）普查生产旅游商品的企业、作坊，确定品牌开发及生产的重点企业，并加以扶持和培育。

3）建立集特色化、系列化、品牌化、规模化于一体的旅游商品研发、生产架构，逐渐形成布局合理、层次分明、运转有序的旅游商品市场格局。利用当地资源，着重发展滑雪装备业、旅游用品制造业、旅游工艺品制造业及旅游食品加工业。

4）顺应滑雪产业的发展，着手培育一批生产旅游装备、滑雪装备的龙头企业。

5）旅游商品从设计上就要坚决走具有地方特色的道路，挖掘当地文化内涵，传递地域文化。包装应体现人文关怀，轻巧、美观且牢固的包装不但能方便携带，还能增加商品的艺术美感。同时，推荐使用绿色环保材料包装，不仅可以保护旅游地的环境，还可以宣传和提升旅游地健康、自然的美好形象。

6）学习法国在旅游商品方面的成功经验，杜绝粗制滥造的旅游商品上市，采用高科技打造高质量的旅游商品，走精品路线。目前，市场上销售的旅游商品有很大一部分因制作工艺粗糙而失去固有的欣赏和收藏价值。旅游商品的优良品质建立在精湛的制造技术基础上，精巧的设计也必须通过精湛的技术才能取得理想的设计效果。

7）目前，崇礼滑雪大区的主要旅游商品是地方的土特产品，毋庸置疑，农副产品的附加值较低，因此在农副产品开发及设计上要有创新理念，提高农副产品的附加值，同时注重产品的组合。

8）鉴于崇礼滑雪大区的旅游商品种类比较有限，可以把张家口其他县域拥有的较为知名的商品，如蔚县剪纸和怀来葡萄酒、面塑、古钱等商品，汇集到崇礼滑雪大区的旅游商品商店和滑雪小镇的商业街。

9）定期举办旅游商品创意大赛。

10）每年评选出五大最受游客青睐的旅游商品，并对这五大旅游商品的生产企业、手工作坊等给予奖励和扶持。

4. 旅游商品购物网络规划

（1）传统旅游商品销售网络

1）布局和选址：除了景区、旅游商品商场以外，可以在滑雪小镇设步行商业街、旅游商品销售店铺；建小吃一条街，汇集崇礼滑雪大区以及张家口其他地区比较有名的地方风味美食，力求一镇一品格局。手工艺品可以采用前店后厂的购物观光旅游模式，满足游客的好奇心，增加游客的购物欲望。此外，还可以在游客集散中心设旅游商品超市。

2）环境设计：良好的文化氛围和精神状态能大大提高游客购物的需求和热情。目前，崇礼滑雪大区旅游商品的购物环境亟须改善和提高。首先，旅游商品商场要扩大规模、增加商品的种类；其次，改善商场内部的环境，包括提供舒适的、游客购物用于短暂休息的基本服务设施，如座椅、饮水设备、卫生间等；最后，服务人员需统一着装、服务热情、掌握旅游商品相关的知识。购物环境、文化底蕴和良好的服务是旅游商品销售的大前提。

（2）创新化旅游商品销售网络

1）旅游商品交易市场：在崇礼滑雪大区，为国内自创品牌的滑雪装备和旅游用品创建交易市场。

2）旅游商品博览会：通过参加旅游商品博览会推出当地的品牌商品。

3）旅游商品网络销售平台：利用崇礼滑雪大区网站对旅游商品进行网络销售。

第7章 滑雪旅游形象设计与市场营销策划

7.1 滑雪旅游形象设计

7.1.1 整体形象

总体定位：东方雪都。

东方——距离北京国际大都市最近的天然优良滑雪场。突显"世界东方的中国，中国的北京，北京的滑雪胜地张家口"的发展理念，突显张家口滑雪/避暑旅游国际化的品质、国际化的服务、国际化的产业，国际要素的集聚发展，以及亚洲滑雪运动首善之区和国际滑雪旅游目的地品牌。崇礼滑雪大区毗邻国际大都市北京，随着区内基础设施的不断改善，首都辐射作用的不断增强，与首都北京的同城效应也在不断增强。随着中国国际地位的提高，北京世界城市功能也日趋完善，崇礼滑雪大区对首都北京的国际服务功能将日益显著。

雪都——呈现出一片雪域白麓的冬季景观。以中高端客户群为主体，以举办"三冬会"为目标，对应市场高品质旅游精品的需求，将崇礼滑雪大区定义为全国性的冬季滑雪旅游目的地，提升崇礼滑雪大区旅游形象，从而全面提升滑雪运动、竞技体育、休闲度假旅游品质。作为华北地区滑雪资源条件最优越的滑雪胜地，崇礼滑雪大区具备滑雪的优良条件和多变的景观特色，其冬季滑雪旅游的发展具有优良条件和强劲势头。

7.1.2 旅游形象设计原则

1. 领先性原则

高起点定位，对接国家战略需求，为景区未来发展拓展战略空间。同时，紧扣时代特点，反映旅游需求的热点、主流和趋势。

2. 整体性原则

突出重点，统领全局，充分反映旅游目的地的文脉、地脉和资源特色，使旅游形象设计有利于区域旅游产品的整合，形成对潜在游客市场的强大吸引力。

3. 独特性原则

深刻分析旅游目的地的地域背景，发现并提炼其最具特色的要素，使旅游形象独树一帜、特色鲜明、生动形象。

4. 可感性原则

力求体现滑雪资源的时代感、艺术感，以及简洁、生动、凝练、新颖、寓意深刻、感应力强的资源特征，使游客对旅游目的地有身临其境的直观印象，使旅游目的地形象能够广泛、迅速地传播。

7.1.3 形象认同分析

1. 代表性

张家口自古为我国北方边塞重地、京畿门户，冰雪边关、高山旷野、京城门户、边贸繁华是张家口给人最深刻的形象概念。冰雪也是自然赋予崇礼滑雪大区的天然属性。

2. 独特性

崇礼滑雪大区是我国华北地区最好的滑雪场地，也是距离北京最近的、条件最为优越的高山滑雪场。随着北京世界城市建设进程加快和国际化程度日益提高，崇礼滑雪大区成为世界东方的滑雪胜地是形势所趋。

3. 吸引性

整体形象体现了崇礼滑雪大区依托北京所呈现的世界东方大都会休闲的国际魅力，体现了功能齐全、设施完备的高山滑雪旅游区所展示的冬季冰雪世界的人文魅力，以及崇礼滑雪大区春花、夏绿、秋花、冬雪，色彩斑斓，景色万千的京津冀都市圈后花园的自然魅力与城市魅力。

4. 地域性

对张家口京畿门户、冰雪边关、高山旷野、边塞重地等地域性形象概念进行整合，体现了张家口世界城市休闲地的地域性特色。

5. 鲜明性

东方雪都具有地域的垄断性与概念的感染力，通俗朴实，易于记忆，具有广泛的认知度与群众基础。

7.2 滑雪旅游形象建设

7.2.1 行为形象识别系统塑造

行为形象是旅游地旅游从业人员的服务理念、服务意识、服务质量，旅游企业的经营理念、企业文化构建，以及旅游地居民的综合素质等外在形象的表达，是在为游客服务过程中所传递的信息，在游客心目中形成的认知和判断。

崇礼滑雪大区行为形象设计：热情、高雅、尊崇、文明。

1. 旅游服务形象塑造

以高标准的服务水平感染游客。引进先进的管理方法，使游客能够感受到张家口优良、超前的服务意识和服务效率；对旅游企业从业人员从职业道德、文化修养、业务素质、服务意识、外语水平五个方面加强培训；在提倡规范化、标准化服务的同时，不断学习国际上先进的经营理念。

形成良好的社会氛围并且构建旅游地域社会文化系统。以打造友好旅游目的地为主要任务，不断提高餐饮等基础设施服务水平和各类景区服务水平，为游客创造人性化的旅游景观环境和旅游服务环境。

政府是旅游形象的体现者，要预防各种恶性事件的发生，维护一方社会环境的稳定，给游客以安全感。旅游管理部门的工作人员必须有强烈的敬业精神和较强的业务素质，处理问题迅速、公正，组织交通合理、有序，为游客创造便利的出行条件。

2. 居民友好形象塑造

当地居民的生活方式、语言、服饰、个人行为等和风景一样成为游客眼中旅游地的旅游形象，影响游客对旅游地的感知和评价。当地居民的淳朴、热情、豪爽都是旅游地旅游形象的体现。同时，由地区的差异性形成的不同景观类型，也使游客成为当地居民的观赏对象。

当地居民应更好地融入旅游地的发展与进步中。通过多种途径开展建设旅游形象的宣传活动，使居民意识到个人行为能够影响整个旅游地的发展，激发居民的参与意识。此外，应注意培养当地居民的内在文化素养，以及营造旅游地民风淳朴、人际关系和谐、居民热情好客的良好社会氛围。

3. 旅游安全形象塑造

加强监管和投诉机制建设，抓好市场秩序，形成健康发展的势头。杜绝拉客、宰客现象，提高旅游从业人员的职业道德，树立友好真诚的服务意识，积极主动地为游客解决实际困难，真正做到热情好客、友好真诚。

建设现代化导游服务系统，贴心服务不同层次、不同需求的自助游散客。加快营造旅游语言环境，在主要旅游道路、景区和旅游服务设施等处配备文字标识或咨询点，培养旅游从业人员使用标准普通话服务游客的习惯。提高当地居民、旅游从业人员、游客的生态环保和文明旅游意识。

做好安保工作，建立以人为本、科学完善的应急救援系统，做好旅游高峰期人员、车辆等的疏导工作，保障交通、水面、山体、饮食卫生等的安全，防止发生重大安全事故，保障游客的人身安全，创造舒心和谐的旅游、购物环境。通过政府、开发商、旅游从业人员的共同努力，形成崇礼滑雪大区上下团结一致、共谋发展的良好氛围，打造一个同心团结、文明和谐、安全有序的旅游环境，使游客在感受景区优美风景的同时获得完美的精神体验。

7.2.2　视觉识别系统塑造

通过旅游形象标志、标识、标志物、标志图片、文字、服饰的组合运用，以及旅游形象的打造、展示和传播，向游客传达旅游地的品牌、形象、个性。

1. 视觉景观形象塑造

视觉景观的美和吸引力是影响旅游地发展的永恒因素之一，开发、设计、美化、发展旅游地景观的视觉因素及其形象力是旅游地形象的重要组成部分。

（1）自然景观——自然、本色、生态

保持原生态的自然景观。在以自然资源为优势或主要吸引源的旅游地，景点的开发原本就是对自然环境的一种破坏。因此，自然景观应该受到良好的保护，开发者和游客同样要有很强的环保意识，绝对完整地保护或维持崇礼滑雪大区自然和历史形成的原始风貌，适当地增添自然景观的观赏效果，改善崇礼滑雪大区对游客的服务功能，使游览活动更好地进行。

（2）人文景观——历史、文化、厚重

打造崇礼滑雪大区特色标志性建筑，设计和崇礼滑雪大区文化氛围相符的引景空间和文化标识，给游客带来强烈的视觉冲击。一方面，凭借丰富的历史文化古迹和现代建筑完善旅游功能，如重要的历史文化古迹、园林、建筑形态等；另一方面，对民族风情、传统风俗、文化艺术等资源进行广泛地挖掘、整理、改造、加工和组织经营。

（3）城镇景观——现代、多元、鲜明

强化张家口作为东方雪都旅游圈中心的作用，重点建设，最终将张家口发展成为地区特色鲜明、形象突出、设施完善、方便快捷、服务一流的旅游集散地。

2. 视觉符号形象塑造

视觉符号识别系统，一方面，引导和帮助游客实地感知旅游形象与活动功能，方便快捷地完成旅游活动，消除游客进入陌生旅游环境时由不确定性带来的紧张心理；另一方面，能够塑造和强化地域差异的形象，通过理念一致的设计，使众多分散的人工符号在确定空间范围内形成统一的形象特征，给游客带来更强烈的视觉冲击。

（1）旅游标志

通过集思广益，向社会公开征集旅游标志，形象而简练地概括出崇礼滑雪大区的地理环境特点，突出东方雪都的生态旅游特色，以及深厚而独特的地域文化和旅游圈的形象内涵。

将旅游标志应用于崇礼滑雪大区各政府机构名片、纸笔、杯盒等办公用品，以及办公环境中；用于酒店一次性卫生用品、餐具等旅游接待用品中；用于招牌、橱窗等旅游广告用品中；用于门票、文化衫、模型等旅游商品中，使之成为崇礼滑雪大区的形象名片，充实到游客所见所闻的旅游环境中。

（2）旅游标志物

旅游标志物是体现崇礼特色的建筑或景观，标志物的特点是生动、具体，并且可以直观、立体地宣传旅游地的旅游形象。标志物可用已有的景观资源，也可后天修建。一般可建于旅游接待服务中心或崇礼滑雪大区入口处、景区入口处和进县（区）的主要路口等视觉汇聚点，要设计和建造与崇礼滑雪大区文化氛围相符的、引导景观和文化的标志物，搭建广告牌和标识牌，尽可能多层面地展示崇礼滑雪大区的风采，形成强烈的视觉冲击，给游客留下深刻的第一印象。

（3）旅游纪念品

旅游纪念品是旅游地形象的艺术表现，是体现和延伸旅游形象的一种很好的载体。游客通过旅游纪念品常常回忆和联想的旅游经历，有助于旅游形象的保持和传播。旅游纪念品的推广不仅能获得前期的经济效益，也有可能促成游客的再度出游或吸引潜在游客出游。崇礼滑雪大区旅游纪念品的开发要以传播旅游形象为理念，设计发行或者赠送东方雪都旅游圈风光画册、明信片、邮票、台历；创作推广区内山水风光的 DVD，制作多品种、多语言的声像成品；生产带有风景点标志的衣帽、杯子、文具等特色日用品；出版有关书籍、史料和小说。加大旅游纪念品在各大旅游景区内出售的力度、数量，同时深入开展特色旅游商品的自主设计与研发，真正突出地方特色和民族文化，开发一系列高质量、上档次、货真价实的特色旅游商品，加大特色旅游商品的宣传和推介，激发游客的购买兴趣，并建立集中的购物场所，以方便游客购买。

（4）标准色、标准字和标准图片设计

色彩比图形和文字更具有视觉震撼效果，可直接引发游客不同的心理感受。对于崇礼滑雪大区，为突出滑雪、森林、度假，选择白、蓝、绿为主色调，体现白雪、蓝天、森林的旅游形象。

为突出崇礼滑雪大区的国际化形象，建议在区内使用中文、英文、日文、韩文，标准字体以艺术体为主。

标准图片选用滑雪场、温泉、森林别墅、高尔夫球场等风景照。

7.2.3　听觉形象识别系统塑造

筛选、提炼或创作具有冰雪文化与原生态文明特色的音乐或歌曲，作为音乐标识形象。以地方乐曲、崇礼滑雪大区的主题曲以及背景音乐为主体，紧扣美妙绝伦的风景条件和深厚淳朴的民风民俗，反映运动、自然、自我理念和主题形象，增加游客感知度，塑造崇礼滑雪大区的主题形象。开发淡季旅游促销音乐形象标识和旺季旅游促销音乐形象标识，制成光碟，作为宣传品、纪念品发放赠送。

7.3　旅游形象识别系统

旅游形象指旅游地在人们心目中形成的总体印象，包括其整体环境、旅游活动、旅游产品及旅游服务等。区域旅游形象策划（tourism destination identity system，TDIS）是在对旅游地传统意义认识的基础上，通过建立识别系统，形成的一种全新的形象识别和营销系统。在大量调查的基础上，根据崇礼滑雪大区现状、特质及发展目标对其旅游形象识别系统进行设计。

7.3.1　现有旅游形象调查结果分析

1. 知名度、美誉度调查

调查问卷和统计资料分析显示，崇礼滑雪大区目前在客源市场和潜在客源市场的知名度和美誉度情况如下。

（1）调查问卷分析

旅游地的知名度是指游客（含潜在游客）群体对该旅游地的了解、识别与记忆的程度。

知名度＝知晓旅游地的人数/总人数×100，知名度>50%为高知名度。

在回收的北京客源市场调查问卷中，只有 50 人知晓崇礼滑雪大区，知名度＝50/1079×100＝4.63%。

北京是崇礼滑雪大区这些年宣传的重点地区，但知名度还不足 5%，说明崇礼滑雪大区在核心客源市场所做的营销工作较欠缺，已有的宣传并不到位，知名度不高。

旅游地的美誉度是指游客（含潜在游客）对该旅游地的好感、赞美和喜爱程度。

美誉度＝称赞旅游地的人数/知晓旅游地的人数×100，美誉度的高低直接影响该旅游地客流量的大小。

在回收的北京市场调查问卷中，仅有的知晓旅游地的 50 人并未对崇礼滑雪大区滑雪旅游进行评价。在景区问卷中，到过崇礼滑雪大区的游客对其滑雪旅游产品的评价普遍较高，说明崇礼滑雪大区有良好的美誉度。

（2）统计资料分析

崇礼滑雪大区在滑雪爱好者中具有一定的知名度。80%的张家口滑雪游客为北京自驾车游客，他们知晓崇礼滑雪大区的渠道主要是口碑相传、自驾车协会、滑雪协会、网络宣传。截至 2018 年，崇礼滑雪大区已成功举办了 18 届中国·崇礼国际滑雪节，广泛参与国家、省、市举办的旅游交易会等活动，并与 34 家旅行社建立了长期合作关系。第 18 届中国·崇礼国际滑雪节以"欢天喜地享民俗，冰雪激情迎冬奥"为主题，历时 101 天，共接待游客 208 万人次，创下历史新高。此次滑雪节拥有 125 项国际雪联顶级冰雪赛事，以及形式丰富、互动性强的趣味冰雪活动和特色民俗活动，结合体育明星助阵，将崇礼滑雪大区更充分、更激情的氛围呈现在大众面前，让全国及外国的广大滑雪爱好者都在崇礼体验到冰雪运动的乐趣，让这里的冰雪旅游资源和民俗文化走向全国，走向世界。但80%的游客来自北京，显示出崇礼滑雪大区目前仍属于区域性滑雪热点旅游景区，距离国际滑雪旅游目的地的目标还有很大差距。

2. 旅游企业管理人员和服务人员调查

旅游企业管理人员和服务人员的思想觉悟、观念意识、文化修养、专业技能、精神风貌等构成了旅游品牌形象的精神支撑。因此，要有一个好的旅游品牌形象，一定要有涉及各接待环节的专业性服务、公共服务和产品服务。

通过与多乐美地山地运动度假区、万龙滑雪场等中层管理人员交流，了解到景区服务人员、管理人员普遍匮乏，尤其缺乏专业服务人员、专业滑雪教练，且培训成本较高。此外，景区季节性用工明显，人才流失较为严重，与传统的东北滑雪区人才竞争激烈。

3. 旅游形象打造目标

通过以上形象分析，崇礼滑雪大区旅游形象建设要完成的目标如下：①提高客源市场知名度；②突破"滑雪圈内"现象，扩展消费人群；③突破冬季滑雪旅游形象，打造四季旅游形象。

7.3.2　旅游形象分析

地脉特色、人脉特色和形象设计，是旅游形象策划要考虑的基本因素。

1. 地脉分析

1）位置：地处北京西北部，以崇礼、赤城为代表的坝上与坝下过渡地带。

2）地形：地形从东北向西南倾斜，海拔一般在 1500～1700m，海拔在 2000m 以上的山峰有 12 座（海拔仅限于崇礼），山地坡度多在 5°～35°。

3）气候：位于中纬度地区，属中温带半干旱大陆性季风气候，大陆性季风气候特征明显，四季分明。冬季寒冷，夏季凉爽。冬季平均气温为–12℃，平均风速仅为 2 级，适宜户外运动，滑雪运动的环境温度为国内最佳。崇礼区年降雪量达 63.5cm，累计积雪量为 1m 左右；雪质好，颗粒硬度、黏度等各项雪质参数均符合滑雪标准；雪期长达 150 天。

4）资源：滑雪资源丰富，崇礼滑雪大区被国家体育总局、中国滑雪协会的相关业内专家誉为华北地区最理想的天然滑雪地域；温泉资源品级极高，赤城"关外第一泉"在历史上曾是皇家御用泉；自然景观丰富，境内有大海陀国家级自然保护区、黑龙山国家森林公园、沽源闪电河曲流湿地，有约 74 万亩森林和 157 万亩草场。

5）水文：与北京山水相依，地处北京的上风上水区，是北京的饮用水源地。

6）生物：林木资源丰富，是北京重要的生态保护屏障，是河北林业重点县，孕育了丰富的野生动植物资源。

2. 文脉分析

1）文化史：农牧交错，兵家必争之地，多元文化融合。

2）民俗文化：北京、河北、山西、内蒙古交界，蒙古族、汉族、回族等多民族融合。具有地方特色的戏曲文艺有二人台、晋剧、民间秧歌、民间社火等，文艺活动精彩纷呈。

3）长城文化：长城文化是张家口地域文化的一个显著特征。分布于崇礼滑雪大区桦皮岭和冰山梁的古长城，海拔为 2000 多米，是最高的"龙脊"。张家口境内燕、秦、明长城遗址众多。

4）地方特产：崇礼滑雪大区绿色土特产品（蕨菜、黄花菜、蘑菇、金莲花）、蒙古风情特色产品、手工荆编制品。

3. 形象分析

通过分析崇礼滑雪大区旅游的主脉络，可以把崇礼滑雪大区主脉络分解为雪、泉、林、草、边、文。

1）雪，即崇礼区优质的滑雪资源，超长的滑雪期；

2）泉，即赤城县的温泉养生资源；

3）林，即崇礼滑雪大区内较高的森林覆盖率；

4）草，即沽源县的湿地草原；

5）边，即崇礼滑雪大区紧邻京津地区，地处四省交界；

6）文，即边界的民族文化和民俗文化相融合，崇礼滑雪大区具有多元文化特征。

7.3.3　旅游形象识别系统分类

1. 理念识别系统（理念定位）

旅游形象策划的理念基础：滑雪、温泉、草原、森林、边缘、文化。

理念定位：东方雪都。

理念设计：定位为东方雪都，突出了崇礼滑雪大区的天然雪在中国的资源优势，东方表现了崇礼滑雪大区的地理区位，同时突显了瞄准国际市场、建国际一流滑雪旅游目的地的发展方向；雪都是综合性旅游度假目的地的高度概括，可以包含和概括崇礼滑雪大区其他的资源和文化特色，"雪"字可以衍生出诸多服务和产品，"都"字突出了资源、区位的优势地位。

2. 行为识别系统

行为识别系统可依据旅游目的地服务人员和管理人员的调查结果，以创造良好的旅游区服务软环境为目标，制定崇礼滑雪大区各个层面人员的行为规范和行为准则。

为企业管理和服务人员制定的服务标准如下。

1）热情好客：旅游业从业人员和当地居民充分展现塞北人民的热情好客、豪爽大度，做到善待八方来客，童叟无欺，一视同仁。

2）专业服务：滑雪运动需要专业化服务。从业人员应当及时培训，掌握专业服务技巧和专业运动知识，善于处理突发事件，掌握专业陪护和急救知识，为游客提供专业化、细致化的微笑服务。

3）高效管理：激烈的竞争需要专业规范的管理。旅游管理人员必须认识到高效、精细化管理对于提升服务、塑造良好品牌形象的重要意义。走精细化管理之路，用突出的敬业精神带动经营模式由粗放到精细，消除服务设施不达标、从业人员服务意识不强、服务质量不高等问题。

为当地居民制定文明公民公约，培养当地居民参与的热情和待客的礼仪。

3. 视觉识别系统

游客游览中83%的信息由其视觉器官来接收。视觉形象具有很强的传播力和感染力。崇礼滑雪大区鲜明的资源特色、品质特色及气质特色，极易概括和抽象。建议在全国征集崇礼滑雪大区旅游形象标志。

1）统一品牌：根据崇礼滑雪大区旅游主体形象的策划，建议在旅游建设和旅游营销中统一使用并注册"东方雪都"商标，在全国乃至世界打响这一品牌。

2）旅游标志：建议以白雪、温泉为主题，以林木为背景，以边缘文化为依托，向社会征集崇礼滑雪大区旅游标志。色彩以白色、蓝色、绿色为主。白色：雪的颜色，象征纯净、尊敬、简洁、清洁、和平、典雅，突出崇礼滑雪大区的品质特色；蓝色：天空的颜色，象征宁静、深邃、温柔、梦幻、智慧，突出崇礼滑雪大区的气质特色；绿色：树和生命的颜色，象征生机、青春、和谐、真实、自然，突出崇礼滑雪大区的资源特色。

3）统一广告标准字体：请著名书法家题写"东方雪都"四个字，在各种广告、印刷宣传品、办公用品上统一使用这几个字，以便于进一步在人们的头脑中形成统一的印象。

4）旅游吉祥物：设计制作动感卡通小雪人。

5）旅游标志物：在各个滑雪小镇，建造标志性建筑，张贴带有"东方雪都"的旅游标识。标志性建筑造型一方面体现滑雪运动的激情、健康、休闲，另一方面体现地域文化特点，彰显塞北风情。

7.4　市场营销

7.4.1　营销策略方式及目的

实施品牌导向型营销。品牌营销，思路先行。在建设富有塞北文化特色的滑雪旅游目的地的思路下，促成品牌规划逻辑化、产品设计差异化、创意表现价值化、活动组织情感化，并建立完整系统。

品牌、知名度与吸引力的营造，既要对市场精准定位，还需要对目标消费人群精准营销。品牌营销按崇礼滑雪大区发展的不同阶段分阶段规划营销战略。在不同阶段做好客源市场定位及产品规划，明确营销目标，在此基础上坚持高标准、大投入地进行有针对性的营销，对不同的客源市场采取不同的营销策略，以达到事半功倍的营销效果。

7.4.2　营销策略

传统营销和现代营销手段相结合，主要有产品策略、渠道策略、公关策略、活动与事件营销策略等。

1. 产品策略

品牌营销，产品先行。掌握市场需求，丰富产品组合。在把握客源市场需求心理的基础上，有针对性地设计和宣传旅游产品。任何旅游产品都有特定的生命周期，在市场上都有从成长到衰退的发展过程。因此，崇礼滑雪大区应针对目标客源市场，同时经营多种旅游产品，不断丰富和优化产品结构，使各种产品分别处于不同的生命周期阶段，并且在各种产品之间保持一个最优的组合结构。

2. 渠道策略

旅游渠道建设的实质是通过建立各种渠道让消费者购买到崇礼滑雪大区的旅游产品。

建议从以下几个方面开展旅游渠道建设：

1）以方便潜在游客购买和降低旅游渠道建设成本的原则为指导，采用直接和间接相结合的方式，建设和完善崇礼滑雪大区旅游产品的销售渠道，扩大其市场占有率。对周边近距离客源市场，以直接宣传为主，中远程市场应有针对性地联合当地旅行社和主要旅游企业，进行间接销售，形成旅游产品的行销通路。面向各个主要目标客源市场，启动散客市场。

2）和旅游网站合作，建立专门网站，开发信息系统，包括网上游客查询、反馈系统，以及预定系统等。中国互联网信息中心公布的《第 25 次中国互联网络发展状况统计报告》显示，旅行预订的年增幅是 77.9%，网上支付用户年增幅达到 80.9%。在网络时代，应以新闻、社交网站、视频、动漫、论坛等手段与游客互动，借助话题、事件、活动开展网络整合营销。例如，与国内外知名旅游网站合作，建设旅游电子营销系统，即专业化旅游目的地综合营销管理系统，主要包括两大功能：一是旅游电子营销客户关系管理系统，二是旅游电子宣传品制作发布系统。运用视频、音频、三维立体模拟等多种信息表现形式，开发制作用于电视、网络、电子邮寄等多种媒体渠道的宣传片，将"东方雪都"的整体旅游形象更加生动地对外进行宣传展示。在此营销平台上，开发多种旅游形象多媒体营销宣传品，制作多媒体宣传片、旅游电子宣传品、多语种电子杂志和英文、日文、韩文版崇礼滑雪大区旅游多媒体宣传片，积极探索其他多媒体产品信息传播渠道。

3）利用电信等渠道实现旅游产品（酒店、旅游线路等）的咨询和预订。

4）和国内大的旅行社开展战略性合作，包括多个业内知名旅行社。邀请重要目标客源市场的主要旅行社前往崇礼滑雪大区进行旅游线路或旅游产品考察，并对旅游产品进行评估，尽最大可能与之形成合作关系，并在条件允许的重要目标客源市场逐步建立销售代理机制，由有实力的旅行社全面代理崇礼滑雪大区的产品渠道经营权。

5）利用银行信用卡渠道，推出"东方雪都旅游卡"，建立多种销售渠道。

3. 公关策略

建议崇礼滑雪大区将公共关系作为旅游营销的主要手段，关注以下几类公共关系的建立。

1）媒体公关：建立与媒体间的良好关系。经常邀请京津和国内其他省份新闻媒体来崇礼滑雪大区采风或参与节会活动，长期在新闻媒介中以新闻报道的形式发布崇礼滑雪大区的旅游动态信息，针对申报"三冬会"等相关的内容进行新闻策划，主动捕捉能够引起轰动效应的各领域新闻。

2）奖励旅行社：政府专门制定奖励政策，对组织、招徕客源的组团旅行社给予科学的打折优惠和现金补贴奖励，调动组团旅行社的积极性，激活旅游市场。

3）行业交流：建立行业内外（其他滑雪区、旅行中间商与崇礼滑雪大区）的交流机制，促进行业间的理解和共同发展。同时，开展跨行业交流活动，与体育研究机构、知名大学等建立良好的往来关系，通过特邀访问、讲座、比赛、交流、采风等活动，提升崇礼滑雪大区的品牌效应。

4）汇报沟通：与上级主管部门保持良好的信息沟通，争取上级主管部门的理解和支持。

5）树立权威意见：邀请政府机关部门、高校专家与各界名人到崇礼滑雪大区参观、考察，形成权威意见，并将权威意见引入宣传推广中，直接刺激游客的消费需求。

6）社区公关：培养当地居民生态环境保护和旅游意识，以形成社区生态旅游特色。

4. 活动与事件营销策略

积极开发区内外合作旅行社，并配合合作旅行社开展崇礼滑雪大区的各项推广宣传活动，协助旅行社提高崇礼滑雪大区的市场关注度。

积极参与国内外各类旅游节会，争取举办相关旅游节开幕式、闭幕式等重大活动，提高崇礼滑雪大区的影响力和经济效益。

在目标客源市场，针对主题旅游活动或重大事件举办现场咨询会和推广会，引起受众的高度关注。

根据适合的时段与旅游内容开展不同事件型活动，集中推广，汇聚注意力。具体活动如下。

1）节庆游：针对崇礼滑雪大区许多独特的历史、民俗文化传统，持续举办具有地域独特性的节会活动。

2）假日游：毋庸置疑，每年的各个法定长假是开展旅游的黄金档期，也就有了假日经济的研究。做好、做足假日旅游，便可以获得更多的市场份额，得到更多消费者的认同。

3）主题游：设计不同旅游主题，集中推广与直接吸引具有相同倾向的消费者参与，如冰雪主题、温泉主题、休闲主题、生态主题、会议主题等。

除常规的媒体广告宣传、大篷车、百城推介活动以及诗歌、散文、摄影大赛等常规活动以外，积极主动地进行强强联合，如与国内一批知名高校建立合作关系，建设产学研实习基地、校外活动场地等，不断创新营销亮点，提升崇礼滑雪大区的知名度。

7.4.3　营销方式

（1）邀请明星代言

明星代言目前已被各个行业广为接受。崇礼滑雪大区可利用明星的平面肖像或录像进行宣传营销，借助明星的知名度提高新滑雪产品在目标消费群体中的认知率，促进滑雪产品销售。明星代言不仅能提升崇礼滑雪大区的名气，还会把明星本身所具有的特质移植到产品上，把明星良好的形象延续到产品中。由于明星的介入，消费者会将对明星的爱慕转移到产品中，进而对产品和企业产生好感。为符合滑雪系列产品的需要，邀请代言的明星气质要好，形象要健康、阳光、活泼、率真且积极向上。

（2）强势广告营销

依托大媒体强势营销，在中央电视台综合频道《朝闻天下》《午间天气预报》等栏目推出东方雪都形象展示；在中央电视台综合频道、中央电视台中文国际频道和《精品购物指南》《今晚报》《北京青年报》《时尚》等强势媒体连续不断推出全年广告；在《中国旅游报》及其他省内外旅游专业媒体和主流媒体进行宣传造势。广告发布宜集中在滑雪期到来的前一个月。

（3）节事营销

地方节事活动既是一种旅游产品，是集经贸交易、文化交流与民众休闲游乐于一体的活动，同时也是一种旅游宣传方式。连续举办18届的中国·崇礼国际滑雪节使崇礼积累了丰富的办节经验，因此在总结节庆经验的基础上，今后应注重丰富文化内涵，增加互动性强的文娱活动。此外，还可发展民俗文化节、冰灯庙会等，并对节日进行注册，征集节日的冠名权、会徽和吉祥物，也可以与相关协会合作，在滑雪区进行征集活动。

（4）价格营销

以优惠的团购价格或年票、淡季票甚至免票等形式营销。例如，淡季赠送营销：向滑雪季住宿的游客赠送夏季住宿，吸引游客在夏季来崇礼滑雪大区欣赏风景，顺势推介四季旅游产品；或通过发放免费滑雪票邀请核心客源市场内的游客来旅游，再通过他们的口碑宣传赢得更多的游客；也可实施 12 岁儿童免门票的政策，只收取教练费。

（5）公益活动营销

由政府组织开展一些公益活动来提高崇礼滑雪大区的知名度，如公益绿化活动；或借助中国滑雪协会已有的企业家人脉，在企业家内部进行义卖、义捐等活动，并冠以"崇礼滑雪募捐"的头衔。

（6）人员营销

组织人员直接到大型企事业单位、学校等地进行营销，积极参与各类单位会议，组织职工培训等。在大城市的火车站、汽车站、步行街等一些人流量大的区域做大篷车宣传活动。在旅游展销会和旅游交易会上分发崇礼滑雪大区营销信息。

（7）宣传品营销

制作一套完善的营销材料，包括崇礼滑雪大区地图（手册）、单页游览介绍、崇礼滑雪大区介绍光盘和崇礼滑雪大区旅游纪念卡片等。

（8）影视营销

通过在崇礼滑雪大区拍摄影视作品来宣传营销，如以崇礼滑雪大区为拍摄地的生活题材影视剧或宣传崇礼滑雪大区乡土人情的农村题材影视剧。

（9）滑雪运动营销

联合国家体育总局、文化和旅游部开展滑雪雏鹰计划，在青少年中培养滑雪爱好者，逐渐提高滑雪人群比例，借助国家政策推动滑雪产业的发展。

（10）卡通营销

请国际卡通设计制作公司将首都、飘雪、雪都等字样制作成卡通形式，使市场营销更具形象性、丰富性，以增加游客的参与性。

7.4.4　营销口号

突出紧邻京津的区位优势，以及天然雪、养生泉的资源优势，塑造崇礼滑雪大区健康、绿色、舒适、休闲的滑雪养生度假地形象。

1. 京津核心客源市场

东方雪都：崇礼滑雪，赤城沐泉，沽源赏花

东方雪都——我爱你塞北的雪

东方雪都，童话世界

东方雪都，五色塞北

东方雪都——梦中的雪国

到东方雪都来体验银色假期

白色恋曲，东方雪都

东方雪都，我心飞翔

东方雪都：崇礼天然雪，塞北边关情

到东方雪都，滑天然雪，泡养生泉

古韵明长城，娱雪红花梁
雪世界，乐天堂

2. 国内中远程客源市场

国内中远程客源市场的目标客源多为专业滑雪者，宣传重点突出崇礼滑雪大区滑雪资源的品质。

东方雪都，滑雪天堂
东方雪都——瑞士的滑雪品质
滑雪圣地，京北东方雪都
东方雪都，高尚生活典范

3. 日本、韩国客源市场

针对日本、韩国滑雪游客的消费喜好，宣传重点放在崇礼滑雪大区优质的滑雪资源、温泉资源、生态环境资源以及温馨的服务上。

东方雪都，五色塞北
中国塞北滑雪，享受极品生活
中国塞北东方雪都，品质滑雪
中国塞北东方雪都——瑞士的滑雪品质

第8章　　滑雪旅游城镇发展规划

8.1　发展基础与现状评价

目前，崇礼滑雪大区滑雪旅游城镇建设滞后于滑雪旅游产业发展。崇礼滑雪大区范围内城镇分属赤城县、崇礼区和沽源县管辖。目前，崇礼区西湾子镇、赤城县城、沽源县城已经初步具有冬季旅游接待能力。三大滑雪旅游区中，仅红花梁滑雪旅游区万龙滑雪场西侧的黄土嘴、多乐美地山地运动度假区北侧的窑子湾已经发展了少量可在滑雪季节提供住宿的农家乐；冰山梁滑雪旅游区、桦皮岭滑雪旅游区尚处于待开发状态，没有形成滑雪旅游小镇。崇礼滑雪大区没有形成明显的城镇体系，且各城镇的职能分工不够明确，城镇规模等级不合理。崇礼区人口规模已达小城市规模，而其余乡镇镇区规模偏小，出现较大断层，难以发挥连接城乡的纽带作用，削弱了城镇的辐射带动功能，造成中心城镇辐射带动能力不强，同时自身也无法形成规模效益和聚集效益，缺乏吸引带动周围地区的能力。

8.2　旅游小城镇发展战略

8.2.1　战略定位

崇礼滑雪大区地处北京西北部，河北省西北部，潮白河水系白河流域，北依坝上草原，南邻首都、国际化大都市——北京，这种独特的区位优势是进行崇礼滑雪大区战略定位的重要前提。本书依据错位发展、优势互补的基本原则，结合崇礼滑雪大区自身的基础条件，从区域、产业、生态和滑雪开发的角度对崇礼滑雪大区未来的发展进行战略定位。

1. 区域角度定位

（1）环渤海经济圈的纽带

从广义上来讲，崇礼滑雪大区处在北京、河北、山西、内蒙古交界处，位于环渤海经济圈内，优越的区位优势和便捷的交通条件，使该区域成为连接京津、沟通晋蒙、支持沿海、开发内陆的纽带。高速公路、轻轨等交通的建设，将为环渤海经济圈开辟新的辐射通道，该区域将成为北京、天津、河北、山西、内蒙古相互交流的枢纽，必将推动环渤海经济圈的发展，成为河北北厢崛起的契机。

（2）环首都经济圈的新经济增长点

崇礼滑雪大区位于环首都经济圈内，作为环首都经济圈的成员之一，要结合自身资源特点，加强与首都地区在发展空间、产业功能、资源要素、基础设施、产业政策等方面的对接融合，推动滑雪旅游产业升级、现代旅游服务业水平提升，使之成为环首都经济圈的新经济增长点。

（3）冀北振兴前沿

河北各地区经济发展差别极大，极化现象突出，为了缩小河北南北差距，振兴冀北，着重培养张家口、承德成为冀北的重要增长极，而崇礼滑雪大区将成为冀北新的经济增长点。滑雪旅游、度假配套服务设施的建设，对带动冀北发展、促进环京津实现一体化协同发展具有重要意义，将成为振兴冀北的战略前沿，加速冀北的崛起。

2. 产业角度定位

（1）环渤海滑雪旅游加工产业基地

结合崇礼滑雪大区的建设，在滑雪旅游业的发展带动下，大力发展相关地方特色加工业，特别是加强与冰雪相关的滑雪器材加工业、滑雪服装加工业、冰雪旅游纪念品加工业的发展；发展高附加值的循环加工工业，实现经济结构的全面升级，成为环渤海滑雪旅游加工产业基地。

（2）滑雪旅游休闲服务产业基地

以生态产业为主导，坚持循环经济的理念，着力培育打造旅游休闲产业，以发展滑雪旅游产业为龙头，带动相关会展、咨询、娱乐服务业的发展，将崇礼滑雪大区打造为滑雪旅游休闲服务产业基地。

（3）旅游服务产业基地

围绕崇礼滑雪大区的发展，增加旅游服务设施的建设，重点建设旅游宾馆、饭店、旅行社等，增强旅游服务职能。同时，完善旅游服务制度建设，建立完善的社会服务和保障体系，为旅游业发展提供软件、硬件的配套服务，建设高标准的旅游服务产业基地。

3. 生态角度定位

（1）张家口北部生态涵养区

崇礼滑雪大区是京津生态区的重要组成部分，是首都北京的生态安全屏障，也是三北防护林的重要建设地区。然而，此处生态环境非常脆弱，需加大对山体的保护，拆除对山体景观和植被有破坏的建筑设施，植树造林，加强水土涵养，确立其张家口北部生态涵养区的地位。

（2）北京市水源涵养区

崇礼滑雪大区是张家口自然生态环境最佳的地区之一，地处北京的上风上水区，是北京的饮用水资源基地，黑河、白河、红河三条河流全部汇入密云水库，占密云水库全部水量的1/3，是北京重要的水源涵养区。

4. 滑雪开发角度定位

（1）国际级滑雪基地

根据崇礼滑雪大区的区位条件、冰雪资源条件，从东北亚大区域海拔来选择发展定位，力争成为服务中国北方、韩国、日本、俄罗斯远东的重要冬季滑雪基地、国际滑雪旅游集散地和滑雪旅游服务中心。

（2）区域旅游目的地

依托崇礼滑雪大区滑雪项目的建设，冬季发展滑雪，春、夏、秋季开展相应的休闲旅游，主要吸引北京、天津、河北、山西、内蒙古的游客，打造高水平的旅游服务城镇，使其成为重要的区域旅游目的地。

8.2.2 特色旅游小城镇发展战略

1. 经济发展战略

崇礼滑雪大区经济发展战略是实现经济结构的全面升级和转型，合理调整传统产业结构，建立以生态产业为主导的循环经济产业结构，依托国际级滑雪基地和区域旅游目的地的建设，重点发展旅游服务业和相关产业，适度发展高附加值循环加工工业，使高端休闲旅游产业得到快速发展。

（1）大力发展旅游服务业

旅游服务业是崇礼滑雪大区的主导产业，在崇礼滑雪大区内着力培育打造旅游休闲产业，以发展滑雪旅游产业为龙头，带动相关会展、咨询、娱乐服务业的发展。加强旅游城镇基础设施和公共服务设施建设，增强城镇的旅游服务功能。

（2）适度发展滑雪旅游加工工业

借助滑雪旅游产业，适度发展相关的具有地方特色的加工工业，尤其是发展与滑雪相关的滑雪器材、滑雪服装、滑雪旅游纪念品的加工业，以滑雪旅游带动特色加工工业的发展。

2. 社会发展战略

（1）旅游业带动城镇化

崇礼滑雪大区以滑雪旅游产业为龙头，带动了相关会展、咨询、娱乐服务业的发展，扩大了经济规模，为当地居民提供了更多的就业机会，增强了城镇的综合承载力；带动了为滑雪旅游配套服务的加工工业的崛起，为居民提供了更多的就业岗位，从而带动了各业发展，提高了城镇化水平，使整个崇礼滑雪大区社会经济不断发展。

（2）重构区域城镇体系

随着崇礼滑雪大区的开发建设，原有的张家口城镇体系将不适应新形势发展的要求，需要重构张家口城镇体系结构，做强崇礼滑雪大区中心城区——崇礼区，加快滑雪新建成区和重点城镇的建设，促进崇礼滑雪大区内中心城区、小城镇和中心村的协调发展，全面提高城镇化发展质量。

3. 生态环境保护战略

（1）完善区域生态本底资源

在崇礼滑雪大区范围内，以生态系统安全为基础，实施退耕还林，加大对山体的保护，拆除对山体景观和植被有破坏的建筑，植树造林，加强水土涵养，在河流两侧进行植被养护，保护水体环境，通过对山水资源的保护和利用，促进区域生态和谐发展。

（2）加强城镇建成区绿化

在滑雪旅游城镇内部，加强绿化种植。通过公园、街头绿地等公共绿地和防护林网，构建点、线、面相结合的绿地系统，使绿化覆盖率达到40%以上，并将城镇内部的绿地系统通过生态廊道与城镇外围的大面积绿地相互连通，构建良好的生态系统。

（3）加强生活污水处理设施的建设

崇礼滑雪大区内的中心城区和旅游小城镇都要建设生活污水处理设施，改变污水随地排放的现状，生活污水须处理达标后排放。严格实施水资源保护，并且加大污水处理厂和生活垃圾无害化处理设施的建设力度，综合整治环境，创造良好的人居环境。

4. 空间发展战略

（1）做大核心滑雪旅游城

为了提升崇礼滑雪大区的核心滑雪旅游城功能，必须强化区域核心的地位。崇礼区作为崇礼滑雪大区内唯一的城区，是滑雪旅游服务基地的中心，应在经济、人口和空间上进一步将其规模做大，使其更能发挥区域中心城区的作用。

（2）依托滑雪场发展

在崇礼滑雪大区分布着云顶滑雪场、摩天岭滑雪场、多乐美地滑雪场、万龙滑雪场、长城岭滑雪场、冰山梁滑雪场六大精品雪场，滑雪城镇的发展必须依托滑雪场，加快滑雪场周边旅游城镇的建设，使旅游城镇成为提升崇礼滑雪大区经济和功能的重要支撑，将其发展成为张家口新的经济增长点。以崇礼城区为引擎，奥运滑雪小镇为核心，带动镇宁堡、窑子湾、独石口、黄土嘴、翠云山、太平庄、马丈子、盘道沟等滑雪旅游小镇的发展。

8.3　旅游城镇体系规划

旅游城镇体系空间结构是指崇礼滑雪大区内各个旅游城镇在空间上的分布形态，是区域内旅游经济和城镇空间的组合，其目的是更好地发挥城镇的辐射带动功能，在城镇空间发展的同时，有效聚集城镇发展和滑雪旅游产业发展，将城镇发展与经济发展紧密结合起来，成为相辅相成的统一体。综合考虑崇礼滑雪大区内的自然资源条件、经济发展水平、产业结构和交通状况等因素，对不同规模、不同职能的城镇空间分布及空间组合进行总体布局，将城镇的发展、规模等级结构、职能结构落实在地域空间上。崇礼滑雪大区的空间发展模式采用以点轴开发模式为主，依据交通轴线，以崇礼城区为中心，重点发展小城镇，辐射发展村庄，以此带动整个区域的协调发展，以交通干线为依托，沿交通轴线进行城镇空间拓展，使人口、旅游产业向轴线和节点区域集聚，形成点、线、面相结合的空间结构体系。

结合崇礼滑雪大区地形条件和各滑雪场发展特色，在区域内规划"1+20"滑雪小镇，构成一心两轴三组团的空间结构。

一心是指崇礼滑雪大区内的旅游城镇核心区，包括崇礼城区、太子城、黄土嘴。

两轴是指崇礼滑雪大区内的滑雪旅游城镇发展轴。主轴为沿规划的铁路和冰山梁滑雪旅游区、桦皮岭滑雪旅游区之间的连接通道形成的发展轴，直通奥运滑雪场，包括翠云山、太平庄、镇宁堡、赤城县城、独石口、盘道沟、沽源县城等。次轴指沿张承高速公路和省道连接红花梁滑雪旅游区、赤城温泉、冰山梁滑雪旅游区形成的发展轴，包括窑子湾、马丈子、狮子沟、三道营、泉子沟、老掌沟、塔子沟、三岔等旅游城镇。

三组团指红花梁、桦皮岭、冰山梁三大滑雪旅游区滑雪场的滑雪旅游小镇组团。红花梁滑雪旅游区组团包括崇礼城区、太子城、黄土嘴、翠云山、窑子湾、太平庄、马丈子、镇宁堡等；桦皮岭滑雪旅游区组团包括狮子沟、三道营、泉子沟等；冰山梁滑雪旅游区组团包括独石口、盘道沟、虎龙沟、塔子沟、老掌沟、三岔、鹿叫沟等。

8.4　旅游城镇与滑雪旅游区协同发展

依托滑雪旅游区开发，分阶段规划建设 19 个滑雪旅游小镇。红花梁滑雪旅游区近期建设 8 个滑雪旅游镇，即崇礼城区西湾子、太子城、翠云山、窑子湾、黄土嘴、太平庄、马丈子，以及赤城县镇宁堡。其中，崇礼区西湾子是崇礼滑雪大区核心滑雪旅游城，规划建设为集国际滑雪与生态旅游、休闲避暑于一体的旅游服务中心；太子城规划建设为冬季奥运会奥林匹克村为冬季奥运会滑雪旅游服务；翠云山、窑子湾、黄土嘴、太平庄、马丈子规划建设为红花梁滑雪旅游区不同景观风格的滑雪旅游小镇；镇宁堡依托著名的赤城温泉资源，规划建设大型综合温泉水世界，推动温泉–滑雪旅游产业快速发展。

冰山梁滑雪旅游区近期规划建设赤城县独石口、沽源县盘道沟 2 个滑雪旅游小镇，服务于冰山梁高山速降等专业竞技赛事和冰山梁南区滑雪场开发；中远期规划建设赤城县虎龙沟、鹿叫沟、三岔和沽源县老掌沟、塔子沟 5 个滑雪旅游小镇，服务于冰山梁北区滑雪场和滑雪发展备用地的持续开发。

桦皮岭滑雪旅游区中远期规划建设崇礼区狮子沟、瓦当沟、三道营和沽源县泉子沟 4 个滑雪旅游小镇，服务于大众滑雪旅游的持续发展。

第9章　滑雪场经营及环保运营规划

9.1　滑雪场的经营与营销

9.1.1　索道设备运营管理

目前，滑雪索道主要有6种基本形式：拖牵索道、魔毯、固定式吊椅索道、脱挂式吊椅索道、脱挂式吊厢索道、重型缆车。

（1）索道规划选择

索道设备在选择上应紧密结合功能区、雪道等级及地形进行规划，滑雪场中心区域和滑雪主干道之间一般使用脱挂式吊厢索道来回输送滑雪者和游客，保障大运量和较高的舒适度；滑雪道网络中，多采用脱挂式吊椅索道、固定式吊椅索道、拖牵索道或魔毯来构建一体化的索道运输系统。在地形复杂的地段，建立固定式吊椅索道，而在地形平坦且滑雪者乘载需求量小的地方装备拖牵索道。在初级道上设置魔毯、拖牵索道或脱挂式吊厢索道，便于初学者转乘索道，并能就近学习。

（2）索道运营管理

1）成立由专业技术人员组成的索道运营管理部门，对索道进行统一管理；

2）定期对索道人员进行技术培训；

3）制定检修计划，定期对索道进行检修，并做好检修记录；

4）定期请中国特种设备检验协会进行索道检验。

9.1.2　雪道系统运行管理

雪道系统主要由雪道选址开发、造雪系统、雪道整压等组成。

（1）雪道选址开发

根据地形坡度、坡长、垂直落差等自然因素，开发多种雪道尽可能地满足国内外赛事、大众娱乐滑雪等对雪道的不同要求；根据温度、坡向等因素，开发适宜滑雪的舒适雪道。

（2）造雪系统

滑雪场尽可能地利用天然雪资源，在天然雪不足时，采用预埋的造雪系统对雪道进行补雪。根据需要选择合适的水源，确保水源的充足供应；造雪管线采用就近原则，沿雪道布置管线；根据雪量需求选择不同管径、不同线径的造雪设备。

（3）雪道整压

雪道整压的质量问题一直是影响滑雪产业发展的主要因素，因为在平滑的、经过良好铺设的雪道上滑雪要比在起伏不定的雪上滑雪更具有舒适性。雪道整压通常是用压雪机器推压雪，压雪机器前方安装有 U 形铲雪板、后方安装能把坚硬的雪块或冰块粉碎的大型宽履带（大约 5m 宽）。

压雪机器能压实新下的雪，压平雪地上的隆起硬块（由雪具推雪造成的大雪堆），以及粉碎冰块和硬块，留下一个松软、平滑、易于滑行的表面。这已成为世界各类型滑雪区雪道处理的标准。

9.1.3　安全管理

1）对索道运输系统进行实时监测；

2）及时清理雪道障碍，去除风险，对滑雪者的活动进行全程监督，并且在滑雪区组织滑雪巡逻队为滑雪者提供急救和减少事故课程；

3）加强对滑雪者的安全教育和培训；

4）对滑雪巡逻人员进行培训和资格认证。

9.1.4　设备维护

随着造雪设备越来越先进、技术越来越复杂和成熟，广泛使用造雪设备的滑雪场对设备维修人员从业资格的要求也越来越高。

成立专业维修小组，定期对设备进行检修和保修；组织维修人员进行专门的培训及资格认证考试，培养更多满足要求的机械师、维修师和电器机师。

加强对信息技术的利用，利用先进的微处理器对索道进行监控，促进滑雪度假区维修项目和记录保存的计算机化。

9.1.5　滑雪学校管理

1）组建拥有专业滑雪队员的滑雪学校；

2）对滑雪教练进行严格培训，并进行资格认证；

3）向滑雪初学者介绍滑雪运动的安全知识，并协助所有滑雪者提高其滑雪能力与兴趣。

9.1.6　滑雪设备管理

1）滑雪设备主要包括滑雪用具、滑雪靴、滑雪服及附属品；

2）定期对滑雪用具、滑雪靴、滑雪服进行检查，确保滑雪者的安全使用；

3）选择高质量的滑雪用具，提高滑雪者滑雪的安全性和舒适性；

4）建立完善的滑雪用具租用系统。

9.1.7　配套基础服务设施管理

滑雪者希望滑雪度假区拥有完善的雪场设施，越高端的滑雪度假区，对其设施的要求就越高、越完善。设施应包括售票处、客户咨询处、滑雪用具和滑雪服出租处、酒店和快餐店、商店、滑雪学校、儿童看护处、设备修理处、滑雪巡逻队、医务室、洗手间、酒吧和娱乐场所、滑雪板寄存处、物品储藏室等。

9.1.8 滑雪度假区/滑雪小镇管理

1）设计独具特色的建筑，使其成为滑雪场的品牌标志，在建筑设计与装修时多采用当地的木材和石材；

2）加强景观建设，为游客提供良好的景观环境；

3）设置街前酒店、路边咖啡馆、酒吧、夜总会、商店和综合商场，营造出温馨的旅游气氛；

4）开发高档的商店、酒店、度假别墅和其他旅游地产，提高对滑雪者及非滑雪者的吸引力；

5）滑雪小镇的建设与管理应与国际滑雪小镇接轨，引进国际管理经验，使滑雪小镇的服务达到国际化水平；

6）物业管理可以引进国外管理公司进行管理，并培养自己的管理人员；

7）对滑雪小镇进行有效宣传。

9.1.9 人力资源管理

1. 提高和培养管理人员的专业能力

（1）业务能力

加强对员工日常服务技能的培训，提高员工的服务能力；注重培养员工对突发事件的处理能力，加强员工之间的沟通与交流，使员工具备良好的沟通能力与应变能力；培养员工协调滑雪场与游客之间关系的能力；培养员工的执行能力，使员工能更好地执行公司的任务。

（2）管理能力

培养员工的计划、组织与控制能力，以及观察、分析与决策能力。

2. 提高和培养管理人员的文化素质

对管理人员进行社交礼仪、团队精神、职业道德等方面的培养，提高个人、团队的综合素质和团队合作能力。

3. 引进先进管理人才和技术人才

在管理方面要构建多层次、多渠道、多形式的滑雪旅游人才培养体系，重视对滑雪场管理人才的培训。提高薪酬待遇，建立公平竞争、具有挑战性的薪金制度；提供多种晋升途径，加强滑雪场企业文化建设；加强科学研究，提高科研创新能力，滑雪场可以参与到高校的滑雪旅游人才培养计划中。

9.1.10 滑雪场营销

滑雪旅游作为一种经营行为，其营销策略不仅关系到市场的开拓，还对滑雪旅游的发展起着至关重要的作用。因此，应根据我国滑雪旅游市场当前的实际情况，积极构思和实施滑雪旅游发展的营销策略。

1. 积极培育滑雪旅游市场

针对目前国内滑雪旅游市场尚处于初级发展阶段的现实，应在扩大滑雪旅游影响、提高广大群众对滑雪旅游认知、提高滑雪旅游消费热度等方面下功夫。给消费者灌输滑雪消费的理念，推介滑雪旅游的时尚性、休闲性、易学性，引导消费者树立滑雪娱乐、滑雪休闲、滑雪健身的观念，提高消费者的关注度，刺激消费者的参与积极性，培育良性可持续发展市场。只有消费市场得到普及，才能推动滑雪旅游经济的提升，从而产生良好的效益。

2. 努力提升滑雪旅游项目的品牌性

当代社会，产品没有品牌就没有市场竞争力，更不可能为经营者带来良好效益。因此，针对当前国内滑雪旅游市场缺乏科学市场定位、没有认真进行产品策划挖掘自身产品特色的实际情况，各地应找准自身特点，进行精心构思、科学策划，加大旅游产品的研发力度，在提升滑雪旅游服务项目功能性方面加大研发力度，形成独特的滑雪产品和项目，力争形成滑雪场鲜明特点。同时，加强内部营销管理，对产品进行科学包装，在此基础上扩大推介宣传力度，逐步提升滑雪旅游景点对大众的吸引力。

3. 科学运用滑雪旅游事件作为营销手段

营销手段不是拿来就用的，因此事件营销应经过事先的研究，精心的策划，积极的准备。要有前期的营销铺垫，事前的广度宣传，使营销事件在发生之前就引起消费者的关注，形成持续上升的市场关注率，在此基础上举办的市场营销活动，才能令目标消费者产生共鸣和冲击，进而形成良好的推介效果。

4. 加强滑雪旅游的配套建设，促进滑雪旅游营销服务水平的提升

发展滑雪旅游除了要具备完善的旅游项目服务外，还要积极增强滑雪旅游对市场的吸引力，因此需加强服务意识、配套意识，提升旅游从业人员的服务质量。同时，应注重强化旅游相关的建设，满足消费者吃、住、行、买的需要，方便他们消费，以打造完善的滑雪旅游产业链条为基础，不断提升营销服务水平。

9.2 雪场运营环保注意事项

9.2.1 设备采购

滑雪场开发经营的产品均从各销售领域采购而得，而实际购买产品的过程对滑雪场的环保有许多直接或间接的影响。因此，必须制定环境采购政策和指导方针，为滑雪场通常购买产品中的优选产品建立具体信息档案库，如化学制品、照明设备、纸张和办公设备等，需要详细注明产品的成分及环保等级等信息。在购买过程中，尽可能地选用可回收、可再利用和可持续的有机材料，并尽可能地购买与绿色能源（风能、太阳能等）紧密结合的产品，从源头上减少污染源。

9.2.2　造雪

当降雪量不足时，滑雪场要依靠造雪来维持雪道上良好的滑雪条件。造雪三要素是冰点以下的条件、水和空气，因此人工造雪会消耗大量的水和能源。选择合适的造雪系统、使用添加剂、采用系统自动化控制等措施可提高造雪效率，节约能源。

1. 造雪系统

造雪系统可分为三种：内混型造雪系统、外混型造雪系统、空气/水/风扇型造雪系统。不同类型的造雪系统优势和不足也各不相同，滑雪场可根据自身发展规模、资金、当地气候及水资源等实际条件出发，选择适合自己的造雪系统。表 9-1 列出了三种造雪系统的优势和不足供规划设计参考。

表 9-1　造雪系统的优势和不足

造雪系统	优势和不足	资金成本/每个造雪枪	20℃湿球温度下的耗能情况/（kW/gpm）
内混型造雪系统	优势：受风力影响较小，允许较高的湿球温度，部件轻便、易携带，可覆盖宽的雪道，造雪连续； 不足：依靠压缩空气进行造雪，效率偏低，使用空气压缩机会产生噪声	750～900 美元（其他成本包括压缩空气、抽水和管道系统）	高耗能：1.2 低耗能：0.5
外混型造雪系统	优势：需要较少的压缩空气（空气与水的比例小），耗能比内混型造雪系统低，可避免使用压缩空气，无噪声，便于操作； 不足：受风力影响较大，通常需要较低的温度，设备需要永久加固在高地或难以移动，造雪不够连续	1 200～3 500 美元（其他成本在 2 500～3 500 美元，其中包括购买和安装）	低耗能：0.4
空气/水/风扇型造雪系统	优势：需要的压缩空气最少，因此单位体积的水耗能最低（水棒除外，其使用范围不广泛），无噪声，造雪连续； 不足：设备通常体积庞大（消耗劳力多），安装困难	15 000～40 000 美元	任何温度下小型压缩机和风扇耗电量在 25 kW/h

2. 添加剂

在造雪过程中，添加剂由某些自然物质构成，这些物质发挥成核剂的作用，可提高水滴转化为冰粒的核化温度。使用添加剂还能增加水中成核剂的数量，进而增加水滴含成核剂的可能性。

3. 系统自动化控制

系统自动化控制有利于提高造雪效率，自动化造雪系统能够精确地顺应天气条件的变化。滑雪场可以根据自己的需要在山上设置多个气象站，收集空气气温、湿球气温、湿度、风速及风向等气象信息。造雪工作人员利用计算机控制，对雪道的气象变化迅速做出反应，准确、轻松地调整造雪系统。自动化控制有助于降低额外抽水或压缩空气造成的能源消耗，并避免手动操作的滞后性。内混型造雪系统和空气/水/风扇型造雪系统通过系统自动化控制可提高造雪效率 30% ~50%。

4. 漏气检测

任何造雪系统的泄漏问题都会浪费原料和能源，空气压缩系统的空气泄漏问题尤其如此，因为空气压缩系统的运行需要大量电力。滑雪场需要进行常规检测，从而确认空气压缩系统是否存在泄漏问题。检测泄漏问题的方法有很多，如使用超声波检测仪或者使用测压表在压缩空气分布的不同位置进行检测。

5. 漏水检测

造雪系统漏水的原因有地下管道受损、管道故障或管道安装不当。造雪输水管道的泄漏会对整个造雪过程带来不利的影响。首先是浪费水，其次是浪费能源。有时，泄漏的水还可能融化雪道上的雪。因此，滑雪场相关管理部门需制定造雪输水管道定期检测计划，落实区段责任人职责，进行定期检查，避免大的漏水情况的发生。

9.2.3 车辆和设备维护

滑雪区车辆及设备维护中心会产生一系列的固体废弃物、有害废弃物、空气污染排放物等，为减少此类环境污染物的产生，滑雪场可采用环保措施，使其几乎不产生任何有害废弃物。为使崇礼滑雪大区车辆和设备资源利用最大化，在红花梁滑雪旅游区的密苑云顶乐园、桦皮岭滑雪旅游区的东区及冰山梁滑雪旅游区的北区各设一个综合型的车辆及设备维护中心，进行机械设备的综合故障维修；在其余滑雪场内设立车辆及设备维护点，便于各滑雪场机械设备的简单维修。具体措施如下。

1. 水清洗

水清洗零件系统是一种基于水的解决办法，不易燃烧，且挥发性有机化合物（VOC）含量低于 5%，不溶于油脂和固体，而是利用热力、搅动和肥皂清洗零部件。据许多国外滑雪场车辆维护工厂的经验，虽然水清洗零件相对较麻烦，但是水清洗的效果等同，有时甚至优于传统的溶剂清洗效果。

水清洗设备分为以下 4 种：微生物 sink-top、高压冲洗设备、浸入式冲洗设备、超声波式冲洗设备。多数滑雪区的车辆维护工厂和起重机运营工厂均只需一套高压冲洗设备就可成功地从溶剂清洗转换为水清洗。

2. 化工产品选择

滑雪区车辆及设备维护中心多使用一系列的化学产品，如含有害和有毒物质的刹车清洗剂、化油器清洗剂、发动机除油剂、润滑剂等。高频率、长时间地接触、呼入这类产品可能会对人体肝脏和肾有害，为此应严格限制使用含致癌物质、生殖毒素或氯化溶剂的产品，同时选用效果等同的有机无污染产品。

3. 可重装喷雾瓶

滑雪区车辆及设备维护中心每年会产生成百上千使用过的刹车清洁剂、化油器清洁剂、润滑剂以及其他产品的气雾罐。为减少以上固体废弃物的产生，滑雪区车辆及设备维护中心可选用可重装喷雾瓶。可重装喷雾瓶分两种：利用压缩空气喷雾的金属瓶和利用手泵喷雾的塑料瓶。可重装金属瓶在设计和效果上和气雾罐更加相似，但与可重装金属瓶相比，气雾罐价格昂贵且对环境保护不利。

4. 废油加热器

滑雪区车辆及设备维护中心产生的废油通常都被重新提炼或在场外焚烧销毁。在场外处理废油可能会增加废物管理的成本，同时焚烧燃料的使用、运输废油造成的尾气排放、焚烧的排放量、回收的残余等会对环境造成不同的影响。因此，可以使用废油加热器在现场安全地燃烧废油，并且可用于提供环流供暖。

5. 溢漏清理

将含有毒物质的溢漏和地板洗刷水排入和任何系统（化粪池、雨水下水道、生活下水道、油水分离器等）相连的管道中，都将对环境产生负面影响。为防止有毒物质溢漏污染环境，可采用以下操作缓之。

首先，用疏水性拖把擦洗，并将溢漏物转移进废油桶用于回收。拖地时，只是前后拖，避免溢漏扩散。

其次，用抹布擦干、清洁，直到地板变干；不要使抹布湿透；将抹布特殊清洗，或进行合适处理。

最后，使用温和的、非腐蚀性的清洁剂，并将清洁水顺水池或厕所冲走。

6. 雪地车

雪地车是滑雪场用于救护、输送、娱乐的专用车辆。雪地车一般为前滑橇后履带式，能快速地在雪地移动，爬上25°以上的雪道，小型雪地车还可挂上雪犁用来平整雪道。小型雪地车是滑雪区运营不可或缺的部分，但这种车辆也有一定的弊端，会产生噪声污染、空气污染，并且对人身健康有不良影响，特别是对小孩、孕妇以及患有心血管疾病和肺功能受损的人有严重危害。雪地车的这些不良影响是由其发动机的设计造成的，滑雪区可采用以下两种应对办法：①对二冲程雪地车发动机实施减排技术；②考虑购买四冲程雪地车。

7. 雪地履带车液压管路预防

雪地履带车上的液压管路在高压条件下仍保持正常运行，当液压管路因高压而破裂时，车内的液压油就会瞬间流出，进而对雪道场地造成污染。滑雪区可采用液压管路预防性保养和使用可降解的液压油两种替代性措施，缓和液压管路破裂引起的故障和环境问题。

9.2.4　餐饮服务

在滑雪场开发中,餐饮服务是对生态环境影响最大的环节之一。餐前的各种包装物及餐后的各种剩余物,如一次性餐具、快餐盒、残羹等;同时,在准备餐饮的过程中还将产生各种废水,以上种种如处理不当,将对滑雪场的环境产生严重破坏。因此,在借鉴国外滑雪场餐饮服务方面的处理措施的基础上,结合我国实际情况,总结出以下措施:

1)禁止使用泡沫聚苯乙烯(俗称泡沫塑料)。采用生态环保的替代品,如纸质、竹料、甘蔗纸等可回收材料或可生物降解材料代替聚苯乙烯产品。

2)综合回收利用。制订玻璃、塑料、双金属、纸板和混合废纸等可回收物的回收计划。

3)减少废物及循环再用。增加批量采购,降低食品和调味品等产品的过度包装。

4)无氯、无漂白纸制产品。使用无漂白或无氯的纸制品,如纸杯、蜡纸、盘子、外卖包装袋、糕点袋、餐巾纸、擦手纸、咖啡过滤纸和办公用纸。

5)无毒的清洁剂、环境美化和病虫害管理。采用无毒且可生物降解的产品替代有害的化学产品,如洗涤灵、杀菌剂、消毒剂、马桶清洁剂、排水池清洁剂、地板清洗剂、地板抛光剂、玻璃清洗剂、去油剂和洗衣粉等;关于环境美化,要使用无毒、非合成的有机肥料、农药或除草剂;对于病害虫的防治,要使用无毒的产品。

6)堆肥。食物垃圾不再倾倒在填埋场,而是用于创造营养丰富的土壤,用于园艺和美化环境。

7)绿色发电。太阳能、风能、小规模的水力发电、地热、甲烷能源,这些都是可再生能源且对生态污染较小。

8)生态燃料。用液化石油气燃烧火炉和烹饪;使用高质量和低排放的燃煤取暖。

9.2.5　住宿设施

住宿设施经营下的客房、餐厅、洗衣房、娱乐设施等将在运营中不断产生污染物,包括污水、固体垃圾和有害气体等,这也是滑雪场开发中对滑雪区环境影响较大的部分。因此,在滑雪场开发运营中,要对住宿内所能产生污染的环境进行科学规划,将污染降至最低点。

1. 节约用水

据统计,顾客冲厕、洗漱以及沐浴用去的水加上内务人员清洁旅馆用去的水几乎占据整个旅馆用水量的一半。旅馆可以使用低流量的淋浴喷头和水槽曝气机来减少客房用水量。减少热水的使用,既可以减少需加热的水量,也可以节省能量。旅馆房间大部分的热水用来沐浴,更换喷头应是减少客房用水优先考虑的问题。可采用以下三种技术减少卫生间用水:

1)在每个卫生间放一个分流器,将50%的冲刷水注入水箱内而非厕盆内。厕盆内的水减少了,但是冲刷并不受影响。

2)将水箱袋或罐(一般填满水或沙子)放进每个马桶水箱,减少每次冲刷时注入箱内的水量。

3）安装低流量厕所，限制厕盆的用水量。

2. 固体垃圾处理

酒店每年会产生成千上万吨废物，其中顾客产出的 80% 的废物（如纸、报纸、杂志、罐、玻璃、塑料）都可加以循环利用。在每个房间或整个滑雪场的公共场所提供回收箱，能够有效地完成客房垃圾的回收。酒店、旅馆的废物回收除报纸外，还应包括其他的常见回收物，如杂志、卡纸板、纸板、塑料、玻璃和铝等。

就不可回收的固体垃圾而言，目前已开发的滑雪场没有固体垃圾收集和异地处理体系，固体垃圾均在滑雪场外进行简单处理，会对环境造成一定污染。随着越来越多的游客参与滑雪，在增加服务设施的同时，大量的垃圾也在成倍增加。除了在滑雪场修建固体垃圾回收点外，还应与当地政府共同制订一个详细的固体垃圾处理计划，既要重视垃圾的减少与回收、收集与拖运，也要重视有害物质的处理。

在各个滑雪场内，必须向工作人员、居民及游客普及垃圾分类思想和分类标准，将垃圾分类普及扩大，进而推进垃圾分类处理工作。

3. 环保清洁产品

酒店、旅馆工作人员经常使用清洁剂打扫客房，如浴盆瓷砖清洁剂、玻璃清洁剂、地毯清洁剂和消毒剂，其中许多产品都包含对人体健康及环境有害的化学物质。滑雪场采购部门在采购时，应要求供应商提供环境清洁产品，花同样甚至更少的价钱也能达到同样甚至更好的清洁效果。

4. 洗衣业务

洗衣业务方面的污染防治包括减少水、洗涤剂和能源的使用。洗衣业务有内务人员和顾客洗衣机对被单和毛巾的清洗。滑雪场酒店、旅馆可通过向顾客提供可选择的床单、毛巾洗涤等措施减少水的浪费，同时还可采取以下措施：

1）减少使用洗衣机和热水器；
2）减少换被单的频率；
3）减少洗衣粉和织物柔软剂的使用；
4）延长床单和毛巾的使用寿命；
5）延长洗衣设备的使用寿命。

第 10 章　　滑雪场旅游生态环境保护规划

10.1　生态环境现状与评价

10.1.1　旅游区域生态环境本底

1. 地质地貌

崇礼滑雪大区位于冀西北山地，均为深山区，境内山峦起伏、沟壑纵横，属阴山山脉东段到大马山群山支系和燕山余脉的交接地带，多为东北—西南及东—西走向。地貌属坝上坝下过渡型山区。山势陡峻，山峰海拔多在 1500~2000m，属中低山区。

2. 土壤

张家口市土壤类型主要分 8 个土类，16 个亚类。崇礼滑雪大区内主要分布有棕壤、栗钙土和褐土。

3. 气候

崇礼滑雪大区处中温带半干旱区，属大陆性季风气候，四季分明，昼夜温差大，夏季凉爽而短促，冬季冷空气活动频繁，年平均气温 3.3℃，夏季平均气温 19℃，冬季平均气温 -12℃。大风日数较多。多年平均降水量为 420mm，降雨多集中在夏季。气象灾害有风沙、暴雪、冻害、冰雹、暴雨等。

4. 植被

崇礼滑雪大区地处内蒙古高原与华北平原过渡地带，从区划上分，崇礼滑雪大区植被属暖温带落叶阔叶林区域和温带草原区域。植物区系的地理成分具有较大的过渡特点，除具有欧洲西伯利亚成分外，也有黑海中亚干草原植物区系成分。

野生植物有 80 科 301 属 600 余种。种类最多的有菊科、豆科、禾本科，其次是蔷薇科、毛茛科、唇形科、蓼科等。整个野生植物中，草本植物占总数的 91%，其余为小灌木和菌、蕨、苔藓等低等植物，其中，有 15 种被列为国家、省、市重点保护物种。

5. 野生动物

崇礼滑雪大区位于张家口东北部的深山林区，野生动物资源较为丰富，主要分为哺乳类和鸟类两大类。哺乳动物主要为狍子、狐狸、獾子、刺猬、山狸子、貉子、野兔、旱獭、石貂、黄鼬、黄鼠、松鼠、蝙蝠、五道眉鼠等，其中，旱獭、石貂较为珍贵，多生活在海拔 1800m 以上的大山深处。鸟类主要为沙鸡、野鸡、石鸡、斑鸠、鹌鹑、山雁、鸿雁、野鸽子、秃鹫、鹞、鹰、老雕、红嘴鸭、猫头鹰、黄莺、啄木鸟、布谷鸟、鹧鸪、喜鹊、燕子、乌鸦等。

10.1.2　生态环境评价

张家口地处水源涵养区，是北京西北的重要生态安全屏障和重要的饮用水源基地。经过京津冀风沙源治理、退耕还林、生态公益林等多项生态工程多年的建设，崇礼滑雪大区植被保存较好、有林地面积大幅度增加，张家口森林覆盖率达到 30.4%，各项生态安全隐患得到有效遏制。全年空气质量二级及二级以上指数天数达到 330 天左右。近几年，全市单位 GDP 能耗、SO_2 排放量大幅下降，COD 净削减量稳步增加。

崇礼滑雪大区位于张家口东北部的深山林区，是张家口生态环境较好、生物多样性相对丰富区。山区内南坡相对平缓，土壤肥沃，森林茂密；北坡陡峭直立，土壤贫瘠，植物以小灌木为主。崇礼滑雪大区现主要分布树种为白桦树、落叶松、柞树，以及杏、山桃、锦鸡儿等灌木。目前，崇礼滑雪大区内人口密度较低、开发强度较弱，区内生态环境优异的同时也存在山地、沟溪生态系统相对脆弱的隐患，生态环境一旦破坏将很难恢复，过度开发存在水土流失、滑坡、泥石流等生态安全隐患。

10.2　生态环境保护目标

10.2.1　生态环境保护原则

根据滑雪运动本身的特点，滑雪场通常选在自然环境良好的山地，建设过程中会无法避免地破坏原有环境，增加人为干扰，改变原有生态系统结构，给生态系统带来很大压力。因此，必须把开发量控制在该区生态系统可保持自行调节和正常循环的稳定水平上，在保护和培育生态稳定性的前提下进行适度的开发，要注重经济效益、社会效益、环境效益的有机统一，防止因规划设计不当而造成开发后的高密度、高噪声、高污染以及对资源和环境的破坏，实现人与自然的和谐发展及旅游的可持续发展。

10.2.2　生态环境保护目标

1）有效遏制开发建设可能带来的各种生态安全隐患，使自然生态系统得到有效保护。

2）明确区域资源禀赋、生态环境敏感性的分布特征与生态环境高敏感区，确定各区域开发强度。

3）促进自然资源的合理、科学利用，实现自然生态系统良性循环。

10.3　生态环境保护区划与空间管制

10.3.1　宏观区划方案

以崇礼滑雪大区滑雪旅游功能区划与主体功能定位结果为基础，综合考虑崇礼滑雪大区与周边地区的生态环境现状、生态环境敏感性、生态系统服务功能重要性及其空间分异，综合考虑社会经济发展特征、社会经济发展和生态环境保护对不同区域的功能要求，对重点地区进行实地勘察，将拟建设区域划分为禁止建设、限制建设、优化建设、重点建设四类生态环境功能区，归类原则及空间落位详见表 10-1。

表 10-1　宏观生态环境功能区划

宏观生态环境功能区类别	归类原则	空间落位	保护与建设要求
禁止建设	生态服务功能极重要、生态环境极敏感、具有特殊保护价值的地区，包括自然保护区、饮用水源保护区、重要的自然与文化遗产、风景名胜区和森林公园的绝对保护区等	主要为大海坨自然保护区、闪电河湿地、黄盖淖湿地自然保护区核心区和缓冲区、九连城高山湿地，闪电河水库、云州水库等重要饮用水源地，闪电河、白河、黑河及清水河两岸，以及古长城等重要的自然与历史文化遗产	全面保护，禁止建设
限制建设	生态服务功能较为重要、生态环境高敏感、对维持区域生态安全起到重要作用的地区，包括风景名胜区和森林公园（绝对保护区以外的区域）	主要为大海坨自然保护区、闪电河湿地、黄盖淖湿地自然保护区实验区，金莲山、黑龙山、和平、泉林等森林公园生态保育区，闪电河、白河、黑河及清水河第一层山脊线，野生动物重要栖息地、迁徙通道，以及国家重点公益林范围和基本农田等	优先保护，限制建设
优化建设	生态环境敏感性为轻度或中等，生态服务功能为中等或一般，开发历史久、开发活动对生态环境影响程度较深，产业结构与布局有待优化，人口密集，环境容量小，且人均自然资源拥有率低的地区	县城城乡接合部及乡镇驻地周边区域	调整结构，优化建设
重点建设	生态环境敏感性为一般，生态服务功能为中等或一般，产业结构与布局相对合理，环境仍有一定容量，资源较为丰富，经济功能较强，且具有发展潜力的地区	根据区划原则，综合分析生态环境现状、旅游资源现状、地形地貌等自然因素以及开发潜力分析等多种因素，确定红花梁、桦皮岭以及冰山梁为重点建设区域	合理布局，重点建设

10.3.2　微观区划方案

将崇礼滑雪大区分为生态保育区、低强度建设区和中高强度建设区。

生态保育区：为各滑雪区提供良好的生态空间环境及景观背景，本区域内不进行任何强度的开发建设。

低强度建设区：本区域内只进行低强度、低密度的索道、雪道等建设。

中高强度建设区：在集中的区域内建设强度相对较高的游客服务中心、会所、旅游小镇等必备的旅游基础设施。

10.4　生态建设

10.4.1　园区景观营造

1. 生态景观

崇礼滑雪大区内植被景观较为完善，森林覆盖率高，但森林景观不够丰富，林种、树种结构不合理。落叶松和白桦纯林多，混交林少；用材林多，风景林少。针对滑雪场植被现状，在进行植被生态景观营造时，主要从以下方面入手。

1）区内绿化应充分利用原有植被和原有地形进行造景，遵循因地制宜、适地适树的原则，打造以乡土树种为主、园林绿化树种为辅的植物配置模式，针叶与阔叶、常绿与落叶搭配，组成乔、灌、草复层结构植物群落，形成自然、野趣景观，促进当地生态环境的稳定。

2）植物配置应与地形相结合，避免直线式僵硬的林缘线与几何块状、带状搭配，要充分体现出森林景观的丰富性，应用不同的林型、树种，不同的叶形、叶色、质感树木与丰富地被植物，营造层次丰富、季相变化明显的森林景观。

3）栽植方式采取自然式，根据不同区块的功能要求，进行植物配置。

在生态作用明显且植被覆盖率较低的区域种植落叶松、侧柏、沙枣、铺地柏、锦鸡儿、柽柳等生态防护功能较高的乔灌植被，形成复层的生态防护体系。

在新修建道路两侧种植云杉、樟子松、刺槐、旱柳、丁香、连翘、榆叶梅等景观树种，在园区内部形成景观通道。

在新建滑雪小镇、滑雪场和雪道周边可适当补植园林绿化树种，如黄栌、火炬等彩色树种和云杉、樟子松等常绿树种，丰富植被景观，做到四季有景可观。在建筑周边充分利用灌木、藤本及花卉等进行点缀，软化建筑景观，创造出景观各异、四时烂漫、色彩斑斓、引人入胜的植物景观。

利用高大乔木进行雪场内部和雪道间的生态隔离，在雪道高空牵引及吊椅下部栽植灌木，建设生态化滑雪场。此外，滑雪是有一定速度的直线或曲线运动，眼睛余光所注视到的是线条，所以，雪道两侧的植物配置应是简洁、大方、有一定韵律的模式，从而集中体验者或运动员的注意力。

根据环境心理学中色彩对体育运动产生的影响，红色、橙色等暖色调可使心率加快，考虑运用在滑雪训练区的植物配置中，花灌木与草本花卉组合搭配，形成热闹的环境氛围，调动旅游者的积极性，激发其参加康体娱乐运动的兴致；蓝色、绿色等冷色调易于形成安静、平静、沉静的环境氛围，考虑运用在休息区的植物配置中，调节运动员赛前紧张的情绪，营造轻松舒适的休息空间。

经测算，园区植被生态景观建设规模为 $15.92\mathrm{km}^2$。

2. 建筑、设备景观

崇礼滑雪大区是集雪峰、森林等自然之乐于一体，因此，滑雪场内服务设施应有回归自然的独特魅力，完全区别于城市建筑生硬的线条，使游客在此摆脱压力与烦扰，调养身心。

建筑的最高境界是与环境和谐共存，建筑景观应根据本地区的自然生态环境，运用生态学、建筑技术科学的基本原理和现代科学技术的手段，合理安排并组织建筑与其他相关因素，使建筑和环境之间成为一个有机的结合体，为游客提供自然舒适的休闲旅游场地，达到人、建筑与自然生态环境之间的良性循环。

在良好自然环境限度内，视觉影响问题在很大程度上取决于人工建筑的设置、用途和规格。因此，合理的滑雪场设计将缓和视觉影响，如恰当的雪道布局结构，以及滑雪场的雪道远离度假区等视觉高频区域。

在规划和建设中，应该考虑由滑雪设备造成的视觉影响以及减弱这种影响的方法。

1）雪道和索道开发，在其宽度上应适当控制，雪道宽度小于 60m，索道宽度小于 15m，尽量保存开发地区的植被；在砍伐植被时避免直线型砍伐，使林地边缘有层次感。

2）通过协调颜色把索道支柱与夏季生长的森林融为一体。

3）把建筑高度限制在 3~4 层，并且选择与周围环境相协调的建筑材料和颜色。

4）减少无线电发射塔和烟囱数量。

10.4.2 滑雪场夏季生态修复

利用春季冰雪的自然消融，辅以机械喷播或人工播种植草技术措施，在雪道坡面进行大面积人工植草，草种可选用苜蓿、红豆草等。在充分体现滑雪场生态化建设，减少裸露土壤、岩石的同时，营造春、夏、秋三季旅游的绿色大背景。

在有土层分布且地势较为平缓的区域可采用人工播种植草。首先，使用机械喷播在坡度较大的区域铺垫 15cm 左右厚的种植黑土；其次，采用水力喷播植草技术进行大面积的植草；最后，用离心泵系统将容积罐内的混合浆料通过软管输送喷播到坡面种植垫层上，混合浆料由水、草籽、木纤维、胶黏剂和肥料等经过充分搅拌均匀制成。喷播到坡面种植土上的混合浆料形成均匀覆盖层，覆盖层中多余的水分渗入土中，其余纤维混合体通过胶黏剂形成一定的聚合强度，为种子发芽提供水分和养分。经过多年的实践，万龙滑雪场掌握了较丰富的经验和技术，雪道植被修复取得了显著的成效。

10.4.3 野生动物保护

森林地区的雪道和度假区设备的开发，对野生动植物的栖息环境既有积极影响也有消极影响。在积极影响方面，雪道的清理和植被恢复为野生动物提供了优质的牧草；在消极影响方面，游客的游览观光活动可能对野生动物造成影响。

工程建设前期做好野生动物调查工作，对崇礼滑雪大区内野生动物重要栖息地、迁徙通道等区域进行详细记录，确定在工程用地阶段尽量避免占用以上区域。例如，针对因园区建设而改变的野生动物栖息地和迁徙通道，需在园区生态保育区或附近类似自然条件的区域内，通过人工修建野生动物迁徙生态廊道、新建鸟巢、引用水源、食物招引等模拟自然生境手段，将建设对野生动物的影响降至最低。

在崇礼滑雪大区内规划出一定范围的生态保育区，保护野生动物的生活环境，扩大阔叶林和浆果类植物种植面积，为野生动物繁衍生息创造条件；禁止滥采乱挖活动，保护野生菌类植物，营造人与自然和谐相处的环境。

10.4.4 宣传教育

利用图片、橱窗、宣传画、展板、标牌、宣传标语、录像、旅游纪念品、安全手册、导游介绍、职业培训等多种方式，向游客、参观者及员工进行宣传教育，让人们了解生态保护在改善当地生态环境中所起的重要作用，达到普及生态重要地位、增强自然资源保护、提高游客及员工环保意识的目的（表 10-2）。

表 10-2　生态建设拟解决问题

工程措施	针对生态问题
景观营造	生物量减少、现有景观破坏
异地补植	林地面积减少、林木资源破坏、生物多样性减少等
滑雪场夏季生态修复	植被破坏、大气污染、水土流失、风蚀等
动物保护	建设对野生动物资源、生物多样性、生态平衡等的破坏
水资源保护	水资源浪费、水资源污染
宣传教育	生态环保意识薄弱

10.5　环境保护对策

10.5.1　加强对环境保护工作的领导

环保部门加强对滑雪区的环境保护，严格审查各个滑雪场环境保护规划，做到从总开发源头对环境破坏进行有效控制。明确环境保护相关部门的管理责权，明确崇礼滑雪大区内各个滑雪场的环境保护范围和职责。同时，政府相关部门应制定相应的环境保护奖惩制度，做到轻污重责，切实可行地保护滑雪区内的生态环境。

10.5.2　加强环境保护监督力度

滑雪场实施环境质量公告制度，定期公布各部门有关环境保护指标，发布滑雪场空气质量、噪声、饮用水水源水质、流域水质和生态状况评价等环境信息，及时发布污染事故信息，为公众参与环境保护创造条件。制定公众与滑雪场环保管理部门联合互动监督机制，共建联合监督平台，促进滑雪场环境保护。

10.5.3　开展工作人员、游客及居民保护环境活动

滑雪场旅游区进入的主要人群为工作人员、游客及当地居民，滑雪场环境生态保护与三类人群的活动有着紧密的联系。首先，滑雪场工作人员均是滑雪场环境保护的主导者，在整个过程中起主导作用，为此应对滑雪场所有工作人员进行环境保护知识的普及，对环境保护从业人员进行培训，特别是有废水、污水、固体垃圾、有害气体产生的部门的从业人员（餐饮部、酒店、器械维修、锅炉房、保洁等）更需时时培训，并规范其操作流程；其次，滑雪场的开发与开发区内及周边的居民有着紧密的关系，滑雪场与当地居民共同拥有滑雪场良好的生态环境，因此两者也同时具有共同保护滑雪场生态环境的责任，滑雪场环境保护部门应时时向居民宣传环境保护知识，为其提供环境保护技术及一定经费，以达到共同参与维护的效果；最后，滑雪旅游游客、观光旅游游客等是滑雪场的消费主体，人数也是三类人群中最多的，他们的环境保护意识在很大程度上影响了滑雪场环境保护的效果。因此，应在公共服务区、宣传视频、旅游地图、门票、餐票及其他物品（滑雪旅游游客消费使用的载体）上明显标识滑雪场环境保护的态度、举措及技术，引导滑雪旅游、观光旅游等消费人群一同参与滑雪场环境保护。

10.5.4 增加环保科技投入

随着科技的发展，新的污染源不断出现，现有的环保技术将迎接新的挑战。为此滑雪场应与环保部门、环保科技部门及科学院校紧密合作，不断引进新的技术，提高滑雪场环境保护力度，以最大限度减少滑雪场环境受到的破坏。同时，滑雪场环保管理部门要及时、不断向工作人员、当地居民与滑雪旅游、观光旅游等的游客宣传普及新引进的环保技术，使其掌握相应的环保技术，提高环保意识。

10.6 生态环境治理措施

园区施工期及运营期环境治理方案如表 10-3 和表 10-4 所示。

表 10-3 园区施工期环境治理方案

项目	措施
生态环境	①进行土方整体规划计算，确保土方平衡，避免出现取、弃土场； ②雨季施工采用草席、竹帘等进行遮护，对易发生水土流失区域进行拉网防治； ③建设蓄水池、挡土墙、围板等防治水土流失设施
声环境	①选用低噪声性能的施工机械，在工地周围设立临时的声障装置，定期进行设备维修，维持正常的运行条件，减少噪声污染； ②要求承包商文明施工，减少敲击、撞击、人喊等噪声； ③选择车况较好的运输车运输建筑材料，夜间运输车车速控制在较低水平
大气环境	①将物料的堆放、加工地置于施工场下风处，对施工道路进行洒水，对灰土拌和站、水泥混凝土搅拌站及进出站道路进行洒水； ②拌和设备配备密封设施，并加装二级除尘设备； ③运输沙、石料、水泥等土建材料时，尽量选择车厢密闭的运输车辆，对易起尘的物料加盖篷布，控制运输车辆进场速度，避免扬尘和道路颠簸引起的撒漏
水环境	①设置化粪池或废水回收处理设备对污水进行初步处理； ②施工人员对施工机械进行定期维护，减少非正常油料泄漏
固体废弃物	集中存放工程废渣和施工驻地的生活垃圾，全部运至垃圾处理厂妥善堆放，由环卫部门统一处理

表 10-4 园区运营期环境治理方案

项目	措施
生态环境	①建立生态补偿专项基金，确保对工程建设造成的植被损失进行恢复，除采取异地补偿措施外，还应在崇礼滑雪大区内进行植树种草恢复； ②加强植草管理，严防裸地出现，在崇礼滑雪大区内草种生长不良的地段采取拉网覆盖等帮助恢复措施； ③雨洪季节严禁扰动地表的施工，禁止出现裸地的情况； ④在滑雪场内多处设置标识，严格禁止吸烟、燃柴、狩猎等行为； ⑤严格控制游客环境容量，避免因游客过多而对环境产生的不良影响； ⑥严格控制游客活动区域，避免对崇礼滑雪大区周边区域生态环境产生负面影响； ⑦成立专人负责的环境管理机构，负责与滑雪场有关的环境档案收集、管理，并制定工作人员自然资源保护制度，引导工作人员树立生态环境保护意识

项目	措施
声环境	①崇礼滑雪大区周边林木长势良好，在一定程度上起到了吸声消纳的作用，缩小了噪声影响范围； ②锅炉、鼓风机、水泵等设备加装减噪设备； ③加强行车区域管理，保持路面平整，以降低车辆行驶噪声的辐射强度
大气环境	①控制园区内车辆规模及数量，减少尾气排放量； ②锅炉建成后，进行定期监测、保养，确保锅炉排放达标； ③锅炉燃料需加盖覆盖物或密闭存储，减少扬尘； ④餐厅油烟排放，需达到《饮食业油烟排放标准（试行）》（GB 18483—2001）； ⑤尽可能地使用清洁能源，减少对大气环境的影响
水环境	①雪融水汇至蓄水池，用于绿化等生产用水； ②生活污水和餐饮废水经化粪池处理后由环卫部门收集处理； ③运营后期，力争崇礼滑雪大区与城市排污系统相连，降低生活废水对环境的影响
固体废弃物	①垃圾分类，集中回收，密闭保存，定期清运处理； ②炉渣等固体废物集中存放，综合利用，收集后可用作滑雪场的施工填充物

第11章 欧洲滑雪旅游典型区域比较及借鉴

11.1 法国

11.1.1 基本情况概述

1. 滑雪旅游发展阶段

1）初创阶段（1940 年德军占领法国前）。旅游业包括滑雪旅游，在法国起步很早。早在 1857 年，法国就创立了法兰西阿尔卑斯山俱乐部；1878 年，第一次使用了滑雪板；1889 年，在阿尔卑斯山下的格勒诺布尔市（Grenoble）成立了法国第一个地方旅游业联合会；1907 年，建起了第一个有规模的滑雪场；1933 年，建起了第一条专门用于滑雪旅游的索道。截至 1940 年，法国建起了一批海拔在 1000m 左右的滑雪基地，这些滑雪基地在夏天兼有度假休闲功能。

2）小步发展阶段（1945 年第二次世界大战结束后到 60 年代初）。随着索道技术的进步，法国建起了一批海拔在 1500m 左右，住宿、交通、餐饮、购物设施比较配套的大型滑雪场。

3）快速发展阶段（20 世纪 60 年代初期到 70 年代中期）。1964 年，法国政府颁布《冰雪规划》，鼓励企业投资开发山区的滑雪旅游资源，发展滑雪旅游，全国可利用的滑雪旅游地基本上都得到了开发，具有国际水平的滑雪场如雨后春笋般地涌现出来，滑雪旅游在产业化方面取得突破性进展。

4）改进提高阶段（20 世纪 70 年代中期以后）。针对快速发展阶段中出现的一些滑雪场的建筑设计与当地自然环境不太协调、功能区划分不合理等问题，对一些滑雪场的建筑和设施进行了改造。新建或改造后的滑雪场，公路紧贴住宿设施，住宿设施紧贴滑雪场，索道设施更加完善，建筑风格更具有乡土特色。在这一段时期里，随着低压雪炮技术的出现和商品化，人工造雪的成本也大大降低。滑雪旅游作为一项科技含量较高、装备要求较高、市场日益扩大、投入产出效益好的新兴产业，在法国逐步进入成熟化阶段。

2. 滑雪旅游产业概况

法国是滑雪旅游产业大国，拥有世界上最广泛的可滑雪区域、最大的机械牵引装置园、最大的滑雪区域开发商阿尔卑斯公司，滑雪人口和经济收入居欧洲前列。2014/2015 年雪季，法国滑雪场年平均接待 5390 万人次的滑雪者，其中包括 1617 万人次的外国人，滑雪场直接受益，另外带动产生了数倍相关产业的收益。

法国有北阿尔卑斯山、南阿尔卑斯山、比利牛斯山、中央高原、汝拉山、孚日山和科西嘉岛等，山地（海拔在 600m 以上的地区）面积达 12 万 km²。法国的滑雪场主要分布在阿尔卑斯山区和比利牛斯山区。法国共拥有 400 多家滑雪场，垂直落差超过 2000m 的雪道总长度超过 650km。滑雪场分布相对集中，规模不尽相同，每座滑雪场均有其目标客户群，通过与地域文化相结合的服务，满足顾客不同的需求。

法国滑雪度假区内有四通八达的滑雪缆车路线，高品质的雪道、人工造雪和夜间照明等硬件设备也都体现出了专业性。法国滑雪度假区与外部的道路连接非常紧密。穿越阿尔卑斯山脉的小火车可以将伦敦的度假游客直接送至山上度假区内的度假木屋。法国滑雪度假区拥有世界上最长的火车隧道，把法国、奥地利、瑞士和意大利的滑雪场连接起来，形成滑雪道网，并在区域内实行通票，形成跨越滑雪场、跨越国界的超级经营联合体。

在滑雪度假区外围形成了滑雪器材、装备生产制造基地。法国 Quicksilver（销量居世界第三）品牌的产品在创新、设计、舒适度、安全及质量方面表现超群，从而促进滑雪产业链的全面发展，使基地起到很好的经济带动作用。

以滑雪旅游产业为起点，发展多种休闲旅游：法国发展滑雪旅游产业注重滑雪与休闲、时尚的结合。滑雪者不仅可欣赏乡村风光，而且可参加滑翔伞、直升机观光、登山、攀岩、游泳、保龄球等多项休闲旅游项目，冬季旅游项目逐渐转变为四季旅游项目。

结合本地传统文化，发展滑雪旅游产业：法国发展滑雪旅游产业的同时非常注重当地本土文化的传承，滑雪场既热情好客，又追赶时尚潮流。滑雪场周而复始地举办各种艺术节，上演种目繁多的剧幕，进行各种体育赛事和娱乐活动。

法国代表性滑雪区有：沙莫尼滑雪大区、拉普拉涅滑雪度假区、豪兹滑雪场、瓦勒迪泽尔和蒂涅滑雪场。

1）沙莫尼滑雪大区。勃朗峰是欧洲最高峰（海拔 4810m），是欧洲的圣山，有法国最大的冰川，长 14km，宽 1800m，厚度达到 4001m。沙莫尼坐落在勃朗峰山脚，是一个雪山环绕的美丽小镇，位于法国边境，与瑞士、意大利接壤。作为欧洲滑雪天堂，世界最著名的滑雪区域之一，沙莫尼滑雪大区自然条件得天独厚，滑雪期为 9 月到次年 4 月，拥有世界上最大的缆车服务系统和最长的滑道。沙莫尼滑雪大区由勒图尔（Le Tour）、佛列雷（Flegere）、阿让杰（Argentiere）和莱坡尔（La Prez）四个主要滑雪区组成，共计 13 个大型滑雪场，雪道总长度约 160km，雪道垂直落差 2500m。雪道包括初级的绿道、中级的红道和高难度的黑道（表 11-1）。

表 11-1 沙莫尼滑雪大区

项目	区域	雪道	备注
滑雪/滑雪板	滑雪区域	雪道总长共 80km，其中： 34km 高难度 70km 中难度 48km 低难度	18 个托曳式缆车 17 个座位式缆车 5 个厢式缆车 有公共车站衔接 缆车总长千米 每小时运送 52 660 人

项目	区域	雪道	备注
滑雪/滑雪板	南峰 （Midi, Aiguille du） 垂直落差为 1 030~3 482m	雪道总长共 22km	2 个厢式缆车 每小时运送 1100 人
	巴尔梅垭口 （Col de Balme） 垂直落差为 929~1836m	雪道总长共 22km，其中： 10km 高难度 12km 中难度	4 个拖曳式缆车 2 个座位缆车 1 个厢式缆车 每小时运送 9700 人
	弗兰格 （La Flegere） 垂直落差为 1050~2450m	雪道总长共 19km，其中： 5km 高难度 9km 中难度 5km 低难度	3 个座位缆车 2 个厢式缆车 每小时运送 8090 人
	勒布雷旺 （Le Brévent） 垂直落差为 1095~2525m	雪道总长共 28km，其中： 12km 高难度 12km 中难度 4km 低难度	2 个拖曳式缆车 4 个座位缆车 3 个厢式缆车 每小时运送 10 400 人
	最长的雪道	南峰，有 20km 中难度的雪道，雪道垂直落差为 2880m	
	最深的雪道	勒布雷旺，天气多变反复无常	
	最艰难的雪道	弗兰格，有 4.3km 高难度雪道，雪道垂直落差为 835m	
越野滑雪	滑雪区域	雪道总长共 42km，其中： 2km 高难度 23km 中难度 17km 低难度	42km 长的雪道 每天滑雪花费 6 欧元
	越野雪道	莱布瓦（Les Bois），有 9.5km 高难度雪道，落差为 1100m	
家庭滑雪	徒步滑雪	在沙莫尼滑雪大区，徒步滑雪雪道长达 17km	

亮点：勃朗峰是欧洲最高峰，沙莫尼滑雪大区以险闻名于世界，野雪道白色峡谷（La Vallee Blanche）起点是海拔 3842m 的南峰，部分雪道穿越冰海地带，可直接滑回沙莫尼镇，总滑行距离约 22km，吸引各国滑雪高手。沙莫尼镇交通便利，有直达日内瓦、巴黎、里昂等多个城市的公共交通。小镇的主要商业街全长不过 100m，却拥有世界所有知名品牌的户外服装和用品的专卖店或专柜，还有 100 多家商店、超市、药房、餐馆和酒吧等。沙莫尼镇还是登山运动的发源地，被公认为山地运动之都。勃朗峰的滑雪证可以在沙莫尼滑雪大区范围通行，还可以在默热沃（Megève）、圣热尔韦（St-Gervais）和圣尼古拉（St-NicoLas）三个度假胜地使用。

2）拉普拉涅滑雪度假区。由缆车将几个小岛般的镇子连接成的拉普拉涅滑雪度假区坐落于法国东南部的阿尔卑斯山脉，塔兰苔斯山谷，海拔在 1250~3500m。该区距里昂 196km，是世界上最大、最现代化的滑雪场之一，1992 年曾举办冬季奥运会，有"滑雪天堂"的美誉，每年冬季都有数以百万计的各国滑雪爱好者来此休闲。拉普拉涅滑雪度假区有三个雪上运动公园：拉普拉涅、佩赛·瓦郎得利和雷萨克，其中，雷萨克雪上运动公园位于终日阳光普照的瓦勒迪泽尔，可饱览壮丽山景。该度假区由三幢木房子组成，拥有全欧洲最好的粉雪道，刺激、新奇兼而有之，另有 1 个滑雪 U 形场地和 18 家滑雪学校、500 名滑雪教练。134 条（10 条黑道、34 条红道、79 条蓝道、11 条绿道）四通八达的雪道及 109 条缆车索道将滑雪区互联成网，滑雪面积达 100km²，雪道总长 225km，还有一条长 300km、令人毛骨悚然的斜坡。除了滑雪运动，该度假区还提供多种旅游服务，如滑翔伞、直升机观光、溜冰、狗拉雪橇、雪地漫步、登山、室内攀岩、游泳、保龄球，甚至保健按摩、尚帕尼的攀冰。拉普拉涅滑雪度假区更为人所称道的是自然风光与配套服务，每个小镇的商业设施都非常完备，酒吧、咖啡馆、小商店，一应俱全（表 11-2）。

亮点：滑翔伞、直升机观光、溜冰、狗拉雪橇、雪地漫步、登山、室内攀岩、游泳、保龄球，甚至保健按摩、尚帕尼的攀冰等项目应有尽有，能够满足旅游者的各项要求，提供给旅游者完美的体验。

表 11-2　拉普拉涅滑雪度假区

项目	区域	雪道	备注
滑雪/滑雪板	滑雪区域	雪道总长共 65km，其中： 20km 高难度 30km 中难度 15km 低难度	65km 雪道 越野滑雪课程
	最长的雪道	尚帕尼（Champagny de Haut），有 7.8km 高难度雪道，垂直落差为 1400m；Plagne Montalbert、Montchavin、Les Coches，有 6km 中难度雪道	
	最深的雪道	Piagne Villages、Plagne Bellecote、Belle Plagne，有 6km 低难度雪道，垂直落差为 2000m	
	徒步滑雪	有 65km 平行的徒步滑雪雪道	
家庭滑雪	雪橇滑道	单人滑雪橇，每小时 90km，每人 95 欧元	
		4 人滑雪橇，每小时 80km，每人 33 欧元	

11.1.2　主要特点

法国雪资源和气候条件得天独厚；起步早、规模大；滑雪设备科技含量高、滑雪装备先进；脱贫致富、城乡统筹、支柱产业、经济和社会效益显著；旅游产品丰富，拓展本国市场，促进国际化发展。

1. 滑雪场分类明确，定位清晰

法国的滑雪场一般分家庭滑雪场、村庄滑雪场和超级滑雪大区。超级滑雪大区一般是指长 20~30km 的雪道。家庭滑雪场一般是以小孩为中心，满足儿童吃、乐、娱各种活动的需求。滑雪场定位清晰、准确，如娱乐性滑雪场、运动竞技性滑雪场。

2. 社区式与公司式两种组织结构形式

法国滑雪度假区有两种不同组织结构形式，即社区式与公司式，公司式相对效益要好些，社区式转向公司式发展很难。法国的 300 多个滑雪场，一般会有专门的机构及时处理和协调各大滑雪场的关系，可以是一个滑雪场有一个负责机构，也可以是多个滑雪场共用一个负责机构。

3. 规划具有前瞻性，注重核心竞争力建设

法国老滑雪场的规划都在升级，新滑雪场的开发要高起点、高定位。在滑雪场外的小城镇停车后，先用公共交通工具进入滑雪场入口，再用缆车把游客送进滑雪场。法国滑雪场的核心竞争力首先是滑雪场本身优势，尤其是雪道的状况，其次是交通的便利，最后是住宿的舒适度。

4. 政府注重宣传和营销

法国滑雪度假区的宣传营销 70% 的费用是国家拨付，30% 的费用是公司承担。滑雪者从第一次参与者到忠诚的滑雪者的转化率低于 15%。积极参与者能力水平大多介于新手和中下等水平之间，因为其中约 64% 的滑雪者的滑雪经历都在三年以内。因此，法国政府非常注重滑雪营销计划。滑雪场预定一般是上网预定占到 65%~85%，电话预定占到 10%。

11.1.3　重点借鉴

滑雪本来是一项体育运动，能成为数以千万计人士参加的日益大众化的旅游活动，与旅游市场需求的牵引、科技的跟进、装备的完善是分不开的，而把这些要素串联起来的主线就是滑雪旅游产业化发展。法国在这方面走出了一条成功之路。

1. 政府推动，规划先行，科技开发

政府推动，异军突起是法国滑雪旅游取得成功的根本原因。

法国政府于 1964 年颁布了《冰雪规划》，初衷是充分利用和开发山区资源，帮助山区人民脱贫致富。在实施《冰雪规划》过程中，政府做了大量推动工作：①开展山区冰雪资源普查，包括山的坡度、高度、雪期、雪质、雪量、阳光、交通状况及其他配套设施状况等。②在普查的基础上进行规划，确定哪些地方可建怎样的滑雪场，确定开发重点和步骤，然后再具体规划滑雪场及其配套设施。③采取国家、地方政府、银行一起扶持的办法，解决滑雪基地建设的投资问题。国家安排了一批比较优惠的软贷款，并通过一些银行发放商业性贷款，有关大区和省政府也安排了专门款项。基层的市一级政府是发展滑雪旅游的最大受益者，也是最积极的推动者，鼓励和支持投资者努力改善投资环境，包括进行公路建设和安排专门预算。④鼓励企业和个人进行投资。法国政府专门制定了《山地法令》等一些法规，方便投资者征购和使用土地。⑤发挥科学技术的作用，鼓励科研单位和工业企业进军滑雪旅游市场，进行软科学开发和装备开发。⑥在宏观上进行管理，做出了兴建滑雪场需向有关地方政府提出申请、设计文件需经有关设计公司审核等规定。《冰雪规划》以政府推动为主导，有力地调动了地方、企业和个人的积极性，使法国冰雪资源的开发和滑雪旅游得到了快速发展，使山区的经济和社会有了长足的进步。

国家制定总体发展战略并提供土地优惠政策，科技部门集中攻关，在国家与科技部门协力相助下，形成了以沙莫尼滑雪大区、拉普拉涅滑雪度假区、罗讷-阿尔卑斯大区

（Rhône-Alpés，Region）集聚区的运动装备以及山地运动装备工业制造区为核心的特色经营模式，不仅规模大，而且效益显著。

2. 市场牵引，科技跟进，产业化发展

市场牵引、科技跟进是法国滑雪旅游实现产业化的成功之路。

首先，滑雪旅游兴起，要解决上山的交通问题。钢缆运输技术的发展和成熟解决了这方面的难题。法国在这方面做出重大贡献的是 POMAGALSKI 公司。该公司成立于1934年，在滑雪旅游市场的牵引下，积极进行科技开发，不断生产出适应市场的新产品。1961年，制造出第一部贴地轨道缆车；1966年，制造出第一部4座位完全自动化的小型缆车；1984年，制造出第一部160座位的大型缆车；20世纪90年代，又开发出双缆小型缆车等新产品，在世界上60个国家落实了7000个项目，装备了许多滑雪场，其业务还有电梯、工业用缆车、城市运输用缆车等。目前，法国各大滑雪地之间、山与山之间、山上与山下之间都有便捷的索道运输网络。例如，瓦尔迪塞尔（VAL DISERE）于1938年成立了索道公司，至1996年，已拥有各种钢缆运输线51条，年接待游客1500万～1700万人次，仅索道营业额就超过2亿法郎，利润超过4000万法郎。还有从 Meribel 滑雪场到 Covrchevel 滑雪场翻越几个大山头、长度超过20km的游客运输，都是通过缆车实现的；在 Covrohevel 滑雪场装备的一台160座位的大型缆车，速度为11m/s，一个冬季能运送100万人次的游客。索道是滑雪场的动脉，科技的进步促进了索道运输技术的成熟，而索道四通八达，滑雪场才能兴旺发达。

其次，滑雪旅游兴起，还需要不断提高滑雪者的装备水平。这方面的市场牵引，促成了萨洛蒙（SALOMON）和夜莺（ROSSIGNOL）两大公司的崛起。萨洛蒙公司创立于1947年，最初开发的产品是滑雪板固定装置；1980年后，又开发了高山滑雪鞋、越野滑雪鞋及其他冬季和夏季运动器材等新产品；1990年，开始生产一种全新技术的滑雪板，他们的口号是"质量、创新"。1994年，该公司生产高山滑雪板固定器2500万双，占世界市场总量的43%，居世界第一；生产的越野滑雪固定器和越野滑雪鞋分别占世界市场总量的61%和39%，也都居世界第一；生产高山滑雪鞋150万双、滑雪板50万副，分别占世界市场总量的23%和7%，都居世界第二（其中，生产的超级速降滑雪用的滑雪板居世界第一）。2014年，萨洛蒙公司营业额达36亿法郎，利润达1.5亿美元。为了在市场竞争中永远立于不败之地，该公司每年按营业额的6%提取新产品开发费，按营业额的9%提取广告营销费（其中，2%用于赞助各种国际比赛）。夜莺公司创办于1907年。目前，夜莺每年生产滑雪板170万副，居世界第一；生产滑雪鞋100万双，居世界第三；还生产高尔夫、网球等体育用品和器械，年度营业额达20亿法郎。正因为有这些大企业围绕滑雪旅游这个新市场着力开发和研究新产品，不断提高滑雪者的装备水平和安全舒适性，才使滑雪旅游为越来越广泛的人群所认知和喜爱，成为大多数人都乐意参与的活动。

再次，滑雪旅游兴起，还要不断提高对自然条件的辅助调控能力。即使像阿尔卑斯山区这样的具有得天独厚的雪资源和气候条件的地区，也不能绝对保证每个滑雪场每年什么时候下雪、下多大的雪。正因如此，人工造雪的实施和技术的改进便成为科技界和产业界努力开拓的另一个新课题。在这方面最先取得成功的是约克（YORK）公司。该公司具有100多年历史、总部设在美国，有一个子公司设在法国。设在法国的法兰西约克（YORK

FRANCE）公司于 1975 年开始制造人工造雪设备，主要产品是高压雪炮，即利用压缩空气和水，根据当地当时的大气温度、湿度、风速和希望造出的雪的质量，通过计算机实施人工造雪。该公司已为世界上 150 个滑雪场装备了至少 15 000 台高压雪炮，年度营业额达 5 亿法郎。法国雪星（STARNEGE）公司比法兰西约克公司年轻得多、规模也小，其针对高压雪炮耗能高、噪声大、又要配备压缩空气系统等弊端，另辟蹊径，潜心研究开发低压造雪技术，且已经实现商品化。该公司生产的名为"造雪王"的低压雪炮生产 1m³ 雪只需耗电 1.4kW·h，而且不需要配备压缩空气系统，现已被欧洲 55 个滑雪场使用。该公司的年度营业额已达 3000 万法郎，因为技术先进，市场前景十分广阔。人工造雪技术的不断发展和成熟，使人们对雪期、雪量有了辅助调控的手段，从而使滑雪场的经营可以按计划展开。据了解，每个滑雪场每年人工造雪量大体都在 10 万 m³。人工造雪技术的成熟，还可以使一些不下雪的城市或旅游点开展小规模的滑雪运动，丰富人们的体育生活。

最后，滑雪旅游兴起，还有一些工业设备问题要解决，如雪道和压雪机、游客租乘的雪上摩托等。在法国，这些设备有的是法国生产，有的是其他国家生产。

法国滑雪旅游方面的科技发展是紧紧围绕市场需求展开的。像法国这样旅游业发达、经济技术也发达的国家，由于市场机制的作用，其第二、第三产业是紧密联系、相互促进的。旅游业的发展，对科学技术和工业产品产生了许多新的市场需求，一大批科研单位和工业企业紧紧跟踪，非常灵敏地抓住了这方面的有关信息，大力研制开发新的工业产品，既满足了旅游业发展的需求，使其装备水平和服务设施日臻完善，接待水平和综合效益不断提高；又刺激和推动了科学技术和工业的发展，派生出了一大批与旅游业直接相关的科研及工业企业群体，形成了一批新的经济增长点，从而推动了整个国民经济和社会的发展。

企业充分进行消费动线设计。同世界上其他滑雪场相比，我国滑雪场从每个滑雪者每次滑雪中获得的收入相当低。大多数滑雪者逗留时间短，一般仅参加两个时段的滑雪，而法国的滑雪者通常要滑一整天。消费者未来支付如滑雪这样的娱乐产品的能力，滑雪业能否成功地推出适当的产品，以及滑雪运动能否发展成为被大众普遍接受的运动，将影响滑雪旅游业发展速度。

在法国滑雪旅游实现产业化发展方面，最不能忽视的是旅游业在其中的关联带动作用。没有旅游需求，许多相关产业都将成为无根之木、无皮之毛。法国内阁专设了一个旅游与装备部，分管旅游业与装备工业。把旅游业与装备工业放在一起，是否有加强第二、第三产业间宏观协调和联系的考虑，是值得研究的。如果从法国滑雪旅游体系方面进一步考察，则更可以看出其官产研结合体制的紧密性。在滑雪旅游方面如此，在度假旅游等方面也是如此。这样，旅游业就成为法国国民经济体系中不可或缺的重要组成部分，旅游业对其他行业的关联带动作用就得到了更加充分的发挥。

3. 统筹兼顾，协调发展，十大措施保证

政府推动、市场牵引、科技跟进和产业化发展，是法国滑雪旅游兴旺发达的根本原因，也是法国滑雪旅游发展最重要的经验。此外，还有以下一些具体经验。

1）政府行为与社会行为相结合。法国政府于 1964 年颁布《冰雪规划》以后，在政策和资金上对滑雪旅游地的开发建设给予的一定支持起了导向性的作用，这是十分重要的。

国家的推动、地方政府提供的方便与支持，以及滑雪旅游日益旺盛的市场需求和良好的发展前景，使包括企业、个人和外资在内的投资者坚定了信心，积极进行多方面的投资。这样，政府行为和社会行为就紧密结合起来，从而很好地解决了数以百计的滑雪旅游地的开发建设和更新换代所面临的资金问题，大大加快了滑雪旅游地建设和改造的步伐。

2）区域规划与各个滑雪地的规划相结合。法国的山区主要有东北部的孚日山，东部的汝拉山、阿尔卑斯山，东南部的科西嘉岛，南部的比利牛斯山以及中央高原。在开始实施《冰雪规划》时，已对各山区的滑雪旅游资源进行了全面普查，对哪些地方可建怎样的滑雪旅游地进行了规划。例如，罗讷-阿尔卑斯大区，辖 8 个省，其中 3 个省有滑雪旅游资源，共规划建设了 122 个滑雪场（高山速降滑雪场有 86 个，越野滑雪场有 36 个）。在大的区域规划指导下，每个滑雪旅游地又都进行了更加精细的规划，如什么地方建设速降滑雪，什么地方建设越野滑雪，什么地方建设停车场，什么地方建设住宿设施，什么地方建设商业街等。在阿尔卑斯山区，由于滑雪旅游资源十分丰富，很多滑雪旅游地都紧挨着。为了方便滑雪者在更大范围内活动，一些相邻的滑雪旅游地还用索道把滑雪场串联起来。买一张乘坐索道的通票，可以同时到几个滑雪场滑雪。大、中、小范围的各种规划的紧密结合，使法国滑雪旅游资源的开发增强了计划性，也使各个滑雪旅游地的独特性与总体规模效益得到了结合。

3）滑雪地的开发与交通建设相结合。具有滑雪旅游资源的地方，一般都在交通闭塞的山区。要使这些地方敞开山门，大量接待来自国内外的客人，必须在滑雪旅游地开发之初，就注意抓好大交通的配套建设。目前，法国阿尔卑斯山区各个滑雪旅游地的交通都很方便。

4）竞技体育运动与旅游业发展相结合。法国把滑雪旅游当作一个产业来发展，使其有了坚实的市场基础和经济收入来源。滑雪竞技体育从此也有了大发展的基地。通过举办冬季奥运会，法国的滑雪旅游地声名远播，吸引了国内外更多的滑雪者。滑雪旅游的普及，也培养造就了一代又一代优秀的滑雪运动员，使法国在滑雪竞技体育方面处于世界先进水平。

5）国际滑雪旅游与国内滑雪旅游相结合。法国的经济社会发展水平很高，其国际旅游和国内旅游已经趋同（发展中国家在这方面则有较大差异）。法国各滑雪旅游地，既向国内营销，也向国际营销。从人数看，国内旅游者居多。

6）冬季滑雪旅游与夏季观光度假旅游相结合。法国的众多滑雪场，除极少数滑雪场在夏季也能滑雪外，基本上都只有 5 个月左右的滑雪期（11 月到次年 3 月、4 月）。滑雪期过后，首先要进行滑雪场的整治、维护，如绿化、美化；然后，旅馆和出租房要关停一部分，辞退临时工，继续开展的业务是观光度假旅游。滑雪旅游地一般都在深山地区，夏季凉爽、花草繁茂、风景优美，有许多游客愿意前来观光度假。许多滑雪旅游地在规划的时候，就已经对夏季的观光度假旅游进行了统筹安排。例如，瓦尔摩海尔（VAL MOREL）的高山牧场风光、圣热尔韦的观赏勃朗峰项目等。许多滑雪场还在夏季开辟了越野自行车、滑翔伞、射箭、网球、高尔夫、骑马、徒步登山、雕塑、绘画、书法及青少年野营等专项旅游活动，确保滑雪旅游地在夏季仍保持较高的营业收入。

7）高山速降滑雪与越野滑雪相结合。高山速降滑雪技术难度较大，没有经过严格培训、不具有相当技术水平的滑雪者是不敢问津的；越野滑雪的技术难度则相对小些，大多数滑雪者都可以参与。法国滑雪旅游资源丰富，大多数滑雪旅游地都按国际滑雪场的标准，同时建有几个高山速降滑雪场与若干个难度不一的越野滑雪场，兼顾了不同技术水平的滑雪者的需求，适应市场的能力更大。许多滑雪旅游地还开展了道外滑雪项目，让那些技术水平高的滑雪者有进一步驰骋的天地。

8）滑雪旅游与滑雪教育培训相结合。法国的滑雪旅游活动一开始就和滑雪教育培训紧密结合。早在 1925 年，默热沃就成立了滑雪学校；1945 年，法国成立了国家滑雪登山学校，每年约培养滑雪教练员约 400 名。目前，在各滑雪培训中心任教的教师都具有法国国家滑雪登山学校发的文凭。法国的重要滑雪旅游地都建有滑雪教育培训中心，有的还有滑雪幼儿园。各种滑雪教育培训中心的设立，既为初学者和技艺较差者提供了掌握知识、提高技艺的场所，也为法国的滑雪旅游市场培养了越来越多的客源或潜在客源，使法国的滑雪旅游业有了越来越深厚的社会基础，成为全民健身运动中的一个热门行业。

9）滑雪旅游地开发与小城市建设相结合。大多数滑雪旅游地都已成为建筑风格鲜明、服务功能齐全、管理井然有序、治安状况良好的欣欣向荣的小城市。这些靠滑雪旅游起家的小城市，非常珍惜其幸福之源，当地政府每年从预算中拨出专款，精心进行滑雪场整治和其他公益性项目的建设，以保持滑雪旅游地有较强的竞争力和持久的生命力。

10）冰雪资源开发与环境保护相结合。保护滑雪旅游地开发中的环境需要科学评价环境的奉献和环境的限制。前者，就是把地方资源，特别是珍稀动植物资源、文化古迹和需要保护的建筑物调查清楚，在开发中认真保护这些地方资源，使其得到永续利用；后者，就是要注意研究各种资源状态，科学利用，不进行过度开发。在滑雪场和雪道设计阶段，首先要在实地调查的基础上画出一张滑雪场的示意图，用各种颜色进行标识，使人们知道哪些地方有珍稀动物，哪些地方有珍稀植物，哪些地方风向不好雪容易被吹走，以及哪些地方是潮湿地带，雪容易融化等；然后，组织专家进行研究，反复比较，最终确定修建雪道、索道等设施的最佳位置（包括避开珍稀动植物聚集区以及存雪性能不好的地带）。在雪道修建阶段，要十分注意防治水土流失，重点就是做好绿化工作。首先，采集当地各种野生植物，从中选出适合在硬度较大、沙石压成的雪道上生长繁殖的植物良种；然后，进行育种；最后，把选育出来的种子和水混在一起，再加上肥料、矿物、黏合剂，用液压喷射技术播种。各滑雪场在环境保护方面所做的工作，都是得到当地政府资助的，甚至有的全是当地政府投资的，这些环境保护工作都卓有成效。从法国的经验看，住宿设施的投资 10 年可以回收，索道的投资 10～15 年可以回收，环境设施的投资则要 30～50 年才能回收，而银行对回收期如此长的投资项目，一般是不乐意贷款的，为了本地区资源的永续利用，当地政府在这方面慷慨解囊。

11.2　意大利多洛米蒂滑雪旅游大区

11.2.1　基本情况概述

南蒂罗尔省是意大利最北端的一个省，西临瑞士，东北部与奥地利接壤，紧依勃朗峰，地理位置优越，积雪期较长，是滑雪天堂。

多洛米蒂山是阿尔卑斯山脉的一部分，位于威尼托区北部。冬季运动区域主要由南蒂罗尔省的滑雪区组成，即多洛米蒂山以及周围地区。在南蒂罗尔省的滑雪区还可以进行许多不同于滑雪以及驾雪橇和攀爬冰川的冬季运动。滑雪者不必为滑雪走很远的路，滑雪道旁边有许多住宿点。这里有一些刺激的娱乐运动，如环山自行车、滑翔伞和冬季运动等。给雪上滑板爱好者提供的将近 1220km 的下坡滑雪跑道和 460 个单通道滑雪的提升系统，形成了世界上最大的滑雪环线。在长度超过 2000km 的越野滑雪区域，滑雪者沿途还可以欣赏多洛米蒂山。多洛米蒂山因为其惊险的环境而著名，狗拉雪橇以及在山区从一个农舍徒步到另一个农舍都是非常值得推荐的活动。

意大利以多洛米蒂滑雪旅游大区为代表的大型滑雪度假区超级联合体，坐落在阿尔卑斯山南部，有 12 个滑雪场，每年滑雪者达 2000 万人次，缆车观光游客达 1.52 亿人次，盈利 25 亿欧元。

多洛米蒂滑雪旅游产业的经营开始于 20 世纪 30 年代区域内第一条滑雪索道的安装。从那时起，滑雪旅游及与其配套的服务设施开始在核心区——一个山区村庄附近建设。多洛米蒂滑雪旅游大区内各滑雪场自发分散经营，彼此间是单一的竞争关系，没有横向联合。

建设多洛米蒂滑雪旅游大区的想法是在 20 世纪 70 年代出现的。当时来自米兰的商人——赞尼·马佐拉（Gianni Marzola）提出了一个大胆而又富有现实意义的设想：滑雪者在购买一张索道票的情况下，不用脱雪具就能从一个山谷滑到另一个山谷，在尽可能大的范围内滑行不同的雪道，尽情体验滑雪的魅力和乐趣。1974 年，多洛米蒂滑雪旅游大区成立。经过多年的发展，形成了一个庞大的索道和雪道系统，它使各村庄与多洛米蒂峡谷连接起来，滑雪门票也由一个组织负责管理。

11.2.2　主要特点

多洛米蒂滑雪旅游大区是众多知名品牌的冬季体育设施生产企业基地，有着世界上规模最大的滑雪设备生产商莱特纳集团（Leitner Group）、造雪设备生产商尼维斯（Nivis）公司以及一些滑雪运动会展机构。该区域集滑雪旅游产业链的所有元素于一体，一些著名滑雪器材、装备缆车索道等在此聚集，滑雪学校也是产业集团的一部分。滑雪科研基地建设与滑雪旅游产业集聚区发展相互呼应。滑雪旅游产业集聚区成立发展了以策划、咨询为主的服务公司和研究机构，甚至著名的滑雪器材制造商也相继成立研发机构，结合不同的地形条件研发适合不同需求的滑雪板。研究机构开发并生产技术领先的产品，其产品在创新、设计、舒适度、安全及质量方面表现超群，从而促进滑雪旅游产业链全面发展，使集聚区起到很好的经济带动作用，这些都推动了整个欧洲滑雪旅游产业集聚区的快速发展。

多洛米蒂滑雪旅游大区的发展模式，是一种典型的社区发展模式，多被作为区域滑雪旅游产业开发的案例来研究。通过当地社区和股东的参与，在当地居民生活质量提高、自然资源和文化遗产保护、对外整体竞争力增强、市场份额扩大、产业结构调整等方面，多洛米蒂滑雪旅游大区取得了世人瞩目的成绩。有 170 家公司加入多洛米蒂超级滑雪集团，该集团还与当地旅游协会共同负责多洛米蒂滑雪旅游大区营销活动的管理和协调工作。集团具有两个显著特点：一方面，每个独立公司在经营和完善共同雪场索道票服务中与其他公司都具有紧密的联系；另一方面，鼓励每一个独立的公司之间进行服务的良性竞争，不进行价格竞争。实际上，多洛米蒂滑雪旅游大区是以集团优势与法国、瑞士、奥地利等国进行滑雪旅游的国际竞争，是与海滨度假、观光旅游等旅游休闲度假方式进行竞争。多年的实践表明，每一个公司的经营者和所有者都能看到，仅仅通过增加其索道的游客人数就能增加收入，这刺激各公司提供更好的服务。应该说，南蒂罗尔省滑雪旅游产业的成功，功在多洛米蒂滑雪旅游大区的社区发展模式，这一模式实现了区域的持续良性发展，实现了区域滑雪旅游企业的良性互动和共同进步。

11.2.3 重点借鉴

1. 政府主导，全方位推动滑雪旅游产业开发

南蒂罗尔省旅游开发的模式是政府主导、市场运作、社会参与。政府的主导作用最为关键，主要表现在基础设施建设、资金投入和对旅游开发的主导作用等方面。在旅游景区、配套附属设施和旅游小镇村屯的开发中，政府负责道路、供电、通信、供水、排污等基础设施的投资和建设工作。资金支持主要体现在政府对索道公司、滑雪场开发商和山区农民的高额补贴上。政府对旅游开发的主导作用主要表现在支持职业教育上。对山区农民的职业教育，主要包括农技、宾馆、餐饮、烹饪、品酒、雪场管理等多方面。

2. 社区发展模式，实现大区域滑雪旅游产业良性发展

多洛米蒂滑雪旅游大区的发展模式是一种典型的社区发展模式。多洛米蒂区域内的公司采用分权式经营，任何公司都没有占有统治地位的管理权或所有权。战略决策由多洛米蒂超级滑雪集团股东管理机构决定，决定的内容包括环境可持续问题、度假区规划、产品开发、市场营销、合作项目等。

多洛米蒂滑雪旅游大区拥有 460 多条索道和 1200km 长的雪道。这些索道和雪道由 170 家公司负责经营管理。公司在负责正常经营的同时，还需管理雪道在维护和改善方面的投资。这 170 家公司主要根据所处的空间位置分成 12 个独立的联合体，这些联合体运营的 44 家滑雪场都归属于多洛米蒂超级滑雪集团。多洛米蒂超级滑雪集团负责保证服务效率，同时负责管理滑雪场索道票的销售和 170 家公司的收入分配。多洛米蒂超级滑雪集团还与当地旅游协会共同负责多洛米蒂滑雪旅游大区的营销活动的管理和协调工作。

3. 八个结合，因地制宜，合理利用

（1）农业与旅游业相结合

旅游业作为一个动力产业，全面带动了南蒂罗尔省的发展。旅游业对全省 GDP 的直接贡献为 12%。以传统农业经济为主体的山区，通过旅游服务，转向了以旅游经济为主体的山地度假区，解决了农村人口大量外流问题，创造了保护山区经济的条件。在管理体制上，南蒂罗尔省把农业和旅游业合并为一个产业，主要目的就是最大化地协调农业和旅游业的发展。目前，旅游业和农业是南蒂罗尔省经济上的两个重要产业，二者的有机结合促成了相互间的协调发展。

（2）冬季旅游与夏季旅游相结合

在冬季，高山滑雪成为经营者和旅游者共同关注的焦点。在夏季，高尔夫球、网球、攀岩、登山、远足、山地车、露营、骑马、滑翔等诸多户外活动，为旅游者提供了更多的选择。王冠（KRONPLATZ）滑雪场夏季旅游明显好于冬季旅游。一方面，两季结合，使多洛米蒂滑雪旅游大区内的旅游设施及配套附属设施得到最大化利用，降低运营成本，缩短投资回收期；另一方面，持续提供就业机会，使旅游企业管理人员和技术骨干保持相对稳定，进而保证多洛米蒂滑雪旅游大区旅游运营的整体质量和水平。

（3）国内市场与国际市场相结合

南蒂罗尔省地处阿尔卑斯山风景秀美的南缘，其西部、东北部分别与瑞士、奥地利两国接壤，又处在维罗纳国际机场（Verona Villafranca Airport）、因斯布鲁克机场（Innsbruck Kranebitten Airport）和慕尼黑机场（Flughafen München）三个国际机场的有效辐射范围内，国际市场在其旅游市场中占有了很大的份额。国际市场占有市场份额大是一件有利的事情，一是说明旅游产品的国际竞争力强，二是旅游市场的多元化能降低经济形势不稳定带来的风险。

（4）长线度假与短线休闲相结合

增加平日的游客量确保实现更大的收益已是共识。但是，由于各雪场所处的地理位置不同，交通的可进入性不同，滑雪者长线度假和短线休闲的选择也各不相同。长线度假和短线休闲滑雪者的存在，客观上也为不同滑雪场的错位经营创造了条件。优质的服务和环境质量会给短线休闲向长线度假赢得更大的市场。

（5）城镇建设与滑雪场建设相结合

规模和质量兼备的现代化滑雪场周边一定要有与其服务功能配套延伸的城镇建设。滑雪场的建设着眼于雪道、索道、造雪系统、必需的雪具出租店和餐厅等，而滑雪者滑雪之外的消费需求则由滑雪场附近的城镇来完成。滑雪场周边的城镇有完备的市政系统，更有发达的商服、餐饮、宾馆、娱乐和医疗系统，充分发挥城镇的旅游服务功能。城镇在服务滑雪旅游中建设发展，滑雪旅游在推动城镇建设中发展壮大。

（6）滑雪旅游开发与生态、文化保护相结合

当地政府和旅游企业管理者在生态保护和当地传统文化保护方面做了大量的补偿和补救工作。王冠滑雪场开始控制开发的强度，寻求经济发展和生态及文化保护的平衡。拉金丝（RATSCHINGS）滑雪场17年没有进行规模扩张，只是在不断地改善环境质量、提高装备水平，以降低对生态环境的影响。南蒂罗尔省境内有1000多座不同时期的古堡，且在大规模开发滑雪旅游产业中完好无损地保存下来，这说明协调好滑雪旅游开发与生态及文化保护的关系尤为重要。

（7）独立开发与社会参与相结合

多洛米蒂滑雪旅游大区内滑雪场的开发是以多种形式实现的，主要有企业独立运作和社会参与两种形式。始建于1964年的王冠滑雪场，在初期不能从银行融集到滑雪场开发的资金，滑雪场发起人便向布鲁尼科（Brunico）市民卖股份融资，这样才得以建成第一条索道。

社会参与滑雪场开发还有一种新的形式，就是滑雪场周边的宾馆和餐厅等配套经营单位分担滑雪场部分人工造雪的电费。一方面，高额的造雪费用不再使滑雪场业主不堪重负；另一方面，人工造雪好的雪质和雪量又带来更多的滑雪者，使宾馆和餐厅等经营单位也随之受益。滑雪场开发带动了周边社区的发展，反过来，受益社区再以一种有效的方式回馈于滑雪场，形成了滑雪旅游产业经营主体间的良性互动。

(8) 土地长期租用与短期租用相结合

南蒂罗尔省的山地多为私有，土地所有者成为滑雪旅游开发的业主，土地利用只是经营方向的转变，不存在土地问题。农民利用土地所有权参与滑雪场开发也是一种土地利用形式。

许多情况是农民的土地被大的开发商租用，租用分为长期租用和短期租用两种形式。有实力的开发商更愿意采用长期全年租用的方式，而多数情况是，滑雪场在冬季租用农民的土地，农民在夏季继续进行放牧或耕作。王冠滑雪场对农民土地的利用，就是采用长期租用与短期租用相结合的方式，一方面减轻了开发商的负担，另一方面也利于农民对所拥有的土地进行合理配置，实现利益最大化。通过土地的合理利用，开发商和土地所有者实现了双赢。

11.3 瑞士

11.3.1 基本情况概述

瑞士的国土面积只有 4 万多平方千米，阿尔卑斯山地占据瑞士 60% 的国土面积。瑞士拥有海拔在 4000m 以上的高山 48 座，全国一半以上国土的海拔超过 1200m，冬季的日平均气温都在 0℃ 左右，雪线高度始于海拔 2500m，1800 多个天然冰川满足四季滑雪需求，滑雪期可达 10 个月。最著名的滑雪旅游地区就是阿尔卑斯山区，其旅游收入占瑞士旅游收入的 60%。瑞士滑雪旅游区，每年接待外国游客 1500 万人次，产值 70 亿瑞士法郎左右。

瑞士最先发展的旅游项目是登山和滑雪。瑞士居民大部分都会滑雪，滑雪是最普及的冬季户外运动，也是多数家庭集体参与的项目。230 多个大小滑雪度假区遍及全国，其最高的 10 个滑雪场海拔高度较邻国滑雪场海拔高度平均高出 370m。瑞士的滑雪通常是在树木生长区以上 1500~1800m 的斜坡进行，斜坡最长达 20km。每年冬季来临，约有 1200 个上山缆车供游客使用。大部分滑雪场在 12 月第一周或第二周开放，至次年复活节后结束。海拔较高的滑雪场一般在 11 月就可开放。有些滑雪场能全年滑雪。

瑞士是滑雪天堂，名副其实的冰雪王国，是欧洲乃至世界冰雪运动中心。瑞士滑雪胜地众多：阿德尔博登－弗鲁蒂根（Adelboden-Frutigen）——雪乡田园；采尔马特（Zermatt）——空气最纯净的滑雪天堂；克朗－蒙大拿（Crans-Montana）——沐浴在阳光里；萨姆瑙恩（Samnaun）——坐在风上的日子；达沃斯（Davos）——先登山后滑雪；格施塔德（Gstaad）——偶遇名人的滑雪区；恩加丁－圣莫里茨（Engadin-Sankt Moritz）——宠儿的摇篮等。

瑞士有 4000 多名专业的滑雪教练为游客进行全程指导。每个滑雪场均设有一所学校，每日或每周推出个人或团体课程。瑞士的雪地安全管理世界一流，救援部门随时派巡视员在现场监督、指挥，直升机救护队 24h 待命。

圣莫里茨滑雪场位于瑞士东南部的格劳宾登州（Grisons），是世界上最著名的滑雪场之一，曾举办过两次冬季奥运会，被誉为冬季运动的发源地。这里还是瑞士阳光最充足的地方，平均每年有 322 日晴天。采尔马特、达沃斯是每年的世界经济论坛会址。

采尔马特滑雪大区位于瑞士与意大利交界处的马特峰（Matterhorn）山脚下，被 38 座 4km 以上的高山环绕着，被认为是瑞士最好的甚至世界最好的滑雪大区。全区大小缆车 103 部，高山火车路线 2 条，风景迷人的高山雪道长 300km，雪道垂直落差达 2300m，全年 365 天皆可滑雪。这里被称为瑞士空气最纯净的地方，为了维持这里洁净的空气，采尔马特不准燃煤（油）的车辆进入。形体轻巧的电动车、马车与脚踏车是这里主要的载运工具。著名的冰川列车（Glacier Express）就是从采尔马特发车，向东穿行阿尔卑斯山区，直达圣莫里茨。这一路上峡谷冰川，风光无限。在采尔马特滑雪的目的不是挑战高山险峰，而是欣赏阿尔卑斯山麓的清新与瑰丽，森林、山谷、溪流与小镇，宛若裙裾一般围绕着晶莹的雪山，让人心情舒畅。

11.3.2　主要特点

1. 重视规划，科学管理，有序发展

瑞士的滑雪旅游始于 1860 年，当时一些英国人来到瑞士滑雪，产生住宿生活需求，瑞士当地人配合这种需求开始提供家庭房间出租，提供小型旅店住宿，改善交通滑雪设施，继而开始全面发展滑雪旅游。瑞士滑雪旅游在 19 世纪 40～50 年代走过一些弯路，大肆兴建新滑雪度假区但缺乏科学的规划，各个滑雪度假区之间无序竞争，几乎摧毁了瑞士滑雪旅游的正常发展。1893 年，瑞士滑雪协会成立，并与瑞士旅游局一起，规范滑雪度假区，加强对滑雪场的总体规划与管理，进行合理规划开发，推出包括 "Families Welcome" 等在内的多项管理认证，并形成一套完善的体系，最终各司其职，共同盈利。

目前，瑞士共有 18 个滑雪胜地获得过 "Families Welcome" 品质标志。多项管理认证为提升瑞士滑雪旅游产业的整体服务品质打下了坚实的基础。对于滑雪场的管理还包括公共交通建设，在一些大型的滑雪胜地，滑雪场甚至在瑞士滑雪协会的建议下与当地政府合作，投资该地区的公共交通建设，从而减少前来滑雪的游客的汽车使用量。

2. 滑雪旅游产业与会展经济相结合

利用滑雪胜地举办大型论坛。采尔马特、达沃斯是每年的世界经济论坛会址，将其欧洲滑雪胜地的优势与一年一度的世界经济论坛（1987 年前称为欧洲管理论坛）有机结合，进而名利双收。世界经济论坛年会每年 1 月底至 2 月初在达沃斯小镇召开，故也称达沃斯论坛，达沃斯小镇也因此闻名遐迩，每年吸引 70 万游客。

3. 重视滑雪旅游产业延伸

瑞士始终致力于合理、有效地开发利用滑雪旅游资源，不断地延伸、拓展滑雪旅游产业，使其逐步发展为带动其他旅游产业、相关产业的发动机。带动开发农业旅游，近几年，瑞士农业旅游收入约占每年旅游总收入的 10%；发展商务旅游，瑞士将商务与滑雪相结合进行旅游营销，瑞士商务旅游收入占 GDP 总量的 6%。瑞士的巧克力、钟表、军刀世

界闻名，是前往瑞士滑雪的游客必购的礼品。瑞士滑雪旅游产业发展的同时也带动了这些产业的发展。

4. 全景滑雪旅游产业服务

滑雪是瑞士旅游业中最先发展的项目之一，瑞士很早就认识到发展滑雪旅游产业需要提供全方位的服务，如世界一流的雪地安全管理，救援部门随时派巡视员在现场监督、指挥；为家庭提供的套餐，为儿童准备特别的宾馆和各种活动节目的游乐房，运营儿童滑雪教室；配套商业的规模宏大，赌场、夜总会、宾馆、公寓、别墅、餐厅、酒吧、雪具服饰品牌商店等服务娱乐设施一应俱全；欧洲数一数二的雪山露天温泉，洛伊克巴德拥有 22 个露天、室内温泉池，游客还可以参加在冰湖上举办的高尔夫比赛、赛马和越野赛。这些服务措施保证了到瑞士滑雪的多数游客停留最少一周。

11.3.3 重点借鉴

1. 采尔马特——空气最纯净的滑雪天堂

(1) 驰名景点

瑞士的采尔马特被阿尔卑斯山的 38 座海拔在 4000m 以上的高山环绕着，其中，海拔 4478m 的马特峰是阿尔卑斯山的象征，在欧洲有群山之王的赞誉，是瑞士著名的陆标，是世界上最漂亮的山脉之一，是登山者朝圣的好地方，其原始自然风貌、荒野土地、独特花种和其他物种驰名世界。采尔马特素有冰川之城的美称，是世界著名的无汽车污染的顶级滑雪胜地，是阿尔卑斯山区最大的夏季雪上运动区，是冬夏两季人们欢聚一堂的度假胜地。采尔马特不仅有历史气息浓厚的星级宾馆，还有惬意的假日住所，乡土气息浓厚。今天，采尔马特仍有很多居民住在老式瓦莱州（Valais）小木屋里。小木屋粮仓架空式的储藏方式（部分已储藏超过 200 年）也极具代表性。粮仓顶部的小木板、石板可用来阻挡老鼠，防止它们偷吃储藏在里面的干肉和粮食。

采尔马特驰名景点：38 座海拔在 4000m 以上的高峰；可看到瑞士、法国及意大利阿尔卑斯的 360°全景；欧洲海拔最高的观景平台（环顾四周，眼前是一片山的海洋，众多海拔在 4000m 以上的雄伟山峰尽收眼底）；世界海拔最高的冰雪皇宫（Glacier Palace）（位于冰河表面地下 15m，可以一种非常独特的方式游览冰河并观赏冰河深深的裂缝）；瓦莱州小木屋。

(2) 历史及现状

采尔马特最初的名字是 Pratobornum，其古老部落图章上也刻有相似的碑铭 Vallis Prato Borni，按字面意思翻译后才有了其现在的名字 "Zermatt"（在德语中，这个城镇就是 "ZurMatte" 或 "在草原上" 的意思）。

采尔马特的居民一直处于以色列主教的主权统治下，他们转移或租借自己的权利给形形色色的长期领主。为了联合在买回其自由过程中所形成的三个部落，采尔马特在 1691 年 1 月 21 日真正拥有了自己的宪法。100 多年前，采尔马特还是一个不起眼的具有瓦莱州特色的小山村，久经日晒的房屋和木棚掩映在石板和沉静的小巷之中。

采尔马特旅游业的起源要追溯到 1820 年。1838 年，当地的外科医生 Josef Lauber 在当地牧师的建议下开了第一家可容纳 3 人并被称作 Hotel Mont Cervie 的宾馆（后来变成 Hotel Monte Rosa）。采尔马特现有 116 家宾馆，1800 个假日公寓，可以容纳 14 000 位客人。

采尔马特小镇长 1500m，宽 400m，如果慢跑，20min 便可打个来回。街上行人有一半是穿着各式滑雪服、背着各种滑雪板的滑雪爱好者，厚重的滑雪套靴使他们不得不以独特方式迈着大步，显得有些滑稽。街道两侧多是卖旅游纪念品的商店，而各种体育用品店、面包房和咖啡馆也鳞次栉比。

采尔马特小镇有几个独特的郊区，多数可组织夏季街道晚会，当地商店、餐馆、酒吧都为公共活动做出了很大贡献。比较著名的晚会举办地包括 Steinmatte（8 月底举行），以及 Winkelmatten（9 月举行）。Winkelmatten 曾是一个孤僻的小村庄，随着采尔马特的发展，它也和周边大都市合并到了一起，有希望作为采尔马特的 "Beverley Hills"（比弗利山）而被市场化。由于采尔马特常年吸引着来自各地的游客，瑞士旅游局也努力确保采尔马特整个夏天的日程安排妥当，如瑞士的八月国庆庆典、九月音乐节。

采尔马特是周围很多山区步行道路的入口，其中包括最终通向法国沙莫尼的雪山之路（Haute Route）。无论冬夏，采尔马特都可通过一系列缆车和滑车将滑雪者和徒步旅行者送上山顶；滑雪场最高点可达海拔 3883m 处的小马特峰（Klein Matterhorn），在布来特峰（Breithorn）和马特峰之间的山脊上有一处突出的岩石，可一览周围壮丽的景观。采尔马特通过切尔维尼亚缆车站可以通向意大利。一条宏伟的齿轨铁路线（欧洲最高的露天式铁路）一直通向海拔 3098m 的戈尔内格拉特（Gornergrat）山的顶峰。采尔马特还是冰川列车铁路线的西部终点，也是连接圣莫里茨和 MGB（Matterhorn-Gotthard-Bahn）的主要通道。

（3）活动项目概览

特殊大型活动：国际滑雪联合会（International Ski Federation，FIS）男子滑雪比赛、圣诞－福音－音乐会、登山滑雪比赛（采尔马特与罗特峰对决）、狂欢节、冰河巡游、Raiffeisen 采尔马特开放日、采尔马特马拉松比赛、Taschalp 比赛、民俗游行、马特脚鹰杯高尔夫锦标赛、采尔马特节。

室内外运动项目：户外活动——疯狂高尔夫、越野滑雪、溜石、趣味森林公园、攀冰、滑冰、冰球、徒步旅行、山地自行车竞赛、徒步登山、滑雪登山、滑翔伞飞行、驴拉雪橇、滑雪、极限滑雪板运动、滑雪巡回赛、雪地风筝、狗拉雪橇、雪靴登山、攀岩、花样滑冰、网球、雪橇滑雪、蹦极；室内运动——有氧运动/步法/塑身、台球、保龄球、飞标、瑜伽、室内攀岩、壁球、游泳、桌上足球。

登山：采尔马特周围拥有 38 座海拔在 4000m 以上的山峰，是名副其实的攀岩爱好者的天堂。

徒步旅行：在夏季，采尔马特上下约 400km 的徒步登山路线将带领游客穿越芬芳馥郁的石松及落叶松林，经过雪山特有的、充满浪漫气息的冰川湖，欣赏湖中马特峰美丽的倒影，甚至还能在湖中嬉戏。山地索道能帮助游客轻松到达更高的地区。站在采尔马特的塔群上欣赏阿尔卑斯山脉中最美丽、最迷人的马特峰——马特峰威严雄壮犹如群山之首，神秘美丽，宛如阿尔卑斯山脉中的 "狮身人面像"，又庄严雄伟如同一座哥特式大教堂。11 月至次年 4 月，采尔马特能提供长约 45km 的冬季登山路线。

雪山饭店：舒适、温暖、亲切、美味。游客能享受超大日光浴阳台，聆听大自然美妙的音乐。不仅如此，一路上的马特峰之旅、Gourmet 之旅、Edelweiss 之旅、Hohenweg 之旅等主题之旅还能让人获益良多。

马特峰冰雪胜地：全欧洲最高的观景点（海拔 3883m），坐索道即可到达。首先，黄绿相间的电动巴士从采尔马特出发，将游客送到马特峰冰雪胜地在山脚下的火车站。然后，8 座的马特峰快速索道火车一路往上，将游客送到富里（Furi）火车站。从这里开始，索道会带游客继续往上来到 TrockenerSteg，在这里有一家餐厅。最后，索道会带领游客一路穿越巨大的冰川裂缝，到达马特峰冰雪胜地，进入这个充满异域风光，且积雪长年不化的神奇世界。这里，距离冰河表面约 15m 的全球海拔最高的冰雪皇宫、纵横交错的冰川裂缝、令人暄目的光线和雪山独有的声音令人啧啧称奇。关于皇宫建造、冰川形成、葡萄酒酿造的发现之旅，以及工艺纯熟的冰雕都是游客难忘的特殊经历。从采尔马特到马特峰冰雪胜地这段激动人心的旅程约 40min。

马特峰博物馆：向世人讲述着关于马特峰的传奇故事——从其欧洲起源、第一次迅猛发展，一直到今天的马特峰；同时也在讲述采尔马特的传奇，这个靠耕种为生的小村庄是如何发展成为世界闻名的度假胜地的。博物馆并未采用玻璃箱展示而是采用实体展示，游客不会觉得是在参观一座毫无生气的博物馆，而是觉得在游览一座由考古学家新近挖掘的沉没村庄，感觉更真实。

滑翔伞飞行：乘坐串翼滑翔伞达到另一个世界。一名严格受训且经验丰富的工作人员会从旁指导，让游客翱翔天际。

户外滑冰：天然冰场及人工冰场可供自由滑冰爱好者选择。游客不仅能在天然冰场体验到冬季滑冰带来的快感，同时，还能欣赏到马特峰独特的自然风光。

冰球：采尔马特人工冰场上的冰球竞赛是一场跨文化的交流。这里聚集了来自四面八方的游客，如来自俄国的游客能碰上来自塞内加尔的冰球爱好者。当地冰球俱乐部的运动员也会定期到人工冰场进行训练。

溜球：溜球运动在采尔马特可谓历史悠久。天然冰场上的 16 座溜球场以马特峰为幕，游客在欣赏美景的同时还可在这里一展他们的溜球技术。

网球：采尔马特拥有 4 座标准的阿斯特罗特夫（AstroTurf）尼龙草皮球场。

足球：Chrome 运动场（规格：45m×80m）可出租给足球比赛主办方。这座迷你沥青场地拥有两个小型球门。迷你沥青足球场（规格：24m×15m）是年轻人中最受欢迎的聚会场地。独立的设施及多功能运动场地能用于各种球类比赛（排球、足球、篮球等）。

沙滩排球：自从成为奥林匹克竞赛项目后，沙滩排球就受到越来越多人的追捧。采尔马特的沥青排球场使用了特殊的运动沙砾，球场规格为 22m×15m。沥青排球场同样适用于各类锦标赛。

街头曲棍球/福乐球：阿斯特罗特夫尼龙草皮球场规格为 40m×25m，带护板的阿斯特罗特夫尼龙草皮球场是俱乐部及球队理想的训练及比赛场所。

儿童游乐场：采尔马特地区新型的游乐场。

马特峰高尔夫俱乐部：马特峰高尔夫俱乐部成立于 1989 年，首批成员由采尔马特当地的高尔夫爱好者组成。马特峰高尔夫俱乐部在 1989 年就有计划要在兰达（Randa）与泰施（Tasch）之间的一个地方 Schalli 建立一座高尔夫球场。项目一开始就引起了当地许多高尔夫爱好者的兴趣。尽管马特峰高尔夫俱乐部并不是一个真正的高尔夫球场，但仍然受到人们的欢迎。这样，在 Schalli 就建立起一座 6 洞，在 0℃ 以下仍然长青，并且还附带一个驾驶区（没有配备发球机）的"球场"。1999 年，"球场"扩建至 9 洞并举办过几场锦标赛。Golf Mischabel AG 公司从未放弃过建设真正的高尔夫球场，并且在 2000 年重新启动了这个建设项目。

（4）滑雪介绍

采尔马特是闻名全球的四季滑雪胜地，由于海拔高，滑雪运动能一直持续到夏季（表 11-3）。夏季滑雪仅限于马特峰后面的特奥道尔（Theodulgletscher）冰河，严格地说，在 5~6 月的淡季，这里往往只有一两条雪道开放，主要的冰河区域直到七月都不会开放。采尔马特滑雪大区主要有四个不同滑雪地区：马特峰/黑湖、苏内加（Sunnegga）、戈尔内格拉特（Gornergrat）峰，还有位于意大利境内连接切尔维尼亚（Cervinia）和瓦托内切（Valtournenche）的线路。

马特峰/黑湖：在靠近采尔马特的南部边缘，马特峰快速索道火车载着游客快速上升，到达位于富里的中转站。从这里开始，经过右边通往特罗克纳施泰格中间站的缆车，高速游览车进入黑湖，然后上升至马特峰。一条 2006 年开始使用的全新高速游览车，把富里和位于戈尔内格拉特峰的利菲尔堡（Riffelberg）连接起来。在采尔马特旅游区，该缆车一直饱受争议：如果不通过戈尔内格拉特和城镇边缘与对面的马特峰入口之间的村庄，在山谷两侧滑雪将极为困难，但通过村庄这段路同样异常艰辛。

苏内加：搭乘缆车进入苏内加乐园，紧接着乘坐游览车去往布劳赫德（Blauherd），然后坐电缆车到达布里恩茨罗特峰（Brienzer Rothorn）。即使当采尔马特掩映在云中的时候，因为山谷和山脉的独特地形，布里恩茨罗特峰依然显得格外清晰。从布劳赫德搭乘缆车下至冈特，在那儿有大型缆车可以一直到达布里恩茨罗特峰，缆车在连接苏内加和戈尔内格拉特峰的路线上很常见。由于没有太多险峻的斜坡，很多年轻的滑雪者经常到这边来滑雪。

戈尔内格拉特峰：可以坐火车到戈尔内格拉特峰。这条铁路与戈尔内格拉特峰同名，途经里弗尔阿尔卑（Riffelalp）、罗登波登（Rotenboden）和利菲尔堡（Riffelberg）（火车仅在该镇的 Findelbach、Landtunnel 两站作短暂停留）。虽然爬上戈尔内格拉特峰（海拔 3089m）的道路艰辛而漫长，但这段旅途风景如画，令人心旷神怡。在顶峰处，有缆车连接戈尔内格拉特峰和苏内加，有更远的缆车可直达罗特峰。两列电缆车都能够横穿 Rote Nase（3247m），直达托洪峰（3405m）。这两条电缆车提供独特的免乘区域，但当山腰需要覆盖大量的积雪来作为滑雪场的时候，就不能提供免乘区域了。缆车受季节变换和积雪量的影响，仅在 2 月下旬到 3 月上旬开放。

Theodulpass 顶上的特斯塔格里加（Testa Grigia）连接着意大利的滑雪胜地：切尔维尼亚（Cervinia）和瓦托内切。从瑞士那边只可通过滑雪梯到达，而从意大利那边则可通过缆车和升降椅到达。在那里有关税局和一个小的高山博物馆。从 2003 年运营以来，Furggsattel 的 6 座升降机有 12 根（总共 18 根）桅杆直接竖立在特奥道尔冰河的流动冰上，这对于瑞士来说是首例。这是世界上仅有的几个终点和起点分别位于不同国家（瑞士和意大利）的升降机之一。

表 11-3　采尔马特滑雪胜地

项目	区域	雪道	备注
滑雪/滑雪板	马特峰，罗萨高原落差为 2939～3899m	雪道总长共 21km，其中： 3km 高难度 11km 中难度 7km 低难度	5 个拖曳式缆车 1 个座位缆车 2 个厢式缆车 有公共汽车站衔接 缆车每小时运送 8600 人
	马特峰冰雪乐园落差为 1524～3883m 马特峰冰雪胜地	雪道是长共 350km，其中： 73km 高难度 197km 中难度 80km 低难度	14 个拖曳式缆车 21 个座位缆车 21 个厢式缆车 有公共汽车站衔接 缆车每小时运送 77 989 人
	苏内加，布劳赫德罗桑落差为 1620～3103m	雪道总长共 32km，其中： 9km 高难度 11km 中难度 12km 低难度	1 个拖曳式缆车 4 个座位缆车 3 个厢式缆车 有公共汽车站衔接 缆车每小时运送 13 020 人
	采尔马特落差为 1620～3883m	雪道总长共 195km，其中： 71km 高难度 106km 中难度 18km 低难度	10 个拖曳式缆车 8 个座位缆车 13 个厢式缆车 有公共汽车站衔接 每小时运送 50 660 人
	最长的雪道	采尔马特，有 17km 中难度的雪道，垂直落差为 2265m	
	最艰难的雪道	从采尔马特到苏内加，有 1.4km 高难度的雪道，垂直落差为 950m	
越野滑雪	少女峰	雪道总长共 16km，其中： 16km 低难度	越野滑雪课程雪道
	最高的雪道	富里有 6km 中难度雪道，垂直落差为 1864m	
	徒步滑雪	徒步滑雪雪道长达 45km	
	雪橇滑道	在罗登波登-利菲尔堡，雪橇滑道长达 1.5km	

（5）交通概览

1）外部交通。

乘火车：瑞士各处都有方便的火车可前往采尔马特，自苏黎世（Zürich）出发用时约 5h，自日内瓦（Genèva）出发用时约 3.5h，自伯尔尼（Bern）出发用时约 3h。从布里格（Brig）和菲斯普（Visp）到新型窄轨马特脚 Gotthard 铁路有直达火车，火车穿过浪漫、崎岖的 Vispa 山谷，经 90min 到达采尔马特。

风景观光列车：全球著名的风景观光列车冰川列车（圣莫里茨—达沃斯—采尔马特）和罗纳河快车［日内瓦—蒙特勒（Montreux）—采尔马特］的起点/终点都在采尔马特。

高速列车：从巴黎（Paris）来的 TVG 高速列车、从巴塞罗那（Barcelona）来的 Pau Casals 高速列车、从米兰（Milan）或威尼斯（Venezia）来的 Cisalpino 高速列车、从罗马（Roma）或那不勒斯（Naples）来的 ES 高速列车、从维也纳（Vienna）来的 ICE 高速列车、从斯图加特（Stuttgart）来的 ICE 高速列车、从汉堡（Hamburg）或柏林（Berlin）来的 ICE 高速列车和夜间城市高速列车、从伦敦（London）通过巴黎的 ES 高速列车（巴黎，里昂高速列车）。

自驾车：个人汽车最远只能开到泰施（距采尔马特 5km）。从泰施到采尔马特的路不对公共交通开放，游客需乘班车到采尔马特入口，然后再换乘 20min 一班的黄绿两色电动公交车前往山谷底部的马特峰冰川天堂缆车车站。泰施有户外（900 个）和户内停车位（2900 个），一些户内停车场也有户外停车的地方，以方便从采尔马特来的出租车。由采尔马特 Gotthard Railway 运营的往返列车每 20min 一班。在菲斯普（距采尔马特 27km）有一个停车场，共有 100 个免费停车位，供人们从这儿换乘火车去采尔马特。

飞机：采尔马特离苏黎世、日内瓦、巴塞尔和米兰的国际机场只有几小时的飞行路程，并且有自己的直升机场。直升机最少 4 人起飞，票价 170 瑞士法郎/人。

2）内部交通。

采尔马特小电车：上车就是 10 瑞士法郎，全城转一圈 20 瑞士法郎，能随叫随到，最多可乘坐 4 个人。电动出租车主要是由采尔马特的四户家庭经营。

电瓶公交车：主要提供两条线路，一条线路在主要的旅馆和各个滑雪场之间往返，另一条线路还在温克尔马滕区（Winkelmatten Quarter）附近提供服务，票价为 2.5～3.2 瑞士法郎/人，发车时间为每天早上 7:15～晚上 6:10，每 30～40min 一班车。

马车：一些是由旅店免费提供，还有一些可供租用。乘坐 15min 费用为 25 瑞士法郎，乘坐 25min 费用为 40 瑞士法郎，夜间价格上浮 15%~20%，一件行李加价 5%，小费为总价的 5%~10%。

索道系统：1898 年夏天，缆车在戈尔内格拉特（Gornergrat）开始运转。

1928 年　从 Gornergratbahn 到里弗尔阿尔卑增加了一个每天两次的冬季运输服务。

1939 年　从布勒伊切尔维尼亚（Breuil-Cervinia）到 Testa Grigia 的 Theodul 区域发展。

1942 年　采尔马特–苏内加滑雪升降机（夏天：踏板式起落机，1967 年被索道代替）。

1946 年　Weisti Trainer 滑雪升降机（1969 年移到了利菲尔堡）。采尔马特–苏内加的一侧正对着滑雪升降机（1980 年被索道代替）。

1947 年　苏内加-Blauherd 滑雪升降梯（1967 年被缆车代替）。

1955 年　Maison-Furgghorn 空中索道计划（1992 年终止）。

1956 年　Gornergrat-Hohtalli 悬挂式滑雪升降机（2007 年夏天停用）；利菲尔堡滑雪升降机（2003 年被升降椅取代）；富里滑雪升降机（1960 年停用）；Findeln-苏内加升降椅（2007 年夏天被富里滑雪升降机取代）。

1957 年　采尔马特–富里悬挂式升降机。

1958 年　Hohtalli-Stockhorn 悬挂式滑雪升降机（2007 年夏天停用）。

1960 年　Garten 滑雪升降机（2003 年停用）。

1962 年　Furgg-Schwarzsee 悬挂式滑雪升降机（1991 年被可以转向的组梯代替）。

1963 年　Hornli 滑雪升降梯。

1964 年　富里-Furgg 悬挂式滑雪升降机（2002 年被马特脚高速滑雪升降机代替）；Theodul 升降机（2003 年被 Gandegg 的可延长型滑雪升降机代替）；Triftji-RoteNase 滑雪升降机。

1965 年　Furgg-Trockener Steg 悬挂式滑雪升降机；National 滑雪升降机（1989 年被 Patrullarve 升降椅所取代）。

1967 年　苏内加-Blauherd 缆车梯（2005 年被 combi 系统取代）；Blauherd-Rothorn 悬挂式滑雪升降机（1996 年被取代）；Furgsattel 滑雪升降机（2003 年被升降椅取代）；Eisfluh 滑雪升降机（2001 年被升降椅取代）；通行梯（2003 年被 Gandegg 的扩展型梯取代）。

1968 年　Kumme 平台滑雪升降梯（1982 年被升降椅取代）；Gandegg 滑雪升降机（2003 年进行了扩展和更新）。

1971 年　Gant-Blauherd 缆车；Gant-Platte 滑雪升降机（2002 年停用）；利菲尔堡-Gifthittli 滑雪升降机（2003 年被升降椅取代）；Testa Grigia 1 型梯。

1979 年　Trockener Steg-Klein 马特悬挂式滑雪升降机。

1980 年　采尔马特-苏内加索道；Testa Grigia 2 型滑雪升降机〔2005 年移到了罗莎（Rosa）高原 3〕；Border 滑雪升降机（Gobbadi Rollin）；罗莎高原 1 型滑雪升降机。

1982 年　富里-Trockener Steg 悬挂式滑雪升降机；采尔马特-富里缆车；Kumme-Rothorn 升降椅。

1984 年　采尔马特滑雪索道。

1986 年　Hohtalli-Rote Nase 悬挂式滑雪升降机。

1989 年　Patrullarve-Blauherd 升降椅。

1991 年　Furgg-Sandiger Boden-Theodul Glacier 升降椅；罗莎高原 2 型滑雪升降机；可以转向的 Furgg-Schwaz 组梯。

1995 年　采尔马特-切尔维尼亚滑雪索道。

1996 年　Blauherd-Rothorn 悬挂式滑雪升降机。

1998 年　Gant-Hohtalli 悬挂式滑雪升降机。

1999 年　引进电子检票系统。

2001 年　Eisfluh-Sunnegga 升降椅。

2002 年　采尔马特 Bergbahnen 的合并把苏内加电梯公司从巨额亏损中解救出来；马特高速缆车升降机（采尔马特-富里-Schwarzsee）。

2003 年　Furgsattel Gletcherbahn 升降椅；Gifthittli 升降椅。

2005 年　Sunnegga-Blauherd 的缆车和升降椅的 Combi 系统；Riedweg 载人索道滑雪升降机。

2006 年　Furi-Schweigmatten-利菲尔堡悬挂式滑雪升降机。

2007 年　经历了一次较为重要的变革，包括一架四座新型滑雪升降机，从苏内加向下到达 Findeln，又上升到 Grünsee，这个位置正好在 Breitboden 的上面，并且在 Klein 马特脚开始运行；建造一条去冰雪皇宫①的地下通道。

目前，采尔马特垂直升降设施有 1 条地下索道，采尔马特到苏内加天堂、7 处缆车、6 处缆车升降机、9 处升降椅、10 处拖梯、1 处齿轨铁路（采尔马特到 Gornergrat）。电气巴

---

① 冰雪皇宫是一个餐厅，是攀爬者避风遮雨的地方，攀爬者在那里可为乘坐新型缆车做准备。

士来回于 3 座度假城之间。巴士服务包含在滑雪场入场券中。

（6）2002 年以来采尔马特山地运输公司（Bergbahnen AG）运营建设状况

1）新设备的投资及使用。

2002 年起，Bergbahnen AG 公司相继投入 105 000 000 瑞士法郎用于购买运输设备，39 000 000 瑞士法郎用于维修滑雪道、购买人工降雪设备，及 34 000 000 瑞士法郎用于物业治理和购进交通工具。采尔马特是全球最先研发并使用新型人工降雪系统的冬季滑雪休闲度假中心。该人工降雪系统低耗高能，处于行内领先水平，无论室外温度如何都能完成降雪任务。

4 座扶手椅升降机（Findelbahn Sunnegga 滑雪胜地-Findeln 村-Breitboden 食宿站）：老式的 2 座扶手椅升降机于 2007/2008 年冬季全部替换为舒适的 4 座扶手椅升降机，至此，苏内加滑雪胜地与 Breitboden 食宿站不再因为 Findeln 村而遥遥相望。该系统拥有 20 座支撑塔，可容纳 2000 人同时进餐。同时，苏内加滑雪胜地还将增设一座地下观景站，该项目总投资为 16 000 000 瑞士法郎。

施托克峰（Stockhorn）滑雪升降机：采尔马特滑雪场于 2007 年夏季在施托克峰新建了一架升降机，尽管关闭了 Hohtalli-施托克峰索道这条线路，但是新开设的施托克峰自由滑雪场地仍为采尔马特滑雪场带来了不小的收益。切尔维尼亚及 Valtournenche 增设了 5 架新型扶手椅升降机。Breuil-Cervinia 工程使用了 4 座扶手椅升降机替代村子里原有的 2 座扶手椅升降机，同时，通往 Plan Torrette 的 2 座扶手椅升降机也被替代，改为使用 6 座扶手椅升降机。目前，正在施工的 Valtournenche 项目甚至还使用 2 座三架扶手椅升降机替代原有的两架扶手椅升降机。

Hohtalli-Kellensee 雪道：2007 年夏季新建了一条连接 Hohtalli 及 Kellensee 的中难度（红色）雪道用以替代原有的 Gornergrat-Hohtalli 索道。该线路大大降低了游客从 Rothorn 滑雪胜地到 Gornergrat 及马特峰冰雪胜地的时间，游客可更自由地穿梭在各景点间。由采尔马特滑雪场管理的所有土建工程都使用了生态监控，以减小对环境的破坏。2005 年夏季经营比较惨淡，散客及团体游客量下降了 640 000 人次，降至 9 730 000 人次；旅游人数下降 59 000 人次，只有 2 204 000 人次。但是，2005 年的销售利润较 2003 年仍明显增长，销售利润上涨 2 380 000 瑞士法郎，达 46 220 000 瑞士法郎，这充分证明采尔马特滑雪胜地引以为傲的雪地风光及顶级雪道绝非浪得虚名。2005 年 12 月初，尽管采尔马特滑雪胜地没什么天然降雪，但依靠人工降雪高射炮，还是在采尔马特滑雪胜地开辟出一条长达 100km 的顶级雪道，包括下山速滑道（真正下雪是在 2006 年 2 月底）。

新式索道：苏内加滑雪胜地混合式索道（6 座及 8 座游览包厢）——Blauherd 于 2007 年冬季投入使用，接待游客 602 400 人次，其接待量几乎是老式 4 座索道的 2 倍。富里至利菲尔堡的新式 8 座索道于 2006 年圣诞节正式对游客开放，索道建成后把 Gornergrat 滑雪区域与马特峰滑雪胜地连接起来。不论是舒适度、坡道质量，还是游客接待量，马特峰滑雪胜地都稳居瑞士滑雪旅游行业首位。

2）马特峰滑雪胜地的扩建。

马特峰滑雪胜地一日游：只有在马特峰滑雪胜地，才有可能在不重复使用相同设施的情况下完成海拔 12 500m 的一日游行程。

2007 年，采尔马特山地运输公司对马特峰滑雪胜地进行扩建，此次扩建的目的是为了吸引新顾客并提高现有设施使用率，特别是假日宾馆在春夏两季大量空置的客房。不只为保持马特峰滑雪胜地在游客心中的 USP（unique selling proposition，特有销售点），更为重要的一点是，要让夏季游客在惊讶中感受到难得的酷爽体验、欣赏到叹为观止的高山冰雪胜地奇幻风光、感受到安全与舒适的环境、享受到更多的服务及升级改良的设施，将马特峰滑雪胜地变为全世界的焦点，行业中的典范。自 2002 年，采尔马特山地运输公司已投入 125 000 000 瑞士法郎用于更换索道、升级人工降雪系统。董事会特地聘请了 5 家瑞士知名建筑公司对此次扩建战略进行可行性分析。扩建战略规范：热能、通风、水、污水排放控制站应为马特峰滑雪胜地提供充足水资源、污水处理及新型高压线路；盥洗设施日益完善；修建纪念品商店及餐厅；观景平台在天气恶劣的情况下也能照常使用；加大通往观景平台的升降机的空间容量；修建通往冰雪皇宫的地下通道；住宿设施应修建为 SAC 小木屋风格，每座小木屋提供 40 张床位；加大始于 Trockener Steg 的三人座索道及始于 Testa Grigia/ Theodulpass 地区的单人索道的空间容量；在采尔马特滑雪胜地出口附近增设驴友旅馆及商店；对采尔马特滑雪胜地中全欧洲最高的火车站（海拔超过 3883m）进行重新设计（对目前火车只能容纳 100 人的载客量进行提高，保证在旅游高峰期使用轮椅的残障人士也能坐上火车）。

3）马特峰滑雪胜地火车站的建设。

建设条件及建成时间：尽管工程难度巨大，天气条件恶劣，马特峰滑雪胜地火车站还是战胜了重重困难，于 1976 年 8 月 2 日破土动工，于 1979 年 12 月 23 日正式运行。采尔马特山地运输公司曾于 2005 年 12 月 23 日为此工程举办了盛大的周年庆活动。

该工程所有的工作人员经历了各种艰巨的挑战才建成了这条新线路。该山地火车站项目约需 2000m³ 水泥，这些材料只能靠直升机运送，工程地点又处于海拔 3820m 的高山上，气候条件极端恶劣，气温低至 -10℃，还伴有降雪及猛烈山风，工程必须在陡峭的岩石面上操作，因此，工程队的作业能力大大降低。

对旅游业的重要性：令人欣慰的是，自 2004 年，这项工程的努力与投资逐渐得到回报。1979 ~ 2004 年，约 14 000 000 名游客被送到了海拔高达 3883m 的地方；年均游客量约 560 000 人次。火车站全年运行，夏季旅游交通振兴了这座举世无双的山地火车站。游客可在一年中的任何时候来到阿尔卑斯山最大的夏季滑雪地区进行滑雪和极限滑雪板运动。

收益报告：公司在 2000 年结束之前就已做了过渡期收支平衡报告，营业利润 48 000 000 瑞士法郎，现金流量 18 000 000 瑞士法郎，营业目标顺利完成。

采尔马特山地运输公司经营着 31 架升降机，每小时运载量为 50 660 人次。在冬季，雪道长度大约是 200km，再加上切尔维尼亚的冬季运动度假中心，采尔马特滑雪胜地总共拥有长达 400km 的雪道以及 59 架升降机。采尔马特山地运输公司员工在冬季大约为 260 人，在夏季为 180 人左右。因此，采尔马特山地运输公司是当地最大的雇主。

（7）对采尔马特滑雪胜地的概要分析

正面特质：采尔马特在国际滑雪旅游上享有超然地位，是空气最纯净的滑雪天堂；与切尔维尼亚相连的高海拔滑雪场保证能让游客体验到前所未有的滑雪快感。此外马特峰壮丽的景色，世界闻名的 Gornegrat 观景台，度假小镇的无车化管理，各式各样的商店、酒吧、饭店各式各样的夜生活场所等，吸引了大批游客来此旅游。采尔马特滑雪胜地的雪道的级别较高，其中，专业雪道占雪道总数的 12%，高级雪道的比例更是高达 30%（表 11-4）。为了维持洁净的空气，采尔马特不准燃煤（油）的车辆进入，形体轻巧的电动车、马车与脚踏车是这里的主要载运工具。

　　负面特质：度假中心旅游景点过多，适合初学者的雪道较少；滑雪区（Gornergrat、苏内加及小马特峰）应更好地联系在一起；滑雪升降机门票、一些旅馆、酒吧及餐厅价格昂贵；滑雪升降机离采尔马特小镇太远，需乘巴士或长途步行才能到达。

表 11-4　2005 年不同级别雪道比例　　　　　　　　　　（单位:%）

滑雪道级别	比例
初级雪道	9
一般雪道	49
高级雪道	30
专业雪道	12

（8）案例分析的参考价值

　　采尔马特的部分项目，张家口还无法开发。但是，我们仍然能从采尔马特的案例研究中借鉴许多经验。

　　地下停车场及运输设施——不断更新及扩充，追求舒适、安全、便利。

　　精良的滑雪设施、顺畅的索道交通、其他运动设施——将潜力全部激发出来。

　　多样的博物馆——讲述该地区发展的传奇故事。

　　四季高质量旅游服务——开发阿尔卑斯村庄，建立村庄中心，让游客能放松享受丰富多彩的夜生活。

　　文化庆典——对丰富及加强旅游发展经验十分重要。

　　重视环保——实施自然保护区战略。

　　环保举措尤其值得推崇。

　　1）无污染运输：为了防止产生可能破坏采尔马特美丽自然风貌的空气污染，整个城镇不允许燃煤（油）车辆通行，形体轻巧的电动车、马车与脚踏车是这里主要的载运工具。警察局可以发放一种允许居民驾驶汽车并停在城镇北部边界的通行证。只有一些紧急救护的交通工具（消防车、救护车）才被允许使用内燃机。多数旅游者都从 Tsch 镇附近通过 Rack 铁路/齿轨铁路或出租车到达采尔马特。火车起点位于菲斯普和 Rig 最南端的采尔马特，菲斯普和 Rig 处于瑞士铁路线的主干线上。旅店提供小型电动车或出租汽车在小镇边界地带中转，从主要火车站接送旅客去旅馆；小镇还配有直升机场和直升机，飞行员被称为"空中 Zarmatt"，为游客提供高山援救服务。

　　2）可持续发展策略：采尔马特山地运输公司于 2002 年指定了一个由环境规划公司组成的工作组对采尔马特附近可持续发展的滑雪区域进行总体规划，重点是那些工程项目与自然环境有矛盾的区域。随后，工作组的职责范围扩大到完成环境监测任务，如对所有环境相关问题提出建议、制作工程项目申请的环境报告等。在申请工程项目、更换运输设施、选择路线时，公司对工程利益与地区生态价值进行详细对比。在对以前的环境损害进行生态修复时，采尔马特山地运输公司开发出了一套全新的环境标准（目前全瑞士都在使用该标准），不仅如此，公司还致力于与各类环境组织建立长期透明的合作关系。

3）环境损害清单：几十年来，采尔马特山地运输公司经历了旅游设施的飞速发展，同时，也累积了环境问题。所以，2002 年，公司罗列出了一张早期损害及工程项目遗留下来的地形损伤清单，并安排了恢复计划。每年，恢复计划的实施都得以提高，不再使用的土地逐渐退还为自然森林。

4）森林及野外竞赛保护计划：2003 年，采尔马特山地运输公司联合猎场看守人、森林警察、生物学家共同制订森林及野外竞赛保护计划，以提高森林覆盖率及野外竞赛的自然条件。保留区用栅栏分离出来进行保护并附上相应注意标识，而特别建立的竞赛观看点会建造在离赛道较远的地方，这样游客既能有机会欣赏到不同的野生动物又不会惊扰它们。该计划还开展了一次大范围的野生动物知识普及活动，当地居民及冬季游客都对野生动物保护有了进一步的认识——那些离开赛道、无边界的滑雪活动对本身就已处于弱势的动物来说尤其致命。

5）自然环境恢复：环境的损害，一方面是由于自然因素的影响，另一方面是由人类活动对土地的开发使用所造成的损害。如果被损害的植被不能得到稳定恢复，土地裂缝就会加宽，环境腐蚀就会增加。目前，采尔马特山地运输公司在努力避免对滑雪场地区的进一步损害，同时，也在对已损害的地区进行恢复，尽量使这些地区接近自然原生态。2005年夏季，采尔马特山地运输公司在 Gant 地区发起了另一场大范围的自然恢复活动。该活动包括将大量尚在使用的线路退还为自然林区。环境损害清单的恢复计划同样包括了清理过去 3 年里采尔马特滑雪胜地对天然地形造成的影响——搬走需要更换的设施并不再使用。

6）重新植树造林：在高地上重新植树造林，其难度可想而知。但是，部分地区必须进行土地侵蚀保护以降低土地的损害程度。通过播种（特别是在损害程度严重的地区）及种植幼树能有效解决植被区地缝扩大问题，同时，也能让土壤侵蚀严重的地区再度春意盎然。植被区种植的树种大部分来自于瓦莱山区，少部分是科学家从野外收集然后人工培育的。科学家对现存的植被进行精确的记录后，才培育出了适用于高山地区的混合性树种。在专业的管理下，通过在 Aroleit 试点的一系列测试，科学家终于发现了适用于陡峭光滑高地的理想种植形式。

7）工程项目的环境监测：一名受过专业科学训练的科学家会对所有工程项目、退地恢复自然环境及高地重新植树造林工作进行环境监测。其目的不仅是为了使所有在建工程符合环境要求，同时，还将为保留地面积和长期可持续发展可行性考虑提供有效的数据。项目监测器会提醒工程人员，让他们随时了解生态状况，监测器同样还负责为游客提供相应信息。如果工程项目是由其他公司执行，监测器会在一开始向他们提供关于工程作业需符合的环境条件信息，特别是注意对土壤的保护。如果这些条件未被满足，开发公司将会受到严厉的惩罚。

8）环境教育：采尔马特山地运输公司越来越重视生态内部联系的学术交流，并且在各地建立了互动观测站，希望能增加采尔马特滑雪胜地的吸引力，特别是在夏天的吸引力。

9）保护采尔马特植物群：早在 18 世纪末就有一群浑身挂满样本器皿的植物学家来到了采尔马特。很快，关于这里植物群美丽及植物类型丰富罕见的消息便不胫而走。采尔马特植物中有 40 多种植物是瑞士其他地区很难见到的，还有 7 种植物被誉为世界级珍品。采尔马特山地运输公司十分关注对这些植物的保护，其旗下所有项目工程在建设时都考虑到了对植物的保护。在一个特别发展计划中，该公司还专门标出了几种珍贵物种，保护其不受任何损害。

2. 达沃斯——借世界经济论坛锦上添花

瑞士达沃斯小镇位于瑞士东南部格劳宾登州，坐落在一条 17km 长的山谷里，靠近奥地利边境，人口约 1.3 万。达沃斯是阿尔卑斯山区最大的高山运动胜地和会议中心，是阿尔卑斯山区最高的城镇，平均海拔在 1560～2844m，周围环绕 6 座山峰。

达沃斯滑雪大区分为七大部分：帕森（Parsenn）、达沃斯、克罗斯特（Klosters）、雅各布山（Jakobshorn）、Madrisa、Pischa、Rinerhorn。其中，帕森是最大也是最受欢迎的滑雪场，毗邻的 Klosters 是英国皇室的最爱。达沃斯滑雪大区 2018 年拥有 340km 长的滑雪雪道和 100km 长的山地滑雪雪道，其中，初级雪道长 73.9km，中级雪道长 133.18km，高级雪道长 62.3km。达沃斯滑雪大区拥有全球最先进的交通系统，如椅式提升机、缆车等交通工具 55 部，每小时运送能力为 62 000 人。达沃斯滑雪大区不仅具备优越的环境，还具有一流的设备，在滑雪运动中享有很高的声誉。

达沃斯小镇只有两条主要的道路，区域内的交通工具和瑞士主要的大城市一样，以巴士为主。这两条主要的道路为旅馆和商店聚集的普罗姆纳街（Promenade）及达尔街（Talstrasse），这两条街都是单行道，只有巴士可以双向行驶。如果想看到达沃斯小镇全景，可沿着普罗姆纳街向东走，到达布尔街（Buolstrasse）之后，再往上行即可。游客一般可在住宿的饭店购买 Guest Card，该卡可用于乘坐当地的巴士及火车等交通工具。

达沃斯小镇因其丰富的旅游资源，且是世界经济论坛年会会场而举世闻名。最早达沃斯因洁净的空气而出名。19 世纪，肺结核还是不治之症，而达沃斯因为海拔高、四面环山、空气干爽清新成为各种肺病患者最佳的疗养地。当时，城里的医院鳞次栉比，虽然现在很多医院已经改建成了酒店，但达沃斯在医学界的地位不减当年，每年仍有不少国际医学大会在这儿举行。把达沃斯从疗养地变成旅游胜地的是一个旅店老板。当时，达沃斯的观光客很少，而且都只在夏天为了避暑才来。这个旅店老板向顾客许诺，如果他们肯冬天来度假，第二年夏天的房费全免。客人无法抵挡买一赠一的诱惑，纷纷赶来，结果发现这里的冬天更好玩——小镇从此名声大噪。1877 年，欧洲最大的天然冰场在达沃斯落成，世界级的选手都在这里训练。此外，达沃斯还有一座冰雪体育馆，每年这里的国际赛事不断，让体育爱好者大饱眼福。

19 世纪后半叶，随着休闲和体育运动的发展，达沃斯小镇开始建设相关设施，如世界第一条雪橇道、第一条滑雪索道、第一个高尔夫球场等。在此后的几十年，达沃斯小镇不断根据自身需要改变自己的面貌，一直是阿尔卑斯地区旅游的先驱，冬天旅游旺季的发展完善了四季旅游产品，达沃斯因此成为一个旅游胜地。

第 12 章　美国和加拿大滑雪旅游区比较及借鉴

12.1　基本情况概述

美国的滑雪场主要集中在美国和加拿大的交界地带及阿拉斯加山区（Alaska Range）、落基山区，加拿大的滑雪场则主要集中在落基山区。

北美地区滑雪旅游产业在经过 20 世纪 60～80 年代的高速发展后，步入成熟期。美国国家滑雪联合会（National Ski Areas Association，NSAA）公布的《2009/2010 年度季末调查报告》显示，美国滑雪旅游产业 2009/2010 年雪季共接待 5970 万人次滑雪者，创历史第二高纪录；滑雪者数量同比增长 4.2%，比历史最高纪录（2007/2008 年雪季的 6050 万人次）低 1.98%。滑雪运动在女性客户群中日趋流行，且由之前的年轻一族逐步向低、高龄化发展，青年、少年、老年三个年龄层的客户群占全美人口的 25.1%。除美国东北部以外，美国其他所有滑雪区接待的滑雪者数量都有突破性的上升。美国太平洋西南岸滑雪者数量增加 15%，中西部和东南部滑雪者数量也分别增加了 7.2% 和 6.7%。落基山区依然是美国最受欢迎的滑雪场所，2009/2010 年雪季接待的滑雪者突破 2000 万人次大关，并比上年同期上升了 3.4%。美国太平洋西北岸滑雪者数量同样也上涨了 3.2%，而东北部滑雪者数量下跌了 2.7%。尽管 2009/2010 年雪季美国全国范围内的降雪量总体减少了 14%，但滑雪者数量明显增多。

12.2　主要特点

12.2.1　以明星滑雪场为主导，并购整合周围其他滑雪场

要取得市场成功，一般应遵循景点—景区—旅游区的发展路径，先做节点，再做线路，最后做整体。

在北美地区，滑雪旅游区以明星滑雪场为主导，并购整合周围其他滑雪场，重组打包上市。例如，美国韦尔（Vail）滑雪胜地就整合了周边相近的六家滑雪场，在美国纽约证券交易所（New York Stock Exchange，NYSE）上市；加拿大的惠斯勒（Whistler）滑雪场同时在加拿大和美国挂牌上市，并对滑雪场度假区投资结构进行社会分工，对投资项目进行市场分解。

12.2.2　以大型滑雪度假区形式存在，滑雪场各行业独立

北美地区滑雪基地以大型滑雪度假区形式存在，同时围绕滑雪度假区大力发展房地

140

产，增加经济效益。北美滑雪场各行业分开，如美国的韦尔滑雪胜地和加拿大的惠斯勒滑雪场，其收入来源包括滑雪缆车票、场地（占总收入 1/3）、住宿、餐饮、礼品（占总收入 1/3），以及滑雪房地产收入（占总收入 1/3）。喜欢滑雪的几个朋友经常合伙买一套公寓，大家分时使用。华尔街的大老板、好莱坞的大导演和明星，一般都会在北美地区某个滑雪场拥有价值昂贵的别墅。

12.2.3　美国滑雪旅游胜地设计的高标准、信息化和多样化

美国滑雪旅游胜地的设计都较成功，具有大型滑雪旅游胜地所有的豪华设施。滑雪场有为滑雪高手准备的各种极具挑战性的雪道，也有为中级滑雪者准备的雪道，还有不少初级雪道和家庭滑雪区，滑雪者在这里还可享受世界各国的美味。重视信息技术在滑雪场的应用，美国滑雪场的信息化水平处于世界领先位置，2000 多个滑雪场拥有自己的网站，著名的站点如 GOSKI、SKIMAP、SKITO 等。美国滑雪旅游正朝着多样化、高水平的趋势发展。

12.2.4　与民俗文化相容，相互促进发展

韦尔滑雪场每年都会举办盛大的街头音乐会，有很多知名音乐家上台献艺，表演内容丰富，这一方面增加了滑雪场的吸引力，把游客留在滑雪场，另一方面也带动了滑雪场的发展。

12.2.5　滑雪装备产业发达

美国的冬季体育用品名牌如 K2、SPYDER、BURTON 等滑雪装备、滑雪器材的年销售额高达 3.5 亿美元。

12.2.6　积极发展各种以滑雪为主题的民间组织

目前，美国国家滑雪联合会是美国最大的民间滑雪组织，在国际滑雪界有非常高的知名度和权威性，曾多次组织大型滑雪赛事。

12.3　重点借鉴

12.3.1　加拿大惠斯勒滑雪胜地

加拿大惠斯勒（Whistler）滑雪胜地位于温哥华（Vancouver）以北约 120km，是北美洲最大面积的滑雪胜地，是 2010 年冬季奥运会滑雪场之一。据统计，加拿大 60% 的人都曾在此滑雪。

惠斯勒滑雪胜地的可滑雪面积为 81.71km²，从雪峰到山麓，冰川、雪沟、悬崖、盆谷、碗壁、深槽、陡坡、森林野道，各种供自由滑雪爱好者探险猎奇、寻求刺激的场地应有尽有。其中，高山雪崩控制区面积约为 30km²，堪称北美山区管理有方的典范。在降雪量大的天气，滑雪场每天要耗费 200kg 火箭弹和炸药包来消除雪崩隐患，有 25～30 名雪地巡逻队员控制雪峰隘口要道，并向两座主峰各派出两条训练有素的雪崩搜救犬值班待

命。每年雪季，该地区大约有 5000 人次的伤情报告，出动的救援雪橇总行驶里程达 4000km，其中，至少有 20 人次需要搜寻救生，20 人次需要吊绳营救。惠斯勒滑雪场于 1966 年启用，占地 3657acre①，海拔 1530m，雪道超过 100 个（其中，25% 为专业雪道、55% 为中级雪道，20% 为初级雪道），是加拿大雪道最多的滑雪场。在惠斯勒，游客将享受到的全方位的休闲乐趣，从直升机滑雪到室内攀岩，从烹饪课程到香氛 SPA。除了个人休闲，惠斯勒还是国际顶级冰雪赛事青睐的比赛场地，这里举办过 2010 年冬季奥运会的高山滑雪、北欧两项和雪车赛事。游客甚至可以在奥林匹克射击场上学习真正的现代冬季两项步枪射击，体验现代冬季两项运动的魅力。优越的自然条件、完善的商业配套，使惠斯勒滑雪场每年都会吸引大约 220 万游客。目前，惠斯勒滑雪度假村约有 115 家各类型度假饭店、90 家餐厅，以及约 200 家其他商店。1992 年以来，惠斯勒滑雪度假村几乎每年都能赢得国际肯定的最佳滑雪度假村大奖。根据全球最大的旅游网络社区猫途鹰（TripAdvisor）2009 年度 "旅行者之选" 旅游目的地评优，惠斯勒再度荣膺 "加拿大 25 个最佳旅游目的地" 以及 "世界 100 个最佳旅游目的地" 奖项。夏季庆典让惠斯勒滑雪度假村乐音激荡、充满热情，游客还可到邻近湖泊钓鱼、爬山健行、骑自行车，因此，惠斯勒滑雪度假村夏季的乐趣并不亚于冬季。

黑梳山滑雪场于 1980 年开放启用，占地 3344acre，海拔 1609m，排名为北美地区第一。在山顶上有 Horstman 及 Blackcomb 两条冰河，熟练滑雪者可以体验在冰河上滑降的快感。在 Horstman 冰河，游客夏天也可以享受滑雪的乐趣。黑梳山雪道较惠斯勒雪道宽广，但多斜坡地，较不适合初学者。1994 年，黑梳山安装了可让 8 人乘坐的快带缆车，以方便游客快速至山上两个不同的滑雪场。黑梳山山顶终年积雪，想要享受滑雪乐趣，不一定要等到冬季，夏季到山上冰河滑雪也是一大享受，黑梳山是个四季皆宜的滑雪胜地。

为了迎接 2010 年冬季奥运会，加拿大专门在惠斯勒山和黑梳山之间建设了一条世界最长的跨峰缆车，该缆车是加拿大的旅游标志之一。从惠斯勒滑雪度假村可搭缆车上山，抵达惠斯勒山和黑梳山。

可持续概念变化的同时，环境管理体系（environmental management system，EMS）框架已在大型企业、国际标准化组织（International Organization for Standardization，ISO）和其他组织的环境管理层衍生。国际标准化组织于 1996 年 10 月发布了 ISO14001 环境管理体系，它建立在与全面质量管理和质量标准 ISO9000 相关联的策划、实施、检查、处置概念的基础上。ISO14001 环境管理系统的关键要素是环境政策、规划、实施与操作、检查与纠正、管理评审、持续改善。惠斯勒滑雪场于 1999 年实施了环境管理体系，为环保工作制定了 "有目标、有远见、有评估、负责任" 的口号。环境管理体系可持续发展计划（Whistler 2020）概述如下。

1989 年实施官方社区计划以来，惠斯勒旅游度假区管理局（PMOW）已认识到持续快速增长将最终摧毁惠斯勒的社会结构和该地区的自然生态，因而，惠斯勒旅游度假区管理局制作完善了惠斯勒 2020 规划（Whistler 2020），清晰地表述了度假区的愿景，并且以正式书面形式为全社区范围的参与制定决策提供多条重要途径。截至 2006 年 12 月，惠斯

---

① 1acre = 0.404 686hm²。

勒 2020 规划共有 26 名合作伙伴，每年都有更多人通过签署合作协议加入到履责队伍中来。此外，通过采取建议性的行动，一些企业、非营利性组织以及其他社会团体也正在助力惠斯勒旅游度假区的愿景得以实现。行动谋划特别工作组由超过 150 名社区成员组成，他们每年评估惠斯勒 2020 规划每一项战略的实施所取得的进步，并为其制订行动计划（详情可访问网站：http：//www. whistler2020. ca/）。

（1）　计划背景——惠斯勒旅游度假区的战略规划面临一系列挑战

1）不断升级的生活、房地产业和商业成本，使惠斯勒负担不起许多当地居民的生活；

2）在竞争中压力中成长并扩大惠斯勒的规模；

3）改变旅游模式，使游客数量波动；

4）改变居民和游客对产品和服务的要求，统计人口数据，评价市场的发展趋势；

5）从温室气体排放到气候变化，气温的变化可能会影响冬季运动和雪上运动的正常进行；

6）依靠有限的并且日益昂贵的自然资源，如游客旅游和景区经营所需的能源；

7）目前已知和未知的健康问题大多与空气、土壤和水环境污染有关。

（2）　计划目标——五个优先任务

1）丰富社区生活。到 2020 年，大部分的本地员工与社区长住成员在惠斯勒安家。有着稳固社会结构的社区是具有吸引力并适合居住的。为确保当地人能够享受在惠斯勒生活的乐趣，惠斯勒旅游度假区分期规划和建造长住员工住房。这种相对紧密的开发避免了城市向自然区域的过度扩展，减少了员工上下班造成的高速公路堵塞，帮助降低了惠斯勒的温室气体排放。新的开发地点保存了维护生态系统与山地特色的重要开放空间与自然缓冲地带。巩固、提升和翻新使得惠斯勒的社区保持了吸引力与活力。

2）加强度假体验。从游客和度假区就其旅行而沟通的那一刻开始，一直到游客返回家，惠斯勒提供的优质的服务给游客留下了深刻印象。惠斯勒度假区不断开发、更新旅游产品，以满足游客的需求。

3）保护环境。采取一个可持续发展的生态系统管理方法和预防原则来尽量减少惠斯勒自然区的物理退化，并在可能的情况下恢复并最终维护惠斯勒自然区的生态完整性和生物多样性。惠斯勒的生态系统制图为保护和进一步研究惠斯勒自然区确定了关键领域。

4）确保经济可行性。2010 年冬季奥运会和 2010 年冬季残奥会使得惠斯勒旅游业抓住了新的市场机会，同时，惠斯勒的商务室也与本地企业展开合作，所有这些都极大地推进了惠斯勒朝其经济发展目标迈进。惠斯勒 2020 规划系列战略旨在补充完善惠斯勒旅游度假区经济结构并为其方案制定、设施升级指明了方向。借两奥会契机，包括交通运输网改善、新设施建成在内的一系列改进大大地提高了惠斯勒的吸引力。在当地创办运营的企业对惠斯勒的创新改革、旅游特色及成功是不可或缺的。这些企业得到了政府部门在资金与资源上的支持，其运营成本得以降低，游客接待能力也得到改善和提升。当传统经济发展提倡经济多元化时，惠斯勒却专注于旅游经济的原因在于，惠斯勒与一般传统社区不同，它是专门为旅游度假区而设计的，有很多专业旅游娱乐休闲设施，侧重强调这些设施与其周边自然环境货币价值的多元化经济对旅游经济基地会产生不可逆转的危害。专注于旅游经济使惠斯勒在保护环境与公众卫生、保证居民与游客享有活力方面产生强大的动力。在解决与旅游经济相关的挑战方面，惠斯勒积极支持可与旅游业和社区价值观兼容并存的经济多元化。惠斯勒 2020 规划关注到一些诸如气候变暖的趋势，战略规划时采取行动对其加以利用，以便帮助社区公众适应这种变化。同时，着重强调以区域性的眼光来观察经济与社会的发展，识别惠斯勒与周边社区的具体联系和各种互补活动。惠斯勒将不以市区范围为界限，继续努力建立旨在促进经济健康发展与地区经济多样化发展的合作伙伴关系。

5）为成功而合作。惠斯勒的合作伙伴（包括惠斯勒旅游业、惠斯勒旅游度假区管理局、商业协会、惠斯勒-黑梳山、惠斯勒房屋建筑管理局、惠斯勒社区服务学会、48 号学区以及其他学术合作伙伴和一起合作共事的健康组织、环保组织以及文化、艺术、遗产组织）与斯阔米什（Squamish）、彭伯顿（Pemberton）、斯阔米什-利卢埃特（Squamish-Lillooet）、省级与联邦政府一同共事合作，朝着共同的目标和双赢互利而努力，将惠斯勒最终建设成一个更加强大的本地旅游度假区逐步实现可持续发展。社区成员和有兴趣的个人以正式或非正式的关系网展开合作。志愿者积极从事的非营利性组织团体对于惠斯勒的成功是极为重要的。金融上的支持来自于惠斯勒的社区致富工程，该工程主动为惠斯勒提供资金，这对惠斯勒的成功与可持续发展贡献很大。惠斯勒度假区管理局对合作伙伴参与制定决策时的指导原则有帮助，并能清楚明了地进行对各方期望的合作协议沟通与交流。与股东的目标和利益立场一致的透明规范的沟通交流，促进了惠斯勒对于市场信息的了解以做出正确决策，并且建立起信任的、协同的、适应性强的关系。惠斯勒对社区基层群体的帮助支持在社区内外培养了一种互利合作的精神。惠斯勒继续对地区的成功做出贡献：在各个社区实行地区发展策略、土地与资源管理规划等战略措施；共担责任、共享与社区和地区可持续发展有关的知识，展开有效的合作。为了共享知识与惠斯勒的资源，惠斯勒旅游度假区与发展中国家新兴的旅游度假区的合作伙伴关系也同样建立起来了。各级政府、各地区伙伴之间的合作是 2010 年冬季奥运会与 2010 年冬季残奥会留下的又一笔馈赠。2010 年冬季奥运会作为一届在奥林匹克运动内部提出可持续性的运动会而被人们所记住，它促进了惠斯勒对可持续性的承诺，并且使这些目标能够牢固地树立在所有合作伙伴的战略与规划中。通过与邻近地区的民族一起合作，建立能够巩固各个社区、应对各种问题的解决方案。斯阔米什-利瓦特文化中心（Squamish Lil'wat Cultural Centre）是一个引人入胜的地方，在提高惠斯勒文化自豪感、增强惠斯勒的活力以及促进两社区公众的相互理解方面做出了贡献。惠斯勒也与省政府继续进行思想交流并寻找解决度假区争端的方案。在实现惠斯勒愿景的过程中，他们的所有行为都由惠斯勒 2020 规划监控程序进行追踪并定期公开。随着可持续发展的实现，惠斯勒将成为北美地区首屈一指的山庄度假区。

（3）愿景落实——16 个关键战略

1）艺术、文化与遗产策略。

2）环境建设策略。

3）经济策略。

4）能源策略。

5）金融策略。

6）健康与社会策略。

7）知识策略。

8）原材料与固体垃圾策略。

9）自然区域策略。

10）合作关系策略。

11）娱乐与休闲策略。

12）居民负担能力策略。

13）居民住房策略。

14）交通运输策略。

15）游客体验策略。

16）水策略。

12.3.2　美国韦尔

在美国韦尔地区，无论是联邦和各州的环境机构、商会，还是非营利组织都已创建了许多环境项目。这些项目给滑雪场带来了两大益处：为建立和加强内部环境管理体系提供了一个框架，为监测和交流环保绩效提供了一个标尺。

1）美国国家滑雪联合会环境章程。美国国家滑雪联合会于 2000 年 6 月正式通过了环境章程，即可持续斜坡原则，为滑雪区的环境管理提供了框架。它包括 21 条环境原则及与之相关的最佳管理办法，以解决与规划、设计、施工、运营、教育和外展服务相关的环境问题。全国约 75% 的滑雪胜地已公开赞同并接受此章程（了解环境章程、年度报告复印版，或美国国家滑雪联合会环境项目等更多信息，可访问 http：//www. nsaa. org/，特别是美国国家滑雪联合会绿色空间 http：//www. nsaa. org/environ/index. asp/）。

为保护环境，美国山地宪章规定了六大注意事项：①请带走废弃物，还自然之美；②崇敬自然野生生活，仔细阅读路径地图，不要越过禁区；③拼车，以呼吸新鲜空气和欣赏美景；④考虑其他游客，让自然之声回荡；⑤参与自己当地社区的环保项目；⑥向您的家人和朋友传递环保理念。

2）科罗拉多州（Colorado）环境项目。美国科罗拉多州公共健康和环境部（CDPHE）的执行主任办公室负责科罗拉多环保领袖计划（CELP），通过认可为商业界及大众提供指导和引领的商业项目，如环境管理体系和创新源头减排工程等，来提高环保绩效的门槛。为了有资格参加该领袖计划，企业在申请前必须拥有至少三年无环境破坏的合规性记录。同时，申请企业必须拥有已建立的环境管理体系、污染防护计划、符合环境法规的政策和运营过程，以及一系列业绩措施和环保指示器。一旦被该领袖计划接受，企业需得完成提高环境质量的工程，致力于新的项目或者目前正在进行中的工程。进入此计划的好处包括公众认可、经济支持和政策放宽。

3）科罗拉多州公共健康和环境部污染防护项目、污染测评。科罗拉多州公共健康和环境部的污染防护项目将实行免费的、现场的非强制测评方式。测评是机密的，据此测评可得出污染防护可能性报告（科罗拉多州公共健康和环境部污染防护项目的更多信息，可登录其官方网站）。

4）科罗拉多商品交易所。科罗拉多商品交易所由科罗拉多大学回收利用中心赞助，是全州非有害残留物和耐久品的清理站。私人和公众组织、市民、非营利机构皆可利用科罗拉多商品交易所寻找低成本甚至无成本的物资，减少浪费。

5）其他环境管理项目。除上述符合 ISO14001 标准的环境管理体系以外，滑雪场环境管理负责人还应该知道三个广为人知的环保项目：美国国家环境表现跟踪计划、色瑞斯国际认证和自然进程认证（TNS）。

天高云淡，朗朗碧空，滑雪者从雪山上飞驰而下，抑或是徒步穿行于色彩斑斓的高山草地间，这些画面吸引了数以百万计的游客在冬夏娱乐休闲之际来科罗拉多滑雪区旅游，单这一项每年就为美国增加 36 亿美元的收入。为了认清外部挑战和滑雪产业对科罗拉多州经济的重要作用，科罗拉多州公共健康和环境部发起讨论，与滑雪场的代表们就如何实施积极有效的措施以改善环境、减少浪费和保护自然资源进行了交流沟通。这些讨论最终促成了一个项目的发展，该项目与科罗拉多滑雪区合作，以确定、展示、记录和交流污染预防（P2）的战略。科罗拉多州公共健康和环境部获得了美国国家环境保护局（EPA）的项目基金。该项目在 1999 年 8 月正式启动。2001 年 12 月，科罗拉多州公共健康和环境部与一家环境咨询公司（Tetra Tech）签订了合约以支持该项目的实施。除了科罗拉多州公共健康和环境部、美国国家环境保护局和 Tetra Tech，众多的机构和个人也为该项目做出了贡献。该项目主要有两个特色：①与科罗拉多州两个自愿加入的滑雪区合作，了解并评价山区作业，以便在实践中确定污染预防的可能性并记录其测评方法；②在两个自愿加入的滑雪区的现场实践经验以及与其他滑雪区工作人员交谈经验的基础上，制作了一本滑雪生态手册，讨论滑雪区的环境管理策略，并提出具体防治山区作业污染的实用方法。此外，该项目也为滑雪场管理人员及工作人员组织了介绍该手册内容的培训课程。该手册的双重目的：①表明实用的且已证实可行的技术和工艺的确存在，它们可用于降低滑雪场作业对环境的影响；②为滑雪场的工作人员提供进一步的信息（姓名、电话号码、网站、文件记录等）。

以下值得我们重点借鉴。

自愿性、综合性的第三方合规性审核：科罗拉多州以及美国其他地方的滑雪区均有义务遵守各种环境法规。许多法规涉及滑雪区以及附近公共土地的使用和管理，如固体废弃物以及有害废弃物的管理、农药的使用、地下及地上储存罐、溢油应急和管理以及其他的环境保护计划等。为确保实现满足环境法规监察的目标，韦尔度假村于 2001 年夏季和秋季在基斯通（Keystone）、布雷肯里奇（Breckenridge）、韦尔、比弗克里克（Beaver Creek）以及大蒂顿国家公园（Grand Teton National Park）寄宿公司进行第三方合规性审核。

消费者计划：增强滑雪者环境保护的意识，比提高餐馆里固体废弃物的回收率更有效。因为较高的环保意识可以激励滑雪者去参与其他有助于滑雪区域环保的消费者项目。例如，用再生纸印刷路径地图，为滑雪者创建绿色卡和运输方案。又如，美国界石山实施拼车奖励计划。美国界石山滑雪公司对拼车（一辆车载 4 人或以上）的滑雪者，在缆车票价上给予七折的优惠作为奖励。滑雪者必须一起到售票处，去获得他们的优惠门票。为进一步鼓励拼车行为，界石山还在其网站上开展了一项服务，即为滑雪者寻找可参加拼车的其他乘客，或者可参加拼车的汽车。

案例分析：吉斯通实施拼车抽奖活动。

员工计划：员工参与一项滑雪区环保项目的机会和策略有很多种，有员工培训、员工发起环保活动、领养公路、种植树木及路径修复项目等。例如，阿斯彭（Aspen）滑雪场和界石山滑雪场的员工设立环境基金会；尽早对员工进行培训——在员工上岗培训时，韦尔滑雪胜地就给每位员工发一个可重复使用的杯子，并播放一段录像，录像展示的是韦尔滑雪胜地的首席营运官强调公司奉行可持续经营的承诺。在员工上岗培训时呈现这些信息的目的是为了通过韦尔滑雪胜地和全体员工的行为，加强韦尔滑雪胜地对可持续发展活动的承诺和支持。

社区计划：滑雪区有众多机会参与当地、地区、全国乃至国际社会的项目。例如，①环境奖学金计划。阿斯彭的环境奖学金计划始于 1999 年。每年奖励 5 名当地中学高年级学生，获奖者都是通过调查研究的亲身实践、参与到当地环境组织或其他环保活动中，且在环境管理方面表现出众的人才。5000 美元的奖学金设置是为了鼓励青少年的环保创意，鼓励高校里的相关工作，改善和保护环境，以及提醒人们对重要环境问题的注意。②装点科罗拉多州。每年春天的某一天，从韦尔高速到多塞罗（Dotsero），每个认养高速公路的小组都参与到公路清扫活动中。在这一天结束的时候，45mi①的高速公路两边都摆满了橙色的垃圾袋，垃圾袋里面装的都是从高速公路上清理出的垃圾，以此引起司机注意，并希望制止他们乱抛垃圾的行为。

美国科罗拉多的韦尔滑雪场是可与加拿大惠斯勒滑雪场比拟的全球顶级滑雪场之一。其他的如犹他州（Utah）的帕克城（Park City）滑雪场、科罗拉多州的阿斯彭滑雪场也是美国规模大、受欢迎的滑雪场。顶级的场地、优越的设施、一流的服务，使韦尔滑雪场成为全世界滑雪迷趋之若鹜的地方（图 12-1）。

图 12-1　美国科罗拉多州韦尔旅游度假区

---

① 1mi＝1.609 344km。

1999 年 1 月，韦尔公司成为首家采用自然进程认证的滑雪公司。韦尔公司也签署了美国国家滑雪联合会的可持续斜坡原则来评估和减少环境影响。可持续斜坡原则为韦尔滑雪胜地发展、运作和拓展成果提供了具体选择，帮助韦尔滑雪胜地密切匹配自然进程认证的普遍条件。自然进程认证和可持续斜坡原则帮助、引导韦尔公司更加可持续地运作和发展。2000 年 7 月，自然进程认证的代表出席韦尔滑雪胜地环境论坛。该环境的参与者是一只跨滑雪胜地的队伍，其任务是进一步达成共同的环境目标。在为期两天的研讨会中，该团体制订了一个面向韦尔滑雪胜地 4000 多新老员工的培训提纲。基于自然进程认证宗旨，韦尔滑雪胜地的环境宗旨强调使用可再生资源、减少废弃物以及尊重和保护生物多样性的栖息地。鉴于更高的需求，如生物多样性和可再生资源，在人类满足基本需求之前无法解决，韦尔滑雪胜地以其公司职员的需求为焦点，投入资金，满足他们的需求。2001 年，超过 400 万美元的资金被批准用来资助支持青年和环境保护的团体实施环境保护项目。通过参与自然进程认证和支持美国国家滑雪联合会的可持续斜坡原则，韦尔滑雪胜地倡导使用可再生能源，节约资源，循环利用自然资源，保护野生动物栖息地和环保教育。

1）使用可再生能源：投资清洁的风能发电为缆车提供能量。韦尔滑雪胜地购买了每月 47 500kW·h 的风能（足够供其 4 个滑雪场内各 1 个缆车的运行）。这减少了每月 57 万 lb[①] 煤的燃烧，避免了每月 114 万 lb 二氧化碳的排放。

2）节约资源：通过室内指示卡片和内务管理宣传，超过 40 万住宿客人被鼓励重新挂好毛巾、关掉电灯、搭乘免费巴士和拼车。

3）循环利用自然资源：运行了一项成功的固体废物回收项目。2000 年，韦尔滑雪胜地回收了 2500t 金属、玻璃、塑料和纸盒。十大贴士是该回收项目成功的秘诀。①需找一个致力于建立和发展回收项目的领导者，领导者必须具备管理层的支持和强大的组织能力。②建立中央回收中心。每项活动（餐厅、旅馆或公寓服务区、办公区等）都需要一个地方来管理回收物。从回收物多的区域开始，与废物运输商协作将垃圾箱置于合适位置，通过减少垃圾服务来抵消较高的回收成本。寻找合适空间放置垃圾箱可能很难，因此，要为今后发展规划所需设备预留空间。③为项目留有发展空间，通过使用压实工具和大的容器，最大限度地提高空间利用效率。④将垃圾箱放置在靠近垃圾回收中心的区域。⑤将每个回收中心标准化，这样不管员工在哪工作，回收项目都是一致的。张贴专业化的标志和使用标准化的垃圾箱可以增加垃圾箱的灵活性。在不同地点和服务车之间，垃圾箱可以实现自助互换。⑥使用现有的运输系统（缆车和牵引猫）将回收物送到山下，并且准备应急方案，预防运输系统故障的发生。⑦明白回收物运往哪里，确保所有收集的物品得到回收利用。⑧衡量结果，与游客交流取得的成就和存在的问题。⑨通过维护引导标识和回收垃圾箱，保持回收区域的清洁。⑩不断培养员工参与回收项目，回收对于许多人而言不是自然而然的事情，而是需要培养和改变的行为。

4）保护野生动物栖息地：从麋鹿到小型哺乳动物，韦尔滑雪胜地进行了多种多样的野生动物研究，并且支持将加拿大猞猁重新引入科罗拉多落基山区。另外，韦尔滑雪胜地全年都会关闭脆弱敏感的野生动物区以保护野生动物。

---

① 1lb＝0.453 592kg。

5）环保教育：SKE-COLOGYTM 是美国国家滑雪联合会为滑雪场设立的一个教育项目，其将孩子们的滑雪课程和野生动物教育结合起来，鼓励孩子们学习更多关于当地生态系统的知识。滑雪学校的指导老师会在山上解释性的标志前停下来，告诉孩子们熊、河狸、麋鹿、北美野兔和其他本土野生动物的习惯和特性。2000 年伊始，韦尔滑雪胜地在每个高客流量地区增添了解释性的标牌，以增加旅游者的环保意识和环保参与度。

韦尔地区通过制定相关的环境项目和商品交易场所，加强内部环境管理，为滑雪场的建设提供了发展条件。吉斯地区通过设立环境基金会、岗前培训、社区计划等手段，让更多人参与到滑雪区环境项目中，以提醒生态环境对人类的重要性。对于我国来说，应充分将自上而下和自下而上的措施相结合，这对于滑雪区的经济发展生态保护具有极大的意义。

第13章 日本和韩国滑雪旅游区比较及借鉴

13.1 日本

13.1.1 基本情况概述

2002 年,《日本滑雪指南》提供了 619 家滑雪度假区, 其中, 562 家可以接待过夜游客, 76 家滑雪度假区专门经营越野滑雪。如表 13-1 所示, 大部分滑雪度假区都位于长野、北海道和新潟地区。

表 13-1 日本滑雪度假区及其分布 （单位：个）

地区	滑雪度假区数量	可寄宿的滑雪度假区数量	越野滑雪度假区数量
爱知	1	1	12
秋田	24	24	1
青森	15	15	2
千叶	1	1	0
爱媛	2	2	0
福井	10	9	1
福岛	29	26	5
岐阜	40	38	2
群马	31	27	2
广岛	18	16	1
北海道	128	121	12
小高	20	19	2
茨城	1	1	0
石川	10	8	1
岩手	19	18	5
神奈川	1	1	0
京都	3	3	0
三重	1	1	0
宫城	12	12	1
宫崎	1	0	0
长野	103	93	14

地区	滑雪度假区数量	可寄宿的滑雪度假区数量	越野滑雪度假区数量
奈良	1	0	0
新潟	63	58	9
冈山	6	0	0
佐贺	1	1	0
埼玉	2	2	0
滋贺	10	10	0
岛根	5	1	0
静冈	3	3	0
栃木	9	7	1
鸟取	7	5	0
富山	16	15	2
山形	23	21	3
山梨	3	3	0
总计	619	562	76

资料来源：www.skijapanguide.com

新潟是年接待滑雪游客数量最多的一个地区。新潟最受欢迎的滑雪度假区是汤泽町的奈巴滑雪度假区。2001/2002 年雪季游客数量为 248 万。因为不可能对日本 619 家滑雪度假区逐一进行详细介绍，所以下面重点介绍奈巴滑雪度假区的设施和条件（表 13-2）。

表 13-2　奈巴滑雪度假区的设施和条件

建设条件/基础设施	指标	数量
海拔/m	最高海拔	1 789
	最低海拔	900
	垂直落差	889
雪期各月晴朗天数比例/%	11 月	67
	12 月	39
	1 月	23
	2 月	28
	3 月	48
	4 月	47
	5 月	71
雪道/条	总数	27
	初级雪道	8
	中级雪道	11
	高级雪道	8

续表

建设条件/基础设施	指标	数量
设备	人工造雪机/台	162
	单人索道/条	2
	双人索道/条	19
	多人索道/条	9
	吊厢索道/条	2
	每小时索道承载量/人次	46 200
培训	滑雪学校	
	单板滑雪学校	
价格/日元	半日价格	2 500
	单日价格	5 000
	夜间价格	2 200

注：奈巴滑雪度假区的开放时间为 11 月至次年 5 月

13.1.2 主要特点

1. 世界第二大滑雪旅游产业国，亚洲滑雪旅游产业代表性国家之一

日本滑雪旅游产业于 20 世纪 60 年代起步，80 年代快速发展，90 年代发展平稳略下降，21 世纪形成完善的滑雪旅游产业体系。目前，日本是世界第二大滑雪旅游产业国，是亚洲滑雪旅游产业代表性国家之一。日本于 1972 年和 1998 年举办了两届冬奥运会。

2. 世界上滑雪场最多的国家，分布集中

日本四面环海，面临日本海的一侧冬季降雪丰厚、气候湿润，造就了那里得天独厚的优良天然滑雪场。从北部海岛到九州南部的主要海岛，日本列岛有 619 家滑雪场，日本因此成为世界上拥有滑雪场最多的国家。这些滑雪场大小不一，大的有几十个雪道，小的只有单板雪道。日本国土细长，纵贯亚热带、温带和寒带 3 个气候带，滑雪场分布是典型的一头重格局，最好的滑雪休闲地主要分布在日本北部地区（北海道和东北）以及沿日本海的山区（包括新潟和长野），这两个地区的滑雪场大约占日本滑雪场总数的 2/3。

3. 休闲和制造基地分开，产业集聚

日本的滑雪度假区和滑雪用品制造基地分开发展，滑雪旅游产业集聚区的生产组织、制造组织主要分布于中部地带，如长野、奈良之间。日本的冰雪装备制造业已经跻身世界一流。

4. 成熟的温泉滑雪胜地，质优价廉

日本高水准的滑雪场数目繁多，大多数滑雪场都在 11～12 月开始运营，滑雪期一般到次年的 3～5 月结束，略有差异。滑雪场大多位于平均气温在 -5～5℃ 的地区，北海道等

地隆冬季节气温会降到-10℃。日本许多滑雪区域同时也是温泉胜地，从而形成日本特有的日本式冬季旅游：滑雪与温泉放松结合在一起。

来自西伯利亚和堪察加半岛的刺骨寒风与日本海的潮湿空气相遇，造就了北海道的粉雪。粉雪、低廉的价格、舒适的气候、民族特色等是日本滑雪场吸引国外滑雪爱好者的主要因素。北海道、长野的白马是日本最有代表性的滑雪地区；东北的藏王、长野的野泽、滋贺的草津，并称三大温泉滑雪场，是最具日本传统风格的温泉滑雪地区。

日本有几个世界级的滑雪及单板滑雪胜地拥有优质丰富的冰雪资源、美丽的风景和令人放松的温泉。日本大多数滑雪度假区都属于成熟的度假地，能够提供一整套中高级旅游产品，并且其高质量的旅游产品的价格要比我国国内有的滑雪场的低很多。近几年，日本滑雪人口稳定在 1500 万人左右，另外每年吸引数量众多的国外滑雪爱好者。2006 年，日本滑雪度假区的年游客人数为 1700 万人次。近年来，一些上海、北京、广州的游客到日本滑雪，从中国的上海和北京到日本去较为便利。游客从上海乘飞机 2h 内就可到达东京。

札幌为北海道的经济中心，产业以服务业为主，企业主要以日本全国性公司的分公司为主，真正的本地企业相对较少。

札幌市区沿平川的河道伸展，这条河穿过市中心将城市分为东西两区，人行道上都种着洋槐树，因而札幌又有洋槐之都的美称。街道整齐而且具有北欧风情，市内有两条特别宽阔的马路，互相交叉成直角，其交叉点就是札幌的中心点。初夏，札幌的紫丁香花、金合欢花盛开，这样绚丽多彩的自然风光一直延续到雪季来临之前。入冬之后，整个城市一片雪白，墨绿色的常青树叶像雪原中动物的眼睛一样。札幌冰雪节、冬季奥运会、亚洲冬季运动会等国际盛会都曾在札幌召开。札幌作为一个国际性的大都会而闻名于世。

札幌是个典型的北国城市，具有浓厚的北国风味。札幌每年都有以冰雪为主题的户外活动，这就是札幌雪祭的由来。雪祭的主会场设在大通公园，郊区的真驹内公园被开辟为第二会场，专供儿童玩耍，后来支笏湖国家公园被开辟为第三会场，供游人体验冰山探险的乐趣。雪祭分为雪堆和冰雕两大部分。冰雕的造型以人物为主，表面呈白色粉末状，四周设置的投射灯光打在上面，突出了冰雕的纯洁质感。雪祭的参赛者们把自己的想象力发挥到了极致，作品从人物、动物到世界名胜古迹，包罗万象。

札幌有不少的节庆活动。如果是冬天来到这里，可以参加支笏湖冰雪节、札幌冰雪节、皇族滑雪冰雪大会，以及 11 月至次年 2 月的银白灯饰节，体验北国的风情。此外，5 月的札幌紫丁香节、7~8 月的札幌消夏节和 8 月的登别地狱祭也是很值得一看的。

札幌轻骑也是很受欢迎的活动。游客们可以策马奔驰在草原上，体验英雄气概；也可以乘着独木舟与水相嬉，使身心得到充分的放松。在札幌雪祭期间，会场设有冰雕舞台，有著名歌星和剧团表演歌舞助兴。市内也举办时装秀、摄影展、音乐会和乡土戏剧的表演活动，整个城市呈现一派热闹的节日气氛。在札幌泡温泉也是独具特色的娱乐活动。

志贺高原滑雪场是 1988 年冬季奥运会的滑雪比赛主场地之一。冬季奥运会的举办极大地带动了当地滑雪旅游业的发展，每年专程来这里滑雪的日本游客和外国游客络绎不绝。为举办长野冬季奥运会，日本政府出资修筑了长野新干线，大大提高了这里的交通方便程度。东京到长野只需不到 2h。志贺高原滑雪场分丸池、中央、横手山及奥志贺四个滑雪区域，共有 21 家滑雪场。横手山区难度最大，较适合中、高级滑雪者；丸池区难度最低，大部分雪道都适合初学者。到志贺滑雪，泡温泉是一个必然参加的活动，可以泡温泉的住宿点有熊之汤、木户池、丸池、太阳谷、发哺、高天之原等。

13.1.3　重点借鉴

1. 滑雪同温泉休闲相结合

日本滑雪场最大的特色是把滑雪运动同传统的温泉休闲相结合。许多滑雪场及其周边的住宿设施中都带有温泉。滑雪之余洗个温泉浴，疲劳尽消。

2. 提供全方位服务

日本各地滑雪场的设备齐全。雪道有多种，可供初、中、高各水平滑雪爱好者使用，并且每个滑雪场都有巴士或火车与各城市和旅游度假地相连。每个滑雪场都建有滑雪学校，滑雪学校分为初级、中级、高级不同等级。另外，滑雪场一般都有完善的住宿设施并全部配备医疗设施。

3. 利用策略培养滑雪人口

充分利用赛事、媒体和学校培养滑雪人口。

日本的滑雪旅游产业发起于第二次世界大战后退伍的军人。日本运动员在 1956 年获得了一枚冬季奥运会银牌，促进了滑雪运动的发展。1987 年，一部以滑雪题材为主的爱情电影，也推动了滑雪运动的发展，其背后是日本滑雪行业协会利用题材有意识地推动该项运动的发展。另外，在学校推广滑雪运动，一般情况下，学生在小学就开始在冬季体育课上学习滑雪了。

4. 政府硬件投资

为举办冬季奥运会，日本政府出资修筑了包括长野新干线等交通设施，极大地带动了日本滑雪旅游业的发展。

5. 地方政府支持

日本滑雪旅游产业的发展并非一帆风顺，在 20 世纪 80 年代后期，随着经济发展的停滞，日本滑雪旅游产业也随之滑落，全国滑雪人口从 1800 万跌落到 1300 万，在是否开放粉雪雪道的问题上，传统的日本文化同西方的需求之间产生了矛盾，623 家滑雪场中近半数滑雪场徘徊在破产边缘。1987 年，日本政府出台经济发展法案，及时地支持了滑雪旅游产业的发展。截至 2000 年，在地方政府的帮助下，只有 4 家滑雪场破产关闭。

6. 强化滑雪营销

日本滑雪旅游产业的营销能力无疑具有世界级水准。从国家层面到具体的滑雪场经营者，滑雪旅游产业应用了多种创新的市场开发策略与营售策略，从滑雪价格的设计、会员制的引入到广告的应用，吸引了来自全世界的游客。例如，强调对于年轻家庭特别是对于儿童的宣传营销，定向吸引澳大利亚、韩国和中国的游客等。

13.2　韩国

13.2.1　基本情况概述

1. 韩国滑雪场概况

韩国的山地和高原占国土面积的70%，太白山脉由北向南延伸，与东海岸平行。韩国属于温带季风性气候。

韩国高原、山地多，海拔高，面积较大，积雪量丰富，开展滑雪运动的地理条件优越。韩国滑雪场主要分布于江原道、京畿道、忠清北道和全罗北道等。江原道是韩国滑雪胜地之一，有9家滑雪度假村正在运营，距离首尔有2~4h的行车距离。这些都是具备豪华住宿设施、休闲设施等的住宿型滑雪场，且大部分都具备国际标准的雪道、滑雪场设施与服务水平。例如，龙平滑雪度假村、凤凰公园滑雪度假村、现代星宇滑雪度假村、大明维尔瓦第公园、High1滑雪度假村等。城市附近的近距离型滑雪场都属于距离较近的、当日往返的、规模较小的滑雪场。这些滑雪场大部分都在城市附近，可以1h之内到达，交通方便，晚上还可以开展夜间滑雪。例如，熊城滑雪场、芝山滑雪场、星山滑雪场、阳智松林滑雪场、Seoul滑雪场等。目前，韩国滑雪场收益最好的是大明维尔瓦第公园，获得政府支持和政府关系处理最好的是凤凰公园滑雪度假村，韩国最大的滑雪场是龙平滑雪度假村。龙平滑雪度假村不管是规模、雪场海拔、高度或是专业雪道长度和质量，皆是韩国第一。

韩国各大滑雪场现状如表13-3和表13-4所示。

表 13-3　按距离分类的韩国滑雪场

区分	滑雪场	特点
远距离型	龙平滑雪度假村、茂朱度假村、现代星宇滑雪度假村、凤凰公园滑雪度假村、阿尔卑西亚滑雪度假村、江村度假村、High1滑雪度假村、大明维尔瓦第公园、思潮度假村、奥丽山庄度假村、O2度假村、伊甸园山谷度假村	①规模较大、设施和设备完备；②豪华型住宅设施和多彩丰富的休闲设施；③投资规模较大（以大企业为主）；④距离首尔1.5~4h的车程；⑤地域：江原道、忠清北道、全罗道
近距离型	熊城滑雪场、芝山滑雪场、阳智松林滑雪场、星山滑雪场、昆池岩度假村	①距离优势、小规模经营；②以一日滑雪者为主；③距离首尔1h左右的车程；④地域：首都附近，京畿道

表 13-4　2010 年韩国各大滑雪场状况

地区		滑雪场名称	始营业年度	面积/m²	雪道数/面	缆车数/个	滑雪情况	
							滑雪人数/人	增长率/%
京畿道	广州市	昆池岩度假村	2005	1 341 179	12	5	432 148	12.7
	抱川市	熊城滑雪场	1985	698 181	7	8	353 510	16.7
	南杨州市	星山滑雪场	1982	502 361	4	6	64 298	-3.6

续表

地区		滑雪场名称	始营业年度	面积/m²	雪道数/面	缆车数/个	滑雪情况	
							滑雪人数/人	增长率/%
京畿道	龙仁市	阳智松林滑雪场	1982	368 638	8	6	225 176	-3.6
	利川市	芝山滑雪场	1996	347 785	7	5	492 414	-27.6
江原道	春川市	江村度假村	2002	609 674	10	6	301 886	10.2
	洪川郡	大明维尔瓦第公园	1993	1 322 380	12	10	829 815	8.4
	平昌郡	阿尔卑西亚度假村	2009	470 710	6	5	—	—
	原州市	奥丽山庄度假村	2006	797 659	9	3	526 520	22.1
	太白市	O2 度假村	2001	4 799 000	16	6	106 657	23.5
	平昌郡	龙平滑雪度假村	1975	3 436 877	29	15	528 373	-1.1
	旌善郡	High1 滑雪度假村	2006	4 991 751	18	10	674 571	1.7
	横城郡	现代星宇滑雪度假村	1995	1 210 019	19	9	504 520	7.1
	平昌郡	凤凰公园滑雪度假村	1995	1 637 783	21	9	672 834	-5.2
忠清北道	忠州市	思潮度假村	1990	547 225	9	4	46 012	13.3
全罗北道	茂朱郡	茂朱度假村	1990	4 037 600	34	14	607 379	-6.8
庆尚南道	梁山市	伊甸园山谷度假村	2007	1 052 012	7	3	207 416	0.7
合计		17 家		28 170 834	228	124	6 636 529	1.1

资料来源：韩国滑雪场经营协会，时间：2009 年 11 月 ~ 2010 年 4 月

2. 韩国滑雪旅游产业的发展

早在 1923 年，日本统治朝鲜半岛期间，韩国金刚山地区就开始滑雪运动。1931 年，在日本举行了第一届朝鲜滑雪大赛，之后滑雪运动开始在朝鲜半岛慢慢发展起来。1946 年，朝鲜滑雪协会正式成立；1948 年该协会改名为大韩滑雪协会。1947 年，第一届全国滑雪选手权大会选出了全国第一批代表性滑雪选手。1953 年，开始探讨在江原道大关岭地区建设滑雪场。

韩国的滑雪旅游产业起步于 20 世纪 70 年代，其发展过程大致分为以下三个阶段。

第一阶段：20 世纪 70 年代初至 90 年代初。韩国第一家滑雪场是江原道的龙平滑雪场，该滑雪场 1973 年开始建设，1975 年正式开放。当时，滑雪场的消费水平远远超出一般工薪阶层所能承受范围，在滑雪场买一身滑雪服和滑雪用具的消费超过 300 万韩元，以当时的收入来说，这已经可以在汉城边缘地带买一套房子了。所以，当时的滑雪场大多只是为运动员和少数上流社会人群所利用。但是，80 年代中期以后，随着人们收入的增多滑雪人口逐渐增加，新的滑雪场也不断开始投资兴建，滑雪旅游产业发展前景十分乐观。

第二阶段：20 世纪 90 年代中期至 2003 年。从 90 年代中期开始，三星集团、现代集团等大企业开始进军韩国的滑雪旅游产业，此后滑雪旅游产业开始逐渐快速发展起来。1995 年，茂朱滑雪度假村成功申办世界冬季大学生运动会，开始大规模开发场地扩建到 30 条雪道的规模。虽然 1997 年亚洲金融危机使得韩国滑雪旅游产业一度停滞，但金融危机后，韩国经济好转，滑雪旅游业也逐渐兴盛起来。1998 年国际雪联高山滑雪世界杯、

1999 年第四届亚洲冬季运动会、2000 年国际雪联高山滑雪世界杯都在龙平滑雪场举办，不仅巩固了龙平滑雪场在韩国滑雪场中的龙头地位，也使得冬季滑雪运动更加深入人心。滑雪正式成为大众运动，滑雪度假产业正式成为大众休闲产业中的一部分。

　　第三阶段：2004 年至今。2000 年以后，特别是 2003 年韩国政府颁布的劳动法规定每周工作时间不得超过 40h 以后，人们不仅收入增加，闲暇时间也增多了（表 13-5），于是各种休闲运动也得到了进一步发展。由于滑雪运动已经深入人心，滑雪人数不断增加，滑雪旅游产业也进入快速发展阶段。由于游客的不断增加和滑雪休闲时间的不断延长，游客不再热衷当天往返的滑雪运动，而是更偏向两天一夜、三天两夜的滑雪休闲假期，相应的住宿问题被提上了日程。为了迎合市场的需要，各大滑雪度假村在酒店建设之外，开始了公寓房的建设和公寓房使用权的出售。

表 13-5　1975~2009 年韩国经济发展水平与国民工作现状

年份	月平均上班天数/天	周平均工作时间/h	GDP/亿美元
1975	25.3	50	217.05
1980	24.6	51.6	649.81
1985	24.7	51.9	1002.73
1990	24.7	48.2	2793.49
1995	24.6	47.8	5561.31
1999	24.5	47.9	4852.48
2000	24.6	47.5	5616.33
2001	24.3	47	5330.52
2002	24	46.2	6090.2
2003	23.8	45.9	6805.21
2005	23.2	45	8981.37
2009	21.2	40.1	9019.35

资料来源：韩国统计厅

　　2010 年，韩国具备一定规模的滑雪场共有 17 家（韩国滑雪场经营协会，2010 年 8 月），其中有 5~6 家由韩国的大企业集团持股运营。由于地理气候等原因，韩国一半以上的滑雪场集中在江原道。韩国滑雪场无论规模还是数量都与欧美国家滑雪场有一定差距。韩国滑雪场里运送滑雪游客的相关设施都是进口的，但一般的索道、度假小屋、公寓住房等设施比较完备。

13.2.2　主要特点

1. 严格准入制度，各开发阶段受法律法规约束

　　韩国滑雪场的开发程序要经历 5 个阶段，中国滑雪场的开发程序大致经历 6 个阶段（表 13-6）。不难看出韩国滑雪场的审批手续实质上比中国的更复杂、缜密、严谨，相关法律、法规的运用更全面，约束范围更宽。

表 13-6　中国和韩国滑雪场开发程序比较

中国	韩国
①获得体育行业管理部门的核准：体育行业管理部门进行实地考察并进行初步评估变更国土利用； ②有符合实际的《可行性研究报告》《项目建议书》； ③有环保部门的《项目环保评估报告》； ④有发展和计划部门的《项目立项批件》； ⑤有土地、林业部门的合法的土地使用及砍伐林木手续； ⑥有工商部门的工商注册	①变更国土利用规划阶段：根据《国土计划及利用法》变更国土利用； ②审批环境影响评估和交通影响评估阶段：根据《环境影响评价法》审批环境影响评估，根据《交通影响评价法》审批交通影响评估； ③批准公共设施（出入道路等）用地阶段； ④审批依据个别法的行业规划阶段：分别依据《观光振兴法》《建筑法》《体育设施设置与利用法》等审批个别的行业规划； ⑤注册休养公馆、滑雪场、高尔夫球场阶段：根据《观光振兴法》，审批部门包括文化观光部（注册观光事业），市、道观光设施科（休养公馆），以及市、道体育运动科（滑雪场、高尔夫球场）

资料来源：金炳秀等，2007

　　韩国滑雪场开发的各个阶段均受相关法律法规约束，涉及风景地与观光基地计划、土地利用许可、地理位置选择、建筑设施要求、纳税管理等（表 13-7）。相关规定的调整旨在引导自然和谐的设施建设并控制其对自然生态的破坏。近年来，一些观光业经营者要求政府简化认定审批程序，中央与地方各级政府正在逐步调整相关规定。2005 年，取消了对滑雪场占地总面积进行限制的规定，同时，新增了有关保护自然环境和基址地貌的限制（滑雪场内 25% 的原始地貌不得扰动）。取消滑雪场用地面积限制，可使经营者适度扩大滑雪场规模。以前规定项目申报需先经初级地方政府（市、郡、区）的认定程序，然后再通过高级地方政府（直辖市、道）的审批程序，现在已经改为可跨过初级地方政府直接向高级地方政府申报。

表 13-7　韩国滑雪场开发相关法律法规

滑雪场开发阶段	滑雪场开发相关法律法规
计划阶段（关于风景地与观光基地开发）	《国土基本法》《国土计划及利用法》《观光基本法》《观光振兴法》
审批阶段（关于土地利用许可、地理位置选择）	《首都圈整顿法》《土地测量法》《自然公园法》《林地保护管理及补偿造林费税收规定》《地域特化发展特区限制特例法》《山林法》《农地法》《海岸管理法》《河川法》《私道法》《水道法》等；另有《环境影响评价法》《交通影响评价法》等与环境相关的法律18 部
建设阶段（关于建筑设施要求）	《体育设施设置与利用法》《城市规划设施标准规则》《建筑法》《公有水面填平法》《河川法》《停车场法》《自然灾害防治法》《能源利用合理化法》
经营、管理阶段（关于纳税管理）	《水道法》《消防法》《污水·粪便及畜牧业生产的废水处理法》；纳税依据：《道税（地方税）》《地方税法》《所得税法》《法人税法》；税收种类：农渔村特别税、注册税、教育税、印花税、开发负担金、附加所得税、综合土地税、城市计划税、转让收益税、居民税、特别附加税、法人税等

资料来源：金炳秀等，2007

2. 多种开发模式并举，快速发展

　　韩国滑雪旅游产业从 20 世纪 70 年代正式起步，政府主导、企业市场化运作和政企合作等多种开发建设模式并举，发展至今已成为韩国冬季旅游支柱产业。韩国国土面积约 10 万 km²，而江原道土地面积仅仅为 16 873.73km²，在这一小片土地上就有 9 家具有一定规模和游客的滑雪度假村。

3. 滑雪运动的大众普及程度高

韩国人热爱体育运动，尤其喜爱足球、棒球和滑雪。滑雪场里可看到小学班级的团体滑雪、父母带着孩子的亲子滑雪、大学社团的滑雪运动、公司组织的滑雪运动等。滑雪运动不仅年轻人和孩子参加，很多中年人和六七十岁的老人也热情参与。很多人是连续滑雪 20~30 年的忠实爱好者，他们还带动自己的家人参与滑雪运动。大学生冬季体育滑雪课程普及、社团活动地多选择在滑雪度假村等，也都促进了滑雪运动在大众中的普及。

4. 滑雪旅游产业发展与各种赛事相结合

滑雪场建设发展与各种赛事承办紧密相关。茂朱滑雪度假村于 1997 年成功举办世界大学生冬季运动会，龙平滑雪场于 1998 年和 2000 年成功举办国际雪联高山滑雪世界杯。1999 年亚洲冬季运动会后韩国滑雪旅游产业闻名世界，大批本国游客和外国游客慕名而来。

除国际赛事以外，各个滑雪场还积极主办各种国内滑雪比赛，如大学生冬季滑雪比赛等。同时为了进一步推广滑雪旅游，龙平滑雪度假村在每年 12 月至次年 3 月举办缤纷滑雪节，游客可以参与小型业余比赛项目，赢取各种奖品。从多年前开始，韩国平昌郡就积极地运作，申办 2012 年冬季奥运会落选以后仍积极申办 2018 年冬季奥运会，并专门建立了奥运村–阿尔卑西亚滑雪度假村，该滑雪场从 2009 年开始运营。

5. 以综合性度假村为主，注重四季度假天堂的品牌建设

韩国滑雪度假村设施齐全，符合国际标准。游客可以在滑雪之余，享受度假村内的休闲和娱乐设施。大型滑雪场拥有齐全的设施和设备，如雪道、索道、雪具出租店等滑雪场设施，以及住宿、会议场所、餐厅、酒吧等配套设施。此外，有的滑雪度假村还有水上乐园、高尔夫球场、温泉区、游泳池、骑马、野外步行路等休闲运动设施。所有滑雪度假村的滑雪场都提供夜间滑雪，是优质项目的聚集地。

韩国滑雪场实施的战略是从最初的冬季滑雪场逐渐发展为四季旅游度假地。例如，建设夏季的水上乐园、春季和秋季的登山活动等。几个大集团麾下的滑雪度假村建设比较成功，如现代集团旗下子公司投资的现代星宇滑雪度假村、普光建设投资的永生鸟公园滑雪场和大明集团投资的大明维尔瓦第公园。大明维尔瓦第公园的水上乐园室内部分在冬季正常开放，而且在天气不适于滑雪的情况下，很多游客被分流到这里进行水上活动。

在品牌建设及宣传方面，韩国最具代表性的龙平滑雪场的品牌标志在各个游客集散地都能看到，由以前的"龙平-Ski Resort"变成"龙平-All Season Resort"。由明星代言的巨幅品牌宣传广告甚是醒目，广告中不仅有四季的美丽风景更有明星滑雪和戏水的场景。

6. 酒店式公寓大量建设和出售

随着旅游习惯的改变，人们来度假村旅游的时间延长，各种住宿酒店以及产权房的建

设逐渐兴起。在开发这些房地产产品的同时，度假村还可以回收资金并将其作为流动资金用于其他事业开发。若游客购买了某一度假村的公寓，滑雪季到来的时候，与去其他滑雪场旅游的消费比起来，游客更倾向于带着家人朋友来该滑雪场旅游，房地产产品为度假村稳定了客源。2002 年大明维尔瓦第公园的综合收入大约为 3000 亿韩元，其中主要收入是房地产收入。

7. "韩流"推动韩国旅游业

韩国的大众文化产品电影、电视剧是传播"韩流"强有力的载体。韩国旅游开创了一个新的营销模式：依靠上游产业链中的电影、电视剧产品在全球形成的吸引力，根据影视情节包装、推广韩国各个地方的旅游景点。由于具有数年的操作经验，韩国拥有成熟的运作系统，能够使一个影视景点在启动、发展、成熟各个阶段都取得成功。根据韩国经济研究院 2004 年的统计，一部《冬季恋歌》吸引了无数的韩国国内、国际游客访问韩国龙平滑雪度假村，带来的经济效益超过 30 000 亿韩元（约 30 亿美元），其中，旅游收入就达10 000 亿韩元。《冬季恋歌》男主角扮演者裴勇俊的个人魅力吸引了许多日本游客来这里寻找拍摄地并留影纪念。滑雪场里也建了展示经典剧照的餐厅和咖啡厅，不仅利用电影宣传了滑雪场本身，而且活用这一资源进行了再开发。2009 年，韩国热播的电影《国家代表》又在阿尔卑西亚滑雪度假村进行拍摄，同样也吸引了不少观众到这里来滑雪。

8. 以家庭为单位的动线消费设计

韩国家庭一般有两个孩子，而且韩国家庭在度假的时候经常是全家总动员，住在滑雪度假区的酒店式公寓。公寓内准备着各种厨具，于是游客的消费习惯又从最初的外食转回到了家中烹饪，在滑雪运动之余，全家人又能聚到一起品尝可心的自家饭菜，其乐融融。韩国很多家庭出门度假，经常是老人、孩子、年轻父母一起，年龄太小不能滑雪的孩子有专门的托管部门照看，孩子在儿童乐园里也有专人照看，家长可以尽情地去户外滑雪。大明维尔瓦第公园是韩国至今盈利最高的滑雪度假村，那里不仅具有较全面的滑雪设施、室内外水上乐园，还有各种适合家长、孩子的游乐设施，家长和孩子可以一同尽情享乐。另外，大明维尔瓦第公园还有定时上映新影片的电影院、水疗按摩中心等，旅游的动线消费设计面面俱到。大明维尔瓦第公园的"Always Family""Kids World""Ocean World"和High1 滑雪度假村很受以家庭为单位的旅游团体的欢迎。

9. 以人为本，安全第一

冬季，在平均海拔 700m 的江原道，滑雪场的气温最低仅零下十几摄氏度，因此，可以节省空间在户外设立接待问询台。户外接待问询台旁边设有美观大方的取暖设施，为工作人员提供了舒适的工作环境，也让前来问询的游客感到温暖。韩国滑雪场的周边有长板凳，为游客临时换鞋和短暂休息提供了便利。韩国滑雪场在雪道周围的安全防护措施方面比中国很多中小型滑雪场的设计更为周全，防护网范围设置更加人性化，提高了游客的安全保障。位于江原道清净之地的 High1 滑雪度假村拥有能举办国际雪联高山滑雪世界杯的两条赛道以及能举办残疾人滑雪世界杯赛的场地。

10. 减员增效，旺季雇佣短期工

韩国的劳动力成本较高，为了实现企业赢利的目的，滑雪场正式职员并没有很多，雪具大厅中，配餐和用过的餐具基本是由自动化设备传送，用工少、送餐快又不拥挤。到了旺季，滑雪场为了解决人力不足的问题，会招聘一些大学生作为短期工。既节省了固定开支，又解决了人力短缺问题。但是，大学生并未受过专业的服务人员培训和滑雪场专业知识教育，即使上岗之前经过短期培训，仍会影响一些服务的质量。

11. 布局集聚，生态环保，绿色经营

大明维尔瓦第公园整体布局集聚、集中。High1 滑雪度假村冬季办公区域的室内温度统一设定为 19℃，以节省能源。龙平滑雪度假村有一套污水处理系统，污水的处理达到国家标准才可以对外排放。龙平滑雪度假村的固体垃圾处理都由外部垃圾处理公司承办。公寓式酒店建筑简约、低碳、环保。滑雪场每年都有义务植树的计划，在阿尔卑西亚滑雪度假村，砍一棵树需补百棵树。这对保护水土流失、绿化雪场周边环境、实现滑雪场可持续发展产生了积极推动作用。

13.2.3　重点借鉴

1. High1 滑雪度假村

政府和企业合作。High1 滑雪度假村由矿山开采到发展滑雪旅游，成功实现产业转型，带动山区发展，强区惠民。张家口崇礼的多乐美地山地运动度假区应重点以此为借鉴。

2. 阿尔卑西亚滑雪度假村

政府主导，财力支持，快速推进。以承办赛事为主体，地产跟进，优质项目聚集，进而实现竞技滑雪带动大众滑雪普及的目标。张家口赤城的冰山梁滑雪旅游区和崇礼的密苑云顶乐园应重点以此为借鉴。

保护环境，低碳环保；污水处理二级达标，水质超过汉江；生态恢复和治理、空间管制、砍一种百、大量补植；生态补偿、措施到位；地产设计，简约环保。张家口崇礼滑雪大区应充分以此为借鉴。

针对家庭，儿童第一。"Kids World"，娱乐运动，老少皆宜；冬雪夏绿，四季旅游，全年运营。张家口沽源的滑雪度假区应重点以此为借鉴。

城旅结合、设施齐备；依山就势、立体停车；资源布局积聚，高效集约。张家口崇礼的万龙滑雪场应重点以此为借鉴。

明星广告，宣传营销。张家口崇礼的密苑云顶乐园应重点以此为借鉴。

3. 龙平滑雪度假村

龙平滑雪度假村属于大区域性滑雪场——具有较好的山地条件、雪地条件和林地条件，垂直落差 500~800m，海拔不高，但是年均降雪量达 2.5m。最低气温−19℃，素有韩国屋脊之称。适宜滑雪期为每年 11 月到次年 4 月初。滑雪区域面积为 100~250hm²，雪道

数量较多，适合高级滑雪者及初级滑雪者的雪道占 25%～35%，滑雪场还有少量的野雪滑雪区；配备完善的索道系统，造雪系统覆盖面积不低于雪道面积的 70%，造雪时间为600～1000h，旅游季可进行有限的造雪补充；场地可以举办单项国际滑雪比赛；具有一定量的冬夏季活动项目，保证一年的营运时间不低于 5 个月；对一些特殊的市场有吸引力，如滑雪俱乐部或滑雪团体；区内开发一定量的住宅和房产，房产购买者多以投资为主要目的，而不是居住，是一般性的冬季度假地。

亮点：龙平滑雪度假村拥有韩国一流的滑雪设备，18 条 1720m 长的雪道，16 座升降缆车，晚间灯火通明。龙平滑雪度假村有 31 面雪坡，其中 6 面雪坡得到了国际滑雪联合会的认可（表 13-8）。滑雪者夜间可在 8 条雪道滑雪。在这里还可以乘坐游览车到达海拔1458m 的八王山，这座缆车是东方最长的缆车，全长 3.7km。八王山终年阳光充足，在山上可以欣赏到雪景，并可远眺蓝色的东海。

龙头老大，企业主导。滑雪先导，地产主导，四季娱乐，产业延伸。张家口崇礼的密苑云顶乐园应重点以此为借鉴。

表 13-8　龙平滑雪度假村主要的雪坡　　　（单位：m）

名称	全长	垂直落差	夜间滑雪
黄金幻想	1838	333	无
金色山谷	1655	333	无
天堂	1563	222	无
红色车道	676	194	有
红色	926	194	有
猩红色	252	194	有
粉红色	652	91	有
黄色	508	61	有
杏黄色	350	60	有
绿色	688	90	有
新绿色	640	108	有

4. 大明维尔瓦第公园

距离首尔最近，国际水准，大企业主导，市场化运作，"Ocean World"水上乐园做足四季旅游大文章，效益最佳。张家口赤城的摩天岭滑雪旅游区应重点以此为借鉴，做大做足温泉养生和水上项目的文章。

明星服务，游客至上。地产建设豪华舒适，"Always Family"，宾至如归，如家一般的感觉，胜于家庭豪宅；免费大巴，全天接送，直通雪场；夜间滑雪，次日返回。张家口崇礼的密苑云顶乐园和万龙滑雪场应重点以此为借鉴。

红花梁滑雪旅游区可借鉴韩国"大明"模式，以密苑云顶乐园为核心，打造高档次综合性休闲娱乐度假区。该模式的核心：①市场运作，大企主导，综合开发；②四季旅游，最高水准；③规模经济，效益最大。

冰山梁滑雪旅游区可借鉴韩国"阿尔卑西亚"模式。该模式核心：政府主导，赛事主体，地产跟进，大众滑雪。冰山梁滑雪旅游区是张家口崇礼滑雪大区内唯一满足冬季奥运会高山速降项目地形要求的区域，建议由政府主导，投资新建竞技滑雪基地，为举办 2022 年冬季奥运会早做准备。

第14章　中国典型滑雪旅游区比较及借鉴

14.1　黑龙江省滑雪旅游概况

14.1.1　滑雪旅游基本情况

1）自然条件：黑龙江省滑雪旅游资源得天独厚，是中国滑雪旅游资源最为丰富的省份。

山地：黑龙江省境内山地有大兴安岭、小兴安岭、张广才岭、完达山、大青山等，山地面积占全省面积58%，林区面积占43.6%，森林面积为全国省市区之首。全省海拔1000m以上适于建造滑雪场的山峰达100多座，坡度适中。

河流和湖泊：黑龙江、乌苏里江、松花江、嫩江和绥芬河构成五大水系，有兴凯湖、镜泊湖、五大连池、莲花湖等6000多个湖泊、水库、湿地，具有开发越野滑雪、滑冰和狗拉雪橇的潜力。

降雪：冬季雪量大，雪期长，雪质好。雪期从10月末到次年的4月初。山区平均雪厚度为30~50cm，山顶雪厚度为80~100cm。近年来由于气候变化的原因，降雪量发生了变化，稳定的雪期减少到100天。

气候：属中温带气候，四季分明。年平均气温为1.9~3.6℃。霜期从10月末延至次年4月初。1月和2月的平均气温为-18℃，许多时候最低气温达-30℃。低温给滑雪度假区的开发带来了一些困难，是冬季体育设备和服装经销商与生产者面对的挑战之一。

2）区位条件和可进入性：地处东北，可进入性不如华北。

3）产业特点：黑龙江省滑雪旅游产业已初具规模。

错位发展：四大冰雪项目集聚区与17家滑雪场。

黑龙江省拥有众多滑雪圈，从滑雪场的空间布局来看，可概括为四大冰雪项目集聚区，分别为都市休闲冰雪项目集聚区、高端商务冰雪项目集聚区、自然生态冰雪项目集聚区、特色冰雪项目集聚区（表14-1）。

表14-1　黑龙江省四大冰雪项目集聚区

冰雪项目集聚区	滑雪场
都市休闲冰雪项目集聚区： 都市周边打造1h滑雪圈	伏尔加庄园 平山神鹿滑雪场 名都滑雪场 吉华滑雪场 上京国际滑雪场 旭东蓝天滑雪场 乌吉密滑雪场 帽儿山滑雪场

冰雪项目集聚区	滑雪场
高端商务冰雪项目集聚区： 滑雪者一显身手的天堂	亚布力雅旺斯滑雪场 亚布力阳光度假村滑雪场 横道滑雪场
自然生态冰雪项目集聚区： 茫茫林海间的原生态雪场	日月峡滑雪场 卧佛山滑雪场
特色冰雪项目集聚区： 初冬晚春的滑雪胜地	大兴安岭映山红滑雪场 黑河龙珠远东国标滑雪场 漠河北极圣诞滑雪场

特色滑雪："北国风情"四大越野滑雪基地、十大特色滑雪场。

四大越野滑雪基地（表 14-2）：黑龙江省注重发展休闲越野滑雪、儿童健身滑雪、北极特色滑雪、生态狩猎滑雪、中俄风情滑雪等特色滑雪产品，并与国际接轨，引进世界一流管理公司，推进高端滑雪会所、发烧友俱乐部等市场策略，为中外游客提供风格各异、环境优美、设施完善、服务优良的滑雪选择。其中，"北国风情"四大越野滑雪基地使独具休闲性、参与性和娱乐性的越野滑雪项目真正走近寻常百姓。

表 14-2　黑龙江省"北国风情"四大越野滑雪基地

越野滑雪基地	具体位置
伏尔加庄园：俄罗斯风情越野滑雪	哈尔滨市香坊区成高子镇东
亚布力滑雪场：竞技越野滑雪	尚志市亚布力镇西南
"中国雪乡"八一滑雪场：林海雪原越野滑雪	海林市长汀镇双峰林场
帽儿山滑雪场：发烧友越野滑雪	尚志市帽儿山镇西南

十大特色滑雪场：根据省内滑雪场特点，盘点出十大特色滑雪场（表 14-3）。

表 14-3　黑龙江省十大特色滑雪场

滑雪场特点	滑雪场
最具影响力滑雪场	亚布力滑雪场
最具挑战雪道滑雪场	亚布力阳光度假村滑雪场
最受欢迎滑雪场	吉华滑雪场
最具竞争力滑雪场	帽儿山滑雪场
最佳服务滑雪场	龙珠二龙山滑雪场
时尚度假滑雪场	上京国际滑雪场
休闲度假滑雪场	平山神鹿滑雪场
森林生态滑雪场	日月峡滑雪场
自然生态滑雪场	大兴安岭映山红滑雪场
中国最北滑雪场	漠河北极圣诞滑雪场

"一区五线"黄金滑雪带、十二条冰雪精品旅游线路。

依托低碳、生态、环保旅游建设原则,黑龙江省极力完善"一区五线"黄金滑雪带、十二条冰雪精品旅游线路,发展休闲越野滑雪、儿童健身滑雪、北极特色滑雪、生态狩猎滑雪、中俄风情滑雪、韩朝风情滑雪等特色滑雪产品。

"一区五线"黄金滑雪带:环哈尔滨黄金滑雪旅游集合区、牡丹江黄金滑雪带、伊春小兴安岭黄金滑雪带、黑河黄金滑雪带、佳木斯黄金滑雪带、大兴安岭黄金滑雪带。

十二条冰雪精品旅游线路:哈尔滨—牡丹江神奇梦幻冰雪游、哈尔滨—阿城—玉泉趣味休闲冰雪游、哈尔滨—长寿山—二龙山—香炉山动感健身冰雪游、哈尔滨—亚布力浪漫假期冰雪游、哈尔滨—横道河子—大海林童话雪乡冰雪游、哈尔滨—镜泊湖—牡丹江—绥芬河名湖美景冰雪游、哈尔滨—鸡西—兴凯湖神秘界湖冰雪游、哈尔滨—大庆—杜尔伯特—齐齐哈尔雪地温泉冰雪游、哈尔滨—五大连池—黑河火山风光冰雪游、哈尔滨—铁力—伊春林海雪原冰雪游、哈尔滨—加格达奇—漠河神州北极冰雪游、哈尔滨—佳木斯—同江—抚远华夏东极冰雪游。

14.1.2　滑雪旅游产业发展模式

就产业集聚形成类型而言,黑龙江省滑雪旅游产业属于指向性集聚:以滑雪这种核心旅游资源作为重要指向,为充分利用当地优越的滑雪旅游资源优势、节约经营成本,引发同类企业和相关企业朝这个地区汇聚,形成了产业(企业)群体。黑龙江滑雪旅游产业属于沿自然资源发展模式。

就产业集聚形成模式而言,黑龙江省滑雪旅游产业属于资本转移模式:通过一定数量的资本从外部迁入和流动,形成产业集聚。目前,亚布力滑雪旅游度假区在资本转移模式下逐步形成产业集聚或产业集群,其中起推动和促进作用的迁移性资本主要是国家直接投资和外商直接投资。

1. 典型区域1:哈尔滨市区冰雪项目

1)冰雪大世界。2010 年举办的第十二届哈尔滨冰雪大世界。

本届冰雪大世界场地由原址北迁 1500m,新址位于太阳岛西区东北部,北临太阳岛三岛一湖,东临哈大公路,西临松花江滩地,南临西区规划主干道。场地为东西长 1200m、南北宽 500m 的条形地带,总占地面积约 60.3 万 m^2。景观数量及体量较上一届增加一倍,规模为历年之最。

本届冰雪大世界以冰雪世界、童话王国为主题,以中外童话故事为题材,建有欢乐城堡中心区、冰雪迪士尼展区、安徒生童话冰雪展区、梦幻西游展区、璀璨丛林展区、冰雪活动体验区、冰雪实景演出区七大分区,在往年梦幻冰雪世界的基础上再次升华,气势恢宏、色彩瑰丽,构思巧妙。入门广场,犹如童话世界的马车停在众人面前,快乐的童话城堡矗立眼前。园内设置了滑雪、地心探秘、火箭蹦极、雪地陀螺、疯狂战车、技巧冰车等 20 余项娱乐活动,且拥有世界最长的冰上滑梯。

本届冰雪大世界首次引入"Cool 哈尔滨""冰上杂技""冰雪欧秀"大型演出;引进 8 家日本料理,设有肯德基、雀巢咖啡等连锁店;增设多项人性化措施——中国移动大厅、大型室内公厕、时尚观景长廊、温暖特色小吃屋,既大大解决了往年游客室外如厕难的问题，也改善了游客因长时间室外观赏难抵御寒冷而缩短游赏时间的难题。

本届冰雪大世界实行一票通——星期一至星期四的价格一致，星期五至星期日及节假日的价格稍有上浮，不再另外收取费用。

2）雪雕艺术博览会。2010 年举办了第二十三届中国·哈尔滨太阳岛国际雪雕艺术博览会。

本届雪博会瞄准国家 5A 级旅游景区标准，立足实际，采取游览路线贯穿景区的布局方式，以意大利的著名旅行家、商人——马可·波罗、探险家——哥伦布、传教士——利玛窦为三条主线，推出探索之旅、冒险之旅和文化之旅，规划意大利之旅、时空穿梭古罗马、但丁的故乡、马可·波罗传奇、关东古巷、北跃高歌浪漫情、雪艺奇葩七个主题景区，用雪量 7 万 m^3，占地面积 40hm²。

本届雪博会呈现六大特点：①主题突出，立意鲜明。以风情意大利·雪韵太阳岛为主题，借中意建交 40 周年之机，与意大利的圣坎迪多和维吉里奥两个友好城市联合，国际化办会；以展现意大利风情为主，以突出哈尔滨"北跃"成果为辅，规划七大主题景区。②活动内容丰富，群众参与性更强。引入传统的推圈、弹瓶盖、占坑等冰雪活动项目，举办全家总动员趣味冰雪运动会系列比赛等主题文化活动和赛事活动。③雪雕艺术表现有创新，融合民间剪纸艺术。④首次招募青年志愿者为雪博会服务，进一步彰显高尚的社会道德观念与人性化、人情味，强化以人为本的服务理念。⑤首次建设北方特色饮食购物区，扩展景区综合服务功能。⑥首次将宣传重点放到外埠。

2. 典型区域 2：亚布力滑雪旅游度假区

(1) 亚布力滑雪旅游度假区概况

亚布力滑雪旅游度假区位于黑龙江省东部尚志市境内，距尚志市亚布力镇 20km，距哈尔滨市 240km，距牡丹江市 90km，距牡丹江机场 120km，301 国道支线可直达度假区（图 14-1）。全区规划面积 260km²，现有 7 处体育竞技滑雪场和 19 处旅游滑雪场，拥有初、中、高级雪道 40 余条，滑雪里程超 110km。其中，竞技滑雪场有 9 条高山雪道，10 条越野雪道，雪道总长度为 52 000m。花样滑雪场地、K125m 跳台滑雪场地、K90m 跳台滑雪场地、自由式空中技巧 U 型池滑雪场地、现代冬季两项滑雪场地等国际标准滑雪竞赛场地设施一应俱全。其中，高山滑雪场地、跳台滑雪场地、自由式滑雪场地已通过国际滑雪联合会认证。初级雪场如亚布力大青山滑雪场、亚布力云鼎雪场、亚布力风车山庄滑雪场、亚布力好汉泊滑雪场、亚布力阳光度假村滑雪场、亚布力雅旺斯滑雪场；中高级雪场如亚布力新体委滑雪场、亚布力新濠阳光度假村滑雪场。亚布力滑雪旅游度假区内分布着几十家星级饭店，亚布力国际会展中心、新濠度假村和亚布力广电中心国际酒店 3 家为五星级宾馆，此外还有多个三星级宾馆。

(2) 亚布力滑雪旅游度假区旅游竞争力影响要素

在付艳慧（2009）研究的基础上，结合调研，对亚布力滑雪旅游度假区旅游竞争力影响要素归纳如下。

1）亚布力滑雪旅游度假区旅游资源、设施设备。

亚布力滑雪旅游度假区由长白山脉张广才岭的三座山峰组成，即海拔 1374.8m 的主峰大锅盔山、海拔 1100m 的二锅盔山、海拔 1000m 的三锅盔山。大锅盔山和二锅盔山以竞

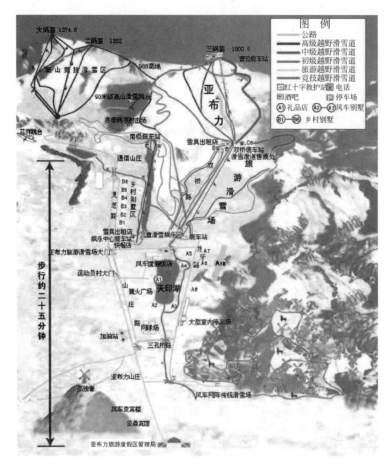

图 14-1　黑龙江亚布力滑雪旅游度假区

技滑雪为主，是国家滑雪运动员的训练基地，也是自然资源部南极考察队员的训练基地；三锅盔山以旅游滑雪为主。亚布力滑雪旅游度假区山高林密，属温带大陆性季风气候，极端最低气温-44℃，全年平均气温-10℃，冬季山下积雪厚度为 30～50cm，山上积雪厚度约 1m，雪质优良，硬度适中。积雪期 170 天，滑雪期近 150 天，每年 11 月中旬至次年 3 月下旬是最佳滑雪期。

亚布力滑雪旅游度假区分为竞技滑雪区（主要位于大锅盔山和二锅盔山）和旅游滑雪区（主要位于三锅盔山）。竞技滑雪区拥有 9 条高山雪道、10 条越野雪道，雪道总长度 52 000m，5 条滑雪缆车，其中包括 1 条 6 人吊厢式缆车和 1 条防风罩吊椅缆车。同时，竞技滑雪区还拥有国际标准的花样滑雪场地、K90m 跳台滑雪场地、现代冬季两项滑雪场地、室内体育馆各一个。旅游滑雪区拥有 21 条初、中、高级雪道，其中高山雪道长 3080m，平均宽 50m，垂直落差 804m。滑雪场内还有长达 5km 的环形越野雪道和雪地摩托、雪橇专用道，以及 2 条吊厢索道、5 条吊椅索道、3 条拖牵索道和 1 条提把式索道。旅游滑雪区可为游客提供高山滑雪、雪橇滑雪、雪地摩托、狗拉雪橇、马拉雪橇、湖上滑冰、堆雪人、雪地烟花篝火晚会等游艺项目，还辟有儿童滑雪娱乐区和风车传统滑雪区。亚布力滑雪旅游度假区现有亚布力国际会展中心、新濠度假村和亚布力广电中心国际酒店 3 家五星级宾馆，三星级宾馆有 4 家，还有新纪元滑雪俱乐部和云鼎宾馆等可以满足游客住宿和餐饮需求。另外，在山脚下青山村设有农家火炕也可供游客食宿。同时，亚布力滑雪旅游度假区设有雪具出租店和滑雪学校，山顶、山腰、山下的多处酒吧、快餐店、购物中心、红十字救护站，以及通信等服务配套设施。

2）亚布力滑雪旅游度假区区位条件。

滑雪旅游地的区位条件主要是指其所在区域的地理位置、交通条件及与周边旅游地的相互关系情况。雪资源分布的集中性和限制性决定了滑雪旅游地与其目标市场、主要客源地之间的距离及可达性对其竞争力的影响较大。亚布力滑雪旅游度假区处于 301 国道和滨绥铁路两条干线上。这条线路正是黑龙江省东南部的旅游线，也是黑龙江省的黄金旅游线，旅游资源密集、旅游客流量大。度假区距哈尔滨 240km，乘车时间在 2.5h 左右；距牡丹江海浪国际机场 120km，乘车时间在 1.5h 左右。哈尔滨直通度假村的"滑雪场高等级公路"现已开通，交通快捷方便。

3）亚布力滑雪旅游度假区旅游形象。

从旅游地本身角度看，滑雪旅游地形象具有有形和无形两种特性。无形形象是指滑雪旅游地本质特性的抽象概括，也是滑雪旅游地形象的核心和精髓，它的主要内容就是滑雪旅游地的社会观和价值观、创新精神和诚信精神。有形形象是指滑雪旅游地内在特征的外部传达和表现，一般通过图形、文字、色彩及各种载体等表现在外的因素反映出来，是游客对滑雪旅游地外在表现因素所存在的印象、看法等。从游客的角度，滑雪旅游地形象还有可感知性和不可感知性两个特点。前者是游客从做出旅游决策到旅游行程中，以其自身特点、个性和能力的需要，对其旅游目的地形象的总体感知和评价。它主要针对游客个体被旅游资源所吸引的程度及游客对旅游吸引物所做的体验性、差异性、建设性的评价，包括游客感觉中的旅游地形象和现实中可感知到的旅游地形象。旅游地形象中，仍有一些因素是游客旅游前无法预先感知，甚至在旅游行程中也无法预料、感知不到的，但这些因素却对游客进行旅游决策有着重要的参考价值，是旅游地形象中不可忽视的组成因素，如非物质形态的旅游资源、滑雪旅游地的环境影响、旅游风险、气候和突发事件等。滑雪旅游地的好形象、好口碑使游客产生一种追求感，进而驱动游客前往。树立与维持滑雪旅游地在游客心目中的良好形象，是滑雪旅游地保持其旺盛生命力的法宝。中国黑龙江省中国滑雪旅游胜地、世界冰雪旅游名都的形象被广为认可，成为公认的中国滑雪旅游产业强者。

亚布力滑雪旅游度假区的美称与赞语：国家 AAAA 级旅游风景区、中国的惠斯勒、中国的达沃斯、中国雪都、中国滑雪代名词。

体育赛事是滑雪度假区发展的重要载体和旅游滑雪的精美名片。亚布力滑雪旅游度假区是中国第一家具有国际标准、集竞技滑雪和旅游滑雪为一体的综合性大型滑雪旅游度假区，是中国滑雪旅游的发祥地和中国滑雪旅游产业的龙头，是世界十大滑雪场之一。该度假区先后承办了第三、第五、第七、第十届全国冬季运动会、第四届亚洲少年高山滑雪锦标赛、第三届亚洲冬季运动会、第 24 届世界大学生冬季运动会等大型滑雪比赛及 100 余次洲际单项滑雪比赛。这里还是中国企业家论坛年会的永久会址，被誉为中国的达沃斯。2007 年，中国滑雪协会正式命名尚志市为中国雪都；2005 年 1 月 10 日，第 24 届世界大学生冬季运动会申办成功，亚布力和帽儿山被确定为雪上项目举办地，尚志市迎来新的发展机遇，更为尚志市滑雪旅游产业发展注入了新的生机和活力。黑龙江省、哈尔滨市及尚志市政府积极抓住这一千载难逢的历史机遇，投资 30 多亿元，启动了 37 项雪上比赛基础设施建设，其中，33 项在亚布力赛区，4 项在帽儿山分赛区，尚志市的滑雪旅游产业基础设施建设实现了历史性跨越，尤其是亚布力滑雪旅游度假区实现了历史以来的第三次飞跃。同时，尚志市海纳全球有识之士，合作开发滑雪旅游产业。香港雅旺斯集团和澳门新濠国际集团分别投资 22 亿元和 186 亿元开发亚布力滑雪旅游度假区，以亚布力项目为龙头整合中国滑雪旅游市场，将亚布力滑雪旅游度假区打造成四季皆优、功能最多、设施最精、服务最好的国际一流滑雪旅游度假基地，创造了当时八项中国之最：①中国规模最大的综合性滑雪场——高山滑雪场地、越野滑雪场地、跳台滑雪场地等都得到国际滑雪联合会认证，获得承办国际 A 级赛事资格，还可接待众多国际、国内旅游爱好者旅游滑雪。②中国第一个标准最高、具有完善基础设施和服务接待设施的滑雪场——水、电、路及污水垃圾处理等市政设施功能齐备；兴建的 4 家五星级宾馆和 50 栋别墅为载体的星级宾馆酒店可同时接待 5000 名游客滑雪、10 000 人就餐；面积为 1500m² 的健身中心可进行网球、乒乓球等健身活动。雪上竞赛指挥中心、广播电视中心、新闻中心、运动员村等设施齐备，交通、水利、电力、通信、环保等工程完善，也使亚布力滑雪场完全具备了承办世界级大赛的能力，并为今后该省承办冬季奥运会打下了坚实的基础。2008 年，度假区建立了一应俱全的大卖场，一座大型休闲购物广场——澳门街落成，1∶1 比例把澳门的大三巴牌坊、东望洋灯塔和中心广场等世界文化遗产复制到这里。③中国第一个具有铁路客运专线的滑雪场——哈尔滨市至亚布力南站的旅客列车开通，苇亚（苇河至亚布力滑雪场）铁路全长 24.24km。④中国第一个具有世界领先造雪系统的滑雪场——全线采用自动控制，造雪管线长达 20km。⑤中国第一个具有世界领先索道系统的滑雪场——索道总长度达 11km。⑥拥有中国最长雪道的滑雪场——40 余条雪道，总长度为 110km。⑦拥有中国最壮观的雪具大厅的滑雪场——开阔的视野将山形地貌，条条雪道尽收眼底。⑧拥有中国一流导滑教练队伍的滑雪场——有一批具有初中级国家社会体育指导员资格的专业导滑教练员，还有定期兼职的近百名专业教练员、运动员。世界大学生冬季运动会基础设施的改建，使尚志市滑雪旅游产业迎来了空前发展的春天，也奠定了我国继续申办并举办冬季奥运会的基础。

4）亚布力滑雪旅游度假区旅游产品价格。

初级雪道低价，高级雪道高价，青少年学生优惠价。在其他因素相同的情况下，价格较低的滑雪旅游地对游客的吸引力较高。

5）亚布力滑雪旅游度假区市场需求特征。

根据宋红娟和于洪贤（2007）对亚布力滑雪旅游度假区潜在客源市场的调查结果，从年龄构成上看，滑雪旅游游客主要集中在 15~44 岁，其中，15~24 岁游客所占比例最大（约为 46.94%），25~44 岁游客所占比例次之（为 40.82%），14 岁以下和 45 岁以上的游客所占比例很小；从职业构成上看，学生比例最大（为 40.44%），专业技术人员、工人、一般职员、商务人员、政府职员等次之；从受教育程度上看，游客受教育程度主要集中于高中、大专、本科阶段，这个受教育程度的客户群出游概率比较大；从家庭收入和家庭构成上看，800~3000 元/月的中等收入家庭及三口之家结构形式的家庭出游率最高；从感知程度上看，去过的人数所占比例为 78.72%，未来想去的人数所占比例为 91.49%，但知道景区特色的人数所占比例仅为 34.04%；从消费水平上看，中等收入阶层的人们出游动机更为强烈，且追求经济实惠、物美价廉的旅游产品；从住宿消费意向上看，在亚布力过夜的游客对住宿场所的选择趋向于经济型和本地特色型宾馆，其中，选择豪华型宾馆的游客所占比例仅为2.17%，选择普通型宾馆的游客所占比例为34.78%，选择经济型宾馆的游客所占比例为32.61%，选择农家乐宾馆的游客所占比例为30.44%。

6）亚布力滑雪旅游度假区发展环境。

政策环境：黑龙江省政府根据实际情况，提出了把滑雪旅游确定为黑龙江省冬季旅游的主攻方向和支柱性旅游项目，制定了一系列保障滑雪旅游可持续发展的优惠政策。政府在土地使用与管理、道路建设、水电保障、配套产业规划与发展等基础设施方面都做出了积极的努力。体育部门和旅游部门有效配合，在各自的行业管理和滑雪旅游相结合等方面做了大量的工作。黑龙江省政府大力扶持和"三冬会"强力拉动，亚布力的"转身"轨迹清晰可见。亚布力国际会展中心、亚布力阳光度假村、黑龙江省体育局亚布力滑雪场、亚布力国际广电中心等新地标拔地而起，亚雪公路、苇亚铁路交织成快捷安全的交通网络。亚雪公路将亚布力与雪乡连为一体，双景同辉，联手共赢，北京与牡丹江之间的特快列车往返停靠亚布力南站，亚布力支线机场建设被列入黑龙江省"十二五"规划。2009年，黑龙江省政府提出建设八大经济区和十大工程，以解决本省产业布局不合理、产业结构单一、自主创新能力不强、管理体制机制不活、可持续发展后劲不足等制约经济社会发展的突出问题，有力推动经济发展方式转变。中国共产党黑龙江省第十届委员会第七次全体会议、黑龙江省边贸旅游工作座谈会、黑龙江省重点旅游城镇建设座谈会三大会议推动了黑龙江省旅游战略跨越性发展，提出建设北国风光特色旅游开发区，实施贸易旅游综合开发工程，建设12个重点旅游名镇，将旅游业纳入全省八大经济区和十大工程总体布局之中，将旅游业作为重要支柱产业来打造。黑龙江省旅游业进入了千载难逢的发展机遇期。黑龙江省旅游局加快落实省委、省政府的战略部署，带领全省旅游业以建设北国风光特色旅游开发区为宗旨，以创意提升冰雪旅游影响力和吸引力为主线，以树立北国风光、美在黑龙江的旅游形象为目标，以后大冬冰雪旅游价值体验年为平台，以冰雪质量提高、资源利用提高、品牌体验提高、权威推广提高策略为动力，推进旅游项目建设"351"工程，全力打造北国风光特色旅游开发区十大板块，在开创"十一五"黑龙江省冰雪旅游辉煌成就的基础上，坚持创新、创意、创造的原则，把冰雪资源挖深挖透、把冰雪产品做精做强，把冰雪体验做到极致，创新冰雪旅游开发思路，创意冰雪旅游新精品，创造冰雪旅游新品牌，使黑龙江省冰雪旅游无论从冰雪旅游产品水平、冰雪旅游文化品位，还是冰雪旅游管理和服务方面都上升到历史新高度，在优化设施、打造精品、树立品牌、宣传推广等方面实现历史性突破。

法律环境：主要起到规范调整各个法律关系主体之间的法律地位及其相互关系的作用。这里的法律关系主体包括旅游行业管理者、旅游者等。我国滑雪旅游正处于产业发展的初级阶段，法律的不健全在一定程度上制约了滑雪旅游的健康发展。但这是滑雪旅游的必经阶段，需要相应行业管理部门、旅游企业以及旅游者等法律关系主体各司其职，才能循序渐进地完善和发展。

文化环境：滑雪在北方一直作为竞技体育项目保存和发展，20世纪30年代，旅居哈尔滨的白俄罗斯人在玉泉北山建立了中国第一家滑雪场，用于冬季室外健身和娱乐，为滑雪运动的兴起创造了良好的环境，然后经过竞技滑雪阶段、旅游滑雪阶段直至形成滑雪旅游产业初级阶段，可谓历史悠久。同时，独特冰雪旅游资源、丰富的少数民族风情吸引了大量的海内外游客，使得滑雪这一项目以其极强的参与性、娱乐性占据了冬季旅游市场中很大一部分份额。

（3）亚布力滑雪旅游度假区旅游竞争力分析

付艳慧（2009）采用模糊评价法，对亚布力滑雪旅游度假区旅游竞争力进行了评价，结论如下：22.2% 的人认为亚布力滑雪旅游度假区旅游竞争力很强，26.5% 的人认为亚布力滑雪旅游度假区旅游竞争力较强，34.4% 的人认为亚布力滑雪旅游度假区旅游竞争力一般，14.4% 的人认为亚布力滑雪旅游度假区旅游竞争力较弱，2.5% 的人认为亚布力滑雪旅游度假区旅游竞争力较弱。

结合本课题组调查，亚布力滑雪旅游度假区滑雪旅游产业的主要问题如下。

1）规划布局较不合理。度假区内除拥有高山雪道的竞技滑雪区和阳光度假村外，还存在其他小型滑雪场。小型滑雪场多为低水平重复建设，设施较简单，雪具陈旧，环境和卫生条件不佳，缺乏有效整合，导致原有旅游滑雪场经济效益滑坡，束缚了企业进一步升级。

2）滑雪旅游产业管理体制机制较为不顺。度假区内雪道分割、体制机制不顺，尤其雪道分割现象十分严重，大大降低了整体实力。滑雪场分布错综复杂，分属不同的机构，缺少统一的规范和管理，如青山村农家大院住宿接待没有统一的规划和管理，硬件设施简陋，缺乏旅游资源的专业整合，给整个度假区的管理带来很大困难。由于经济利益驱动和行业管理政策、法律不健全，周边部分小型滑雪场进行无序竞争，破坏了整体统一性，损毁了多年树立的品牌，已成为整体实力提升的滞障和瓶颈。

3）营销意识薄弱，旅游服务质量有待提高。亚布力滑雪旅游度假区的确存在历史优势、品牌优势和规模优势，但有些优势，如滑雪期长、雪质好的相对优势随着时间的推移以及后开发地区的跟进已变得不是明显优势了。根据滑雪旅游分析的漏斗模型理论（增长＝尝试＋转化），滑雪者的第一次滑雪经历至关重要，它直接决定了其今后是成为滑雪爱好者还是从此放弃。因此，必须更好地确定消费者的需求和期望值，必须提供高质量的旅游服务。旅游产品生产和消费的同一性是说滑雪旅游地在向旅游者提供产品的同时，旅游者也在同步消费，这一特性决定了旅游服务的重要性，尤其是旅游服务中的关键时刻。例如，龙珠二龙山滑雪场提出了提质不提价的服务承诺，继续打造滑雪场十秒钟扶起与首问负责制的服务品牌，当游客穿着雪鞋备感吃力时，在游客滑雪跌倒无法起身时，服务人员都会在最短时间内出现在游客身边，帮助游客顺利完成滑雪旅程。因此，满意的旅游体验可以让游客感到亲切，玩得也开心，甚至有时好的服务可以弥补旅游地资源、设施的不足；而低质量的旅游体验则会影响滑雪旅游地的形象，削弱旅游地的竞争力。目前，国内滑雪场所虽已十分注重经营理念、管理经验的更新，但管理者的整体素质还不尽理想。滑雪场服务意识淡薄，管理缺乏规范性，对工作人员的培训不到位，专业知识了解不够，有些滑雪场甚至存在家庭式管理，从业人员不固定，流动性大，缺乏优质、稳定的服务体系。另外，大多数滑雪场不具备专业救护设备和救护人员，救护体系不完善。这样势必影响滑雪旅游地的经济效益及社会效益。滑雪旅游散客数量众多，往往对方便快捷的网络信息服务有更多的要求。度假区内各滑雪企业采用的营销方式各有不同，包括营业推广、公共关系营销、媒体广告以及报纸杂志等，但网络营销却颇为滞后。有些滑雪场虽建有自己的网页，但缺乏完善的网上预定系统，在一定程度上阻碍了有潜在滑雪旅游需求的游客。亚布力滑雪旅游度假区在宣传时，没有一个统一的可让游客识别的形象，使游客对亚布力滑雪旅游度假区的客观印象和评价褒贬不一，影响了潜在的市场需求。《黑龙江省与北京市及周边地区滑雪场经营现状的对比研究》中指出，黑龙江省有 40% 的滑雪场盈利，有 60% 的滑雪场处于持平和亏损状态。

4）产品缺乏差异化，对相关产业的带动作用有限。滑雪旅游产品同质化现象较严重，硬件配套设施大同小异，所以其软件设施，如地理环境、文化氛围等的建设是重要环节。度假区内大部分滑雪场和酒店经营者缺乏先进理念，在硬件设施上的投入较多，不注重治理、美化环境；滑雪旅游产品结构单一、缺乏特色，娱乐项目少，滑雪氛围的营造不够，滑雪场的吸引力有待提高。滑雪作为冰雪旅游产品主要类型之一，具有极大的成长性和极强的关联性。从产业发展角度而言，亚布力滑雪旅游产业只是初具规模，与之相配套的一系列产业性、政策性措施尚待建立，指导产业发展的旅游产业新规划尚待出台，服务于滑雪旅游产业的安保条例有待进一步完善，产业链条还有待建立并拉长。

5）滑雪旅游与冰雪文化结合不够，尚未做出自己的文化个性。很多优势资源还在沉睡，如黑龙江省土著民族民俗文化没被挖掘利用，黑龙江省冰雪历史文化没有在滑雪旅游中充分呈现。

6）缺乏滑雪旅游产业专业人才。大部分从业人员是退役的运动员，往往缺乏对市场运作与经营管理的了解；滑雪器材生产和使用维护、滑雪场专用器械与设备的配置和合理使用等需专业技术人员来完成；季节性一线服务员，虽经一定的上岗培训，但服务质量较低；在节假日，个别滑雪场拖牵、缆车的数量和速度与客流激增明显不适应；滑雪教练人数不足，施教能力不高，讲解水平低；现场救援反应迟缓，安全意识有待提高。

7）环境保护与开发出现矛盾。亚布力滑雪旅游度假区已不复林海雪原的昔日盛景。人工造雪耗电、楼内供热系统排放烟尘加速积雪融化，在一定程度上加剧"小环境"气候变暖。由于越来越依赖人工造雪，以及建筑物数量和人流量愈来愈大，滑雪场对水资源的消耗剧增，甚至出现人与滑雪场争水的局面。滑雪旅游度假区亚布力面临着：①如何处理好滑雪场开发与环境保护两者关系？滑雪场开发的规模与方式，既需要政府各部门的共同决策、管理，也要有公众的参与和听证，还要考虑气候变化、当地水资源量、环境承受力等因素。国外滑雪场开发主要有两种模式，一种是北美模式，以大型的房地产项目带动滑雪场建设；另一种是欧洲模式，专注于滑雪场建设本身。我国滑雪场要根据自身的特色，进行合理开发。例如，举办 2010 年冬季奥运会的加拿大小镇惠斯勒的官员向媒体公开表示，在冬季奥运会之前，当地不再新建宾馆，不再加宽现有道路，以减轻游客对环境的压力。②打造北方旅游名镇，集滑雪、休闲、度假于一体的法宝各不相同，以何制胜？是通过高标准赛事提升实力，产业发展围绕品牌建设？还是靠平民战略，以低廉价位服务百姓，突出可玩性吸引游客？

3. 重点调研的三大雪场

（1）亚布力阳光度假村滑雪场

发展概况：亚布力阳光度假村，前身为风车山庄，占地面积逾 $300hm^2$，始建于 1994 年，是我国大众滑雪运动的发源地，2018 年滑雪区总面积达 52 万平方米。亚布力阳光度假村曾被指定为第三届亚洲冬季运动会雪上运动员村、第 24 届世界大学生冬季运动会官方酒店，并被中国企业家论坛选为永久会址，2009 年 4 月被美国《时代周刊》评为亚洲最进取的滑雪场。

发展节点：1996 年，中期公司投资的亚布力滑雪中心（风车山庄）正式对社会公众开放，它是中国第一座符合国际标准的大型旅游滑雪场，标志着中国滑雪旅游产业的诞生。亚布力滑雪中心（风车山庄）包括亚布力滑雪场、风车度假饭店、风车网阵、天印湖、高尔夫球场、康乐中心、网球场等游乐设施，主要娱乐项目有滑雪、高尔夫球、钓鱼、网球、雪地摩托、森林骑马、热气球、滑翔伞等。2007 年 8 月，亚布力滑雪中心被澳门新濠国际集团旗下的新濠（中国）度假村有限公司（MCR）全面收购，改名亚布力阳光度假村。亚布力阳光度假村是 MCR 家族的旗舰度假村，也是国内首家以冬季滑雪为主并提供全年休闲度假体验的目的地型度假村。2010 年，地中海俱乐部（Club Med）投入 300 万美元，租赁了亚布力度假村的物业。2010 年 12 月 16 日，亚布力度假村（Club Med）正式开业，与地中海俱乐部的一价全包的标准保持一致，业绩良好。2010 年 7 月开放预订后，10 月底营业额已超过 1000 万元，客源主要为东南亚地区和港澳地区的高端客户。

典型做法或尝试。

1）通过举办、承办重要活动提高知名度。

1996 年 2 月，共同举办了第三届亚洲冬季运动会，有国家领导人到场并观看比赛；2001～2010 年，连续举办 10 届中国企业家论坛年会，在全国引起强烈反响；1999～2010 年，连续举办 12 届中国·黑龙江国际滑雪节，推动全国滑雪旅游业迅猛发展。

2）市场化运作，政府支持。

第一，亚布力滑雪中心（风车山庄）使亚布力由原来的一片荒野发展成为世界知名的综合性大型旅游滑雪度假区，为中国滑雪场探索出具有中国特色的管理模式，培训并输送了一批高级管理人才，带动了相关产业的发展。亚布力滑雪中心（风车山庄）在建立之初就在北京投入 3000 多万元进行推广和公益宣传，此后每年花费 200 多万元维护亚布力滑雪品牌，在全国乃至世界范围内树立了亚布力滑雪品牌。此后 10 年，中期公司投资的亚布力滑雪中心（风车山庄）上缴各种税收 1000 万元，并为当地提供了数量可观的就业机会。

第二，新濠国际集团收购亚布力滑雪中心（风车山庄）带来了较强的资本。值得关注的是，从 2007 年开始，新濠（中国）度假村有限公司闪收购了黑龙江省、吉林省以及北京市的 5 家大型滑雪场，一举成为中国最大的滑雪度假设施运营商。

西岸置业集团总部位于加拿大的温哥华，是全球最大的、以度假村开发为中心的休闲度假投资与管理集团，拥有 10 个滑雪度假区，如举办 2010 年冬季奥运会的惠斯勒滑雪度假区。2005 年，西岸置业集团到中国寻找合适的购并对象，经过两年多的市场调研，最终从 100 家滑雪场中遴选出包括亚布力滑雪场、北大湖滑雪场等在内的 5 家滑雪场。正当商业谈判顺风顺水时，西岸置业集团总部突生变故。2006 年，新濠国际集团果断成立新濠（中国）度假村有限公司，接手被西岸置业搁浅的 5 个滑雪场。

第三，地中海俱乐部是在法国注册的全球著名旅游度假机构之一，目前在全球 100 多个国家的著名旅游景点设有连锁店，力求以不同类别和等级的度假住宿设施来满足全球范围内更多的细分市场，其针对儿童设计的俱乐部活动及友好的 GO（法语 gentil organisateu 的缩写，温和的组织者，亲切的东道主）口碑良好，其创造的一价全包服务模式、高素质 GO 员工，非常值得研究。值得关注的是，地中海俱乐部不仅是一个旅游住宿设施的经营者，还是关注生活品质的人居环境构建者，在不同程度上直接参与或影响了其所在区域的度假地规划与建设。地中海俱乐部极为重视开拓中国市场。2003 年开始，地中海俱乐部在北京市和上海市分别设立了办事机构，在上海市、北京市、成都市、广州市和深圳市与不同旅行社合作开设了 9 家店中店，2011 年 1 月 20 日，在上海市南京西路商圈开设首家形象店。在地中海俱乐部可以体验世界上最大的滑雪坡度，跟随教练学习滑雪技巧。

第四，项目受到多方面的支持。例如，亚布力度假村（Club Med）项目一方面受到地中海俱乐部的中国的支持，另一方面又获得当地政府对地中海俱乐部发展的支持。

（2）亚布力新体委滑雪场

发展概况：亚布力新体委滑雪场始建于 1980 年，隶属于黑龙江省体育运动委员会，主要由高山滑雪场、自由式滑雪场、跳台滑雪场、越野滑雪场和现代冬季两项滑雪场 5 个竞技、训练场和 2 个旅游滑雪场组成，是中国目前规划最大、设施最先进、服务最完善、集旅游滑雪与竞技滑雪于一体、拥有多条初、中、高级雪道的综合性滑雪场，是国家首批 AAAA 级景区内的 SSS 级旅游滑雪场。滑雪期为每年的 11 月中旬至次年的 4 月初，长达 120 多天，已成为春季观光、夏季避暑、秋季狩猎、冬季滑雪的旅游胜地。

滑雪场特色：

1）综合性较强。①运动员训练和比赛场地：滑雪场白建立以来，先后承办了第三届、第五届、第七届、第十届全国冬季运动会、第四届亚洲少年高山滑雪锦标赛、第三届亚洲冬季运动会等大型的国内和洲际滑雪比赛，以及数十次国内和省内的滑雪比赛。②国家极地考察训练基地：1984 年，国家南极考察委员会办公室（现为国家极地考察办公室）的训练基地在此设立。2018 年，已有 26 批赴南极科考人员在这里进行适应性训练。③滑雪旅游胜地：临近灵芝湖的初级雪道宽阔，可供初学者滑雪，拖牵牵引；高级、中级雪道适合有一定滑雪水平的滑雪爱好者。

2）技术装备较强。2 条从日本进口的单人吊椅式索道、2 条国产的单人吊椅式索道、2 条从法国进口的拖牵式索道，1 辆从加拿大进口的压雪车、4 辆从德国进口的压雪车，4 台从加拿大进口的移动式低压造雪机，14 辆进口和国产的雪地摩托车，数百套滑雪器材，以及 1 个标准的田径场和 1 个室内训练馆。全自动、半自动混合造雪系统覆盖滑雪区内长 12 460m、面积 431 080m² 的全部雪道。

发展台阶：赛事助推了雪场的发展。

1）第七届全国冬季运动会：第七届全国冬季运动会于 1990 年 12 月 2 日～7 日、1991 年 2 月 2 日～9 日在哈尔滨市、亚布力镇举行。从周边林场、亚布力镇、学校等调入体育老师和部分专业人士共 14 人，提高了接待能力。

2）第三届亚洲冬季运动会：第三届亚洲冬季运动会于 1996 年 2 月在哈尔滨市举行，共有 17 个国家和地区的 500 名运动员参会，运动会设滑冰、滑雪、现代冬季两项、冰壶和冰球五大项。该届亚洲运动会期间，中国中央电视台首次在天气预报中增加了亚布力滑雪场天气内容，使这个默默无闻的地方逐渐被大众熟知，随之高速发展成为中国竞技滑雪和大众滑雪的首选，亚布力已成为中国滑雪的代名词。尽管如此，"一根电缆一根水管一个泵"，5 台造雪机数量有限，加上水、电限制，无法满足比赛需要，出现了人背雪上山的情况，主要靠天吃饭。第三届亚洲冬季运动会的成功举办使亚布力闻名遐迩。1998 年，首届中国·黑龙江国际滑雪节隆重开幕，亚布力在竞技滑雪基础上又被赋予了旅游滑雪的新内涵。但随着其他滑雪场的筹建、市场竞争加强，亚布力的发展建设进入了半休眠状态。

3）第 24 届世界大学生冬季运动会：第 24 届世界大学生冬季运动会于 2009 年 2 月在哈尔滨市举行，使亚布力新体委滑雪场成为世界级滑雪场，国家首批 AAAA 景区内的 5S 级旅游滑雪场。世界大学生冬季冬运会素有小奥运会之称，为世界所瞩目。哈尔滨市获得申办第 24 届世界大学生冬季运动会的最后胜利，标志着我国参与国际事务的实力越来越强，标志着我国体育运动在国际体坛的影响越来越大，标志着黑龙江省在与国际接轨中又向前迈出了坚实步伐，标志着申办团全体成员的工作卓有成效。2006 年 5 月，第 24 届世界大学生冬季运动会开始筹办，这是我国首次举办的规模最大、参赛人数最多的世界综合性冬季体育赛会。为了更好地承办此次世界大学生冬季运动会，黑龙江省投资 30 多亿元，新建和改造 51 项场馆等基础设施。第一个投资和竣工的工程是哈尔滨体育学院帽儿山滑雪场索道，它是一条 4 人吊椅、6 人吊厢混合式全自动拖挂索道，全长 1360m，运量 2400 人/h，运行速度 5m/s，全程运行时间 278s，包含了吊椅、吊厢混合运行技术、吊椅站内加热技术、吊椅全自动整体挡风罩技术三项专利技术。亚布力新体委滑雪场获得投资 2 亿元，索道、场地和设施有了极大改善，经过打造，成为名副其实的世界级滑雪场：造雪设备——5 个场地全覆盖；造雪能力——240h 达到比赛要求；水电设施——造雪能力基本保证；最大变化——滑雪期延长 3 个月，接近 6 个月。

4）2010/2011 赛季国际雪联单板滑雪世界杯：2010/2011 赛季国际雪联单板滑雪世界杯于 2011 年 2 月在亚布力滑雪场举行。这是我国首次承办该项目的世界级大赛。为此，抢时间赶进度，用了不到两个月的时间，在 2010 年底前完成了单板滑雪场地两侧的灯光设施建设。2010 年 12 月 15 日晚，该灯光滑雪场正式对外开放，填补了我国没有专业夜间滑雪场的空白，对中国滑雪旅游产业发展具有重大意义。自高山楼至雪具大厅，灯光雪道全长 1500m，灯光滑雪场是目前国内线路最长、标准最高、设施最专业的全天候滑雪场，可与国外同类型滑雪场相媲美。灯光滑雪场共有 130 余组灯，灯光可覆盖雪道所有角落，光线柔和不刺眼。灯光滑雪场的建成大大延长了可供游客滑雪的时间，极大地方便了游客的日程安排。

典型做法或尝试。

1）赛事助推滑雪场发展；政府投资，优势独特；经营管理尝试创新。

政府投资，优势独特。例如，2010 年，亚布力滑雪场灯光滑雪场的建成得益于黑龙江省政府的高瞻远瞩和黑龙江省体育局对发展滑雪旅游产业的大力支持。

2）经营管理尝试创新，有成功也有失败。

集资成立亚布力雪上娱乐公司：在提供训练场地和比赛服务的同时，滑雪场尝试养人参等项目，经济效益不佳。1996/1997 年雪季，在场内集资 90 万元成立亚布力雪上娱乐公司，进行商业经营，效益良好。2002 年，亚布力雪上娱乐公司的民间股份和黑龙江省体育局股份分别占 75% 和 25%，同年，亚布力雪上娱乐公司被黑龙江省体育局以 1∶2.5 的价格收购。

免费滑雪效益欠佳：迫于压力，在 2009/2010 年雪季甚至免费滑雪，依靠导滑、冰壶、马爬犁等项目的提成维持经营，接待游客 15 万人次，收入 450 万元，人员和设备超负荷运转，效益欠佳。

一卡通控制了漏洞：2010/2011 年雪季实行一卡通，控制了内部漏洞，提高了滑雪价格，提高了服务质量，接待游客 4 万人次，收入 460 万，效率有所改善。日本、韩国等国家的滑雪队伍都前来训练和比赛，整个滑雪场正在有条不紊地运转着。

承包经营，投诉率高：老体委滑雪场曾经承包给个人经营，但是由于管理不善、投诉率高，败坏了滑雪场的名声，2010 年停止承包。

新设雪上娱乐园：2010 年 12 月 25 日，雪上娱乐园开园营业，园内设滑圈、雪地摩托、马拉爬犁、狗拉爬犁、冰尜、冰壶等 30 余项冰雪娱乐项目，让游客全方位体验冰雪的乐趣、寻找童年的影子，从而让游客更加喜欢这里。

(3) 亚布力国际广电中心滑雪场

发展概况：亚布力国际广电中心滑雪场隶属于黑龙江广播电视局，坐落于亚布力滑雪旅游区内，依山体建设而成。滑雪场海拔高度 499.1m，占地面积 3.17 万 m²，建筑面积 1.5 万 m²，所选建筑及家私材料均为环保特级材料，楼外还设有全天候高清晰摄像机，可 24h 把信号传输至广播电台及电视台。

入口大厅兼信息发布大厅，东西均为通透玻璃墙体，贯穿建筑主次入口相连并将建筑分割为南北两部分。酒店大堂顶高 14m，视野开阔，大气壮观，置身于大堂之中向外眺望，崇山峻岭、雪道、跳台尽收眼底。同时，设立观光塔，可同时观看所有比赛现场。亚布力国际广电中心是完全按照国家级标准建设的，至 2019 年，雪场拥有三条雪道，主雪道长 500m，宽 50m，次雪道长 200m，宽 40m，最大坡度为 36°，被滑雪爱好者称为"最安全的雪道"，并架有两条空中索道（一条双人吊椅和一条单人吊椅），双人吊椅运载能力达 600 人/小时，单人吊椅的运载能力达 200 人/小时。优越的天然场地和先进完备的设施可同时满足 600 名游客的滑雪需要。

14.2　黑龙江省亚布力滑雪旅游度假区概况

14.2.1　黑龙江省亚布力滑雪旅游产业的经验

(1) 积极承办"三冬会"，通过赛事对滑雪场提档升级

亚布力滑雪旅游度假区先后承办了第三届、第五届、第七届、第十届全国冬季运动会，第四届亚洲少年高山滑雪锦标赛，第三届亚洲冬季运动会，第 24 届世界大学生冬季运动会等大型滑雪比赛及 100 余次洲际单项滑雪比赛。2007 年 12 月，中国滑雪协会正式命名尚志市为中国雪都。每次赛事对亚布力滑雪场都起到了提档升级的作用。

(2) 在国内率先尝试多元化经营，探索管理创新

1994 年，中期公司投资亚布力，具有超前意识。1996 年，亚布力滑雪中心（风车山庄）正式进行商业运营，使亚布力由原来一片荒野发展成为世界知名的大型综合性旅游滑雪度假区，为中国滑雪场探索出具有中国特色的管理模式，培训并输送了一批高级管理人才，带动了相关产业的发展。亚布力滑雪中心（风车山庄）在建立之初就在北京投入 3000 多万元进行推广和公益宣传，此后每年花费 200 多万元维护亚布力滑雪品牌，在全国乃至世界范围内树立了亚布力滑雪品牌。此后 10 年，中期公司所投资的亚布力滑雪中心（风车山庄）上缴各种税收 1000 万元，并为当地提供了数量可观的就业机会。

14.2.2 黑龙江亚布力滑雪旅游产业的教训

（1）大政府、小市场，市场机制难以发挥作用

以所有制形式、产业结构和发展思路、分配方式等衡量，黑龙江省亚布力滑雪旅游产业的发展模式有小市场、大政府的特点。黑龙江省滑雪旅游开启了中国大众滑雪的历史。从滑雪旅游的策划、创办到发展，黑龙江省政府起到了至关重要的作用。在滑雪旅游建设上，黑龙江省于 2001 年率先出台了《旅游滑雪场质量等级标准》，于 2006 年对《旅游滑雪场质量等级标准》进行了修订，在滑雪场等级划分中增加了 SSSSS 级和 SSSS 级滑雪场，对滑雪场设备及设施基本条件等方面提出了更高要求。为了解世界滑雪旅游业先进的开发经营理念，掌握其发展趋势，2001 年，黑龙江省政府与国家旅游局、联合国工业发展署承办了国际滑雪旅游论坛，邀请了瑞士、美国、芬兰、奥地利、日本等 19 个国家从事滑雪旅游规划、滑雪设备制造、雪场管理的有关专家和政府官员参会。近几年，黑龙江省旅游局又先后 8 次牵头组织滑雪经营管理人员到世界滑雪发达国家瑞士、奥地利等考察学习。这些举措为科学发展黑龙江省滑雪旅游产业，尽早与世界接轨奠定了基础。在滑雪旅游体系的建设上，政府肩负着宏观规划及管理职能。黑龙江省"十三五"规划发展目标：①旅游经济总量、旅游市场规模、旅游消费水平和可持续发展能力全面提升，到 2020 年年底，力争接待游客人数达到 1.9 亿人次，旅游收入达到 2200 亿元；旅游业增加值占全省生产总值的比重超过 5%。②发展生态旅游，挖掘生态资源和区位优势，发展冰雪游、森林游、边境游、湿地游、避暑游等旅游产业，整合旅游资源，推动文化、体育、时尚、健康养老与旅游融合发展，建设全国一流的生态休闲度假旅游目的地、夏季健康养老基地和全域旅游示范区。③发展冰雪经济，发挥冰雪大世界、雪博会、亚布力、雪乡等品牌优势，优化整合冰雪资源资产，大力发展冰雪旅游、冰雪文化、冰雪体育、冰雪教育，打造国际冰雪旅游重要目的地、冰雪人才培养高地、冰雪装备研发制造基地、冰雪赛事主要承办基地，形成新的经济增长极，建设冰雪经济强省。④力争每年新增 1 个景区进入 5A 级旅游景区预备名录。到 2020 年底，全省 A 级旅游景区超过 420 家，其中 5A 级旅游景区 6 家、4A 级旅游景区 120 家。创建 2 个国家级旅游度假区，30 个省级旅游度假区。⑤基础设施和服务设施不断完善，旅游服务达到国内领先水平。特色旅游商品体系基本成型，建成 5~10 个旅游商品展销中心，建成或完善一批高档次、高品质旅游饭店，培育一批特色旅游餐饮品牌，打造 3~5 个特色旅游文化演艺项目。从产业发展角度而言，亚布力滑雪旅游产业只是初具规模，与之相配套的一系列产业性、政策性措施尚待建立，指导产业发展的旅游产业新规划尚待出台，服务于滑雪旅游产业的安保条例有待进一步完善，产业链条还有待建立并拉长，市场机制难以发挥作用。

亚布力滑雪旅游产业发展过程中规制匮乏与规制过度并存，分割性规制和不对称规制并存。规制过度：政府在放开和引入市场的同时，强势、直接参与市场竞争和运作，有的

滑雪场仍是政府的试验田。不对称规制：项目审批双重标准。

（2）区域分割，管理不顺，未能整合大旅游资源

区域分割，多头监管，大大降低了整体实力。区内滑雪场分布错综复杂，分属雅旺斯集团、新濠国际集团、黑龙江省体育局和一些私营企业，性质分为事业单位、国有企业、私营企业等。由于经济利益驱动和行业管理政策、法律不健全，周边小型滑雪场以给导游和旅行社高额回扣、打价格战等方式进行无序竞争，把外来不明真相的游客引导到档次很低的小型滑雪场，破坏了整体统一性，损毁了多年树立的品牌，已成为整体实力提升的瓶颈。

机关事务管理局未能发挥积极作用。许多滑雪企业已意识到滑雪行业合作的必要性和迫切性，但在经营协作过程中还心态各异，很难形成合力。多数滑雪场赔本赚吆喝，迫切寻找出路，滑雪行业面临重新洗牌。为了协调管理，成立了亚布力机关事务管理局，但在第 24 届世界大学生冬季运动会后移交尚志市，未能对整合亚布力大旅游资源、理顺管理机制发挥积极作用。

现亚布力滑雪旅游度假区管理委员会由黑龙江省森林工业总局直接管理，企业无法承担政府职能，管理矛盾凸显。

（3）项目审批双重标准、门槛低，无序开发

在黑龙江省滑雪场建设最快的时期，大项目需要立项审批，小项目则可"抄近路"上马，结果滑雪产业布局不合理，小滑雪场多为低水平重复建设，缺乏有效整合，部分滑雪场存在难以持续经营和面临关闭的问题，投资损失严重。只有适当放开，多渠道引资，主管部门解放思想、抓大放小、有取有舍，打破自我封闭的发展模式和大而全的经营观念实现低成本扩张，才是当前全面改善和提高滑雪场旅游服务档次、化解投资风险的最佳选择。

亚布力滑雪旅游度假区在建设初期缺乏标准化的科学管理，高级专业管理人才流失严重。建设中期，黑龙江省在全国率先制定了《旅游滑雪场质量等级标准》，预想通过滑雪场等级评定和复核工作加强对全省重点滑雪场经营质量的管理，但多年积压的老大难问题很难彻底解决，且管理成本高。

（4）缺乏标准化、专业化管理，企业缺乏核心竞争力

外部经济、区域要素和企业行为是产业集聚演化的主要影响因素。就亚布力滑雪旅游度假区而言，聚集效应和区域要素是影响滑雪经营企业集聚的外部变量，而企业行为本身（企业的竞争、合作和创新）对整个企业集聚的演化过程有非常大的作用，并且在演化的不同阶段，企业的主要行为也会出现差别。

滑雪企业在市场上的竞争，短期内主要表现为产品的价格竞争和服务竞争，从长期看，则是企业核心竞争力的较量。滑雪企业核心竞争力是滑雪企业发展独特技术、开发独特产品和发明独特营销手段的能力。它以滑雪企业的技术能力为核心，通过市场预测、战略决策、产品设计开发、市场营销、内部组织协调管理的交互作用，获得使滑雪企业保持持续竞争优势的综合能力。

调查发现，亚布力滑雪旅游度假区的优势主要体现在市场效应方面，而对马歇尔所说的三大聚集效应（中间投入效应、劳动力场效应和技术溢出效应）体现较少。该滑雪产业集聚区的最大拥挤效应集中于价格竞争、消费环境和企业品牌风险三方面，突出问题在于企业缺乏核心竞争力，主要表现在以下四方面。

1）市场竞争问题：只有当产业集聚中的同行企业之间的竞争强度较小时，集聚企业才可能共存，否则，集聚企业既可能走向垄断，也可能全部消亡。企业只有找准细分市场，才能减少直接竞争，有利于企业生存发展。产业集聚内部发展较好的企业之间的竞争主要集中在服务和特色项目两个方面，很少集中在价格方面。然而，亚布力滑雪旅游度假区大部分滑雪场结构单一、功能单一，除了满足一般的初级滑雪需要外就没有其他吸引游客的亮点。滑雪旅游产品没有与其他旅游资源等很好地结合起来，也没有注意市场细分。大多数滑雪场极其缺乏辅助滑雪旅游产品，无法满足游客日益多元化的旅游需求；同时，还缺乏健全的滑雪教练员培训体系。滑雪教练员的文化素质、运动技术水平、教学水平参差不齐，指导时会出现讲不清、示范不到位等问题。从亚布力滑雪旅游度假区产业集聚内部竞争行为表现来看，不同形式的过分竞争对聚集区的存在都是不利的：①消费者对滑雪场拉客很反感，容易降低稳定的消费人群；②企业之间的同质产品竞争容易加速聚集区衰落；③价格竞争是企业竞争的主要方式，企业竞相降价、恶性竞争的后果是企业利润减少；④不正当竞争也会使产业集聚走向衰落。大部分滑雪场把动态发展看死了，把竞争主要对手放在同处于发展初级阶段的国内不同地区的滑雪旅游产业上，而放弃了参与世界性、国际的竞争，这无疑降低了自身的发展标准。

2）自主创新能力问题：从理论上讲，集聚使企业更会感觉到发展压力、更能感受到产品创新的紧迫性、更会意识到提高产品和服务质量的必要性，有助于企业找准市场需求、容易获得客户反馈信息和容易模仿创新，容易发现自己产品的优劣势、了解竞争对手的情况、专注于自己力所能及的生产环节、更有针对性地开发新产品和市场定位明确，能够把握住产品需求的特点、认清市场的变化趋势和企业能够在复杂多变的环境中找到发展机会。然而，如果创新意识不强、创新压力不大、创新条件不具备，产业集聚就容易出现核心产品同质化严重的现象。亚布力滑雪旅游度假区的问题突出体现为硬件配套设施大同小异，忽视对地理环境、文化氛围等软件设施的建设，低水平重复开发，低水平竞争，以及对相关产业的带动作用有限。在硬件设施上投入较多，不注重治理、美化环境；滑雪旅游产品结构单一、缺乏特色，娱乐项目少，滑雪氛围的营造不够，滑雪场的吸引力有待提高。各企业互挖墙脚、拆台诋毁现象屡有发生，模仿抄袭、缺乏自主创新性。

3）市场营销问题：除了政府的行业主管部门在国内外不定期进行一些整体促销活动之外，产业界很少搞联合促销，而企业的市场营销手段也比较单一。滑雪旅游的消费层次分明，可以满足不同阶层游客的消费要求，因而具有巨大的市场潜力和良好的市场前景。能否变潜力为效益，很大程度取决于市场营销工作。从旅游角度看，滑雪旅游属中高档旅游产品，适合中高收入的游客。这就决定了当前国内促销工作应面向北京等一些大城市和沿海经济发达地区。海外促销工作的重点可放在港澳台地区和东南亚一些国家。在知识经济时代，要充分利用各种媒介的作用，提高促销工作的力度；并加强与国外知名旅游企业的合作，提高促销工作的深度。主动出击，摒弃传统的等、靠经营模式。就区内企业而言，可以进行内部横向合作：①共同出资建设维修公共设施，如统一的标志、装饰物等；②共同出资进行营销活动，如媒体广告、举办节事活动等。这些合作对所有集聚企业降低成本是有益的，能促进整个产业集聚的良性发展。但是，大小企业之间或盈亏企业之间的费用分摊不均则可能阻碍企业之间的合作。

　　4）滑雪品牌问题：缺乏滑雪品牌培育的社会大环境；注重树立品牌，忽视维护品牌。在商业竞争中，品牌特别是知名品牌的效应有目共睹。旅游产品也必须有品牌。第三届亚洲冬季运动会之后，"亚布力滑雪场"名扬海内外。但如同滑雪旅游不是黑龙江人的专利一样，亚布力也不只体育局雪场一家。几乎所有介绍黑龙江省滑雪旅游的宣传材料，一提及亚布力，一定要提及亚洲冬季运动会。这个问题对知情人而言相当简单，而对局外人需颇费一番口舌才能讲清楚，况且亚布力的滑雪场会越来越多，继续以"亚布力滑雪场"冠名确实非明智之举。况且，共同使用亚布力滑雪品牌，容易增加企业经营风险。根据企业集聚理论，位于同一区位的同行企业无形中使用某种共同品牌。这种共同品牌可以为企业节约部分广告费用，但是大多数游客属于风险回避型游客，如果少数企业出现宰客现象或服务不周，游客就可能对区内所有企业的声誉大打折扣，并且大多数游客有凑热闹心理，如果一些滑雪场冷冷清清会影响到其他滑雪场游客的情绪。可见，滑雪产业聚集区的企业是相互影响的，这就必然增加了企业的经营风险。因此，建议尽早决定，打造新品牌，并做好相应的形象推广工作。

（5）迄今没有形成成功发展模式

　　亚布力滑雪旅游度假区既没形成社区发展模式、也没形成公司模式，更没有进行模式创新，发展的结果是管理无序、混乱的。

　　国外滑雪场开发主要有两种模式：欧洲模式——专注于滑雪场建设本身，以山地发展为中心，山上有四通八达的雪道和缆车设施，山下有成千上万家小规模酒店；北美模式——以大型的房地产项目带动滑雪场建设，推崇以度假村发展为中心，一个实力雄厚的主要开发商负责山上和度假村的全盘规划，休闲地产和四季娱乐项目才是主角，滑雪只是其中的重要组成部分。不管哪种模式都要大规模资金支持。目前看来，北美模式似乎有优势，毕竟在中国滑雪运动还没有普及的情况下，多元化经营更容易为投资人带来丰厚回报。但是纯粹采用北美模式，似乎并不成功。亚布力滑雪中心（风车山庄）已经失败，亚布力阳光度假村采用北美模式也没有成功。

（6）环境保护与产业开发矛盾凸显

　　由于越来越依赖人工造雪，以及建筑物数量和人流量愈来愈大，滑雪场对水资源的消耗剧增，甚至出现人与滑雪场争水的局面。人工造雪耗电、楼内供热系统排放烟尘，加速积雪融化，在一定程度上加剧"小环境"气候变暖。亚布力滑雪旅游度假已不复林海雪原的昨日盛景。

14.2.3　亚布力滑雪旅游度假区的重点借鉴

（1）细致服务，政府有所为有所不为

政企分开，充分发挥政府职能，正确引导，细致服务。

根据情况，选择政府主导、企业主导或政企合作多种模式。

力争投资主体多元化、融资渠道多样化、经营主体民营化、资源配置市场化。

（2）理顺管理机制，整合大旅游资源

创新和完善地方政府规制，优化地区经济发展环境。各政府部门统一协调，避免政出多门。

协调利益关系，调整开发行为，统一开发力度，保障长远发展。

根据市场状况和区域滑雪旅游资源特点，制定滑雪旅游的发展方向和战略，确定滑雪旅游的主题和形象，整合区内旅游资源，打造最具市场竞争力的核心产品，形成有吸引力的旅游目的地。

（3）做好规划、严格审批，坚持精品开发

（4）倚重自主创新、注重培养核心竞争力

倚重自主创新，树立品牌，维护品牌，重视对地理环境、文化氛围等软件设施的建设；做好准确的市场定位，满足消费者的日趋个性化和差异化的需求，避免产品结构单一、核心产品同质化；将高价战术转变成质量战术，在保证滑雪旅游产品质量稳步提高的基础上，不断完善产品性能，丰富产品种类，走可持续性名牌产品之路，提升产品竞争力。

注重培养滑雪企业发展独特技术、开发独特产品、发明独特营销手段的综合能力。

慎重选择发展模式；引进和留住高级专业管理人才；提高管理效率。

注重创新市场营销、整体促销、联合促销、多手段营销。首先要转变营销理念，随着大众需求的改变，营销理念要不断创新，促销策略必然也要随之进行调整，要将传统的营销理念与体验式营销、关系营销、绿色营销有机地结合在一起，树立正确的营销理念。要注重加大宣传促销的力度，而且宣传促销要有主题性、计划性、针对性、科学性和整体性。同时，要注重促销手段的创新，充分利用网上直销的办法拓宽销售渠道，建立互联网迅速普及带来电子商务时代连锁经营的理念，制定网上营销计划，不断更新网站内容，跟踪其他关于滑雪旅游的网站，将该网与其他相关网站建立链接，包括将网站接入主要的搜索引擎，并向相应网站提供更新数据和建议。

注重滑雪旅游形象设计。滑雪旅游形象设计要引进 CI 理论的先进理念。不仅要注重滑雪旅游产业外部视觉形象的设计，而且要加强滑雪旅游产业内部各种制度、关系、结构、素质、竞争力、组织以及滑雪场理念、文化、价值观等要素的建设。滑雪旅游形象不仅要体现滑雪旅游的特点又要引起游客再次来旅游的欲望，提高再访率。形象定位要有时代性，要顺应消费需求，打造强有力的旅游吸引物。

（5）培育特色产业群，构建增长极，做长产业链

瞄准市场需求，积极推进生旅联动、商旅联动、文旅联动、交旅联动、农旅联动、工旅联动、体旅联动等大旅游发展模式。

（6）坚持生态优先，走可持续发展之路

处理好环境保护与开发关系，避免先开发后治理。

14.3 吉林省滑雪旅游概况

吉林省虽然没有黑龙江省这么大的产业规模，但却具备后发优势。吉林省有统一的滑雪旅游产业领导小组，针对冰雪资源进行统一宣传、统一包装、统一品牌。在产业运作上，吉林省走的是国际化道路，进行了一系列的国际化包装，前在国内举办了一个国际性的赛事节庆——瓦萨滑雪节。

14.3.1 吉林北大湖体育旅游经济开发区简介

吉林北大湖体育旅游经济开发区（简称开发区）是 2003 年 4 月经吉林省人民政府批

准成立的省级开发区，总规划控制面积 126km²，核心区面积 35km²。开发区位于吉林市的西南方，距吉林市 53km。开发区具有得天独厚的自然资源和气候条件，拥有海拔千米以上的山峰 9 座，拥有目前国内规模最大、设施最完善、自然条件最好的滑雪场——北大湖滑雪场。滑雪场始建于 1993 年 6 月，是中国首批 AAAA 级风景区之一，也是我国重要的滑雪竞赛训练基地和滑雪避暑旅游度假中心，先后成功举办了第八、第九届全国冬季运动会和第六届亚洲冬季运动会雪上项目比赛。

（1）指导思想

以科学发展观为先导，本着以体育带旅游，以旅游促体育，做长开发区体育、旅游产业链条的规划原则，遵循投资主体多元化、融资渠道多样化、经营主体民营化、资源配置市场化的开发思路，以开发四季特色旅游产品、培育国际知名旅游品牌为核心，以整合旅游资源、创新管理体制和机制为着力点，充分发挥旅游业带动服务业发展的龙头作用。

（2）发展原则

坚持产品开发、带动优先原则：按照吃住游玩一体化、春夏秋冬相结合、配套项目相融合的总体要求，优先开发旅游产品，加快建设旅游项目和相关配套设施。以旅游产品和项目的开发建设带动区域旅游产业的快速发展。

坚持统筹规划、分步实施原则：在整体规划的基础上，突出重点，因地制宜，分步实施。优先抓好重点产品开发、重点项目建设，进一步提升核心区域的旅游服务功能，培育区域具有核心竞争力新的旅游产品，打造新的旅游品牌。

坚持招商引资、主体多元原则：对区域内现有旅游资源、旅游产品和旅游项目进行高起点策划、包装，通过各种形式广泛宣传和开展招商引资活动，争取引进大的战略投资者，实现区域旅游资源的综合利用和开发。

坚持协调持续、和谐发展原则：良好的生态环境是构建区域经济可持续发展的基础。将促进资源节约和生态环境保护这一理念贯穿于整个开发区产业发展的链条之中，不断增强区域可持续发展能力。同时，处理好由于产业转型引发的农民发展问题。让农民融入转型之中，并获得利益，共同营造和谐共生的发展环境。

（3）空间布局

为完成上述目标，按照开发区旅游发展总的指导思想、规划原则和发展定位，在充分考虑资源合理配置的基础上，我们提出北大湖区域旅游产业发展空间布局主要围绕一核两廊三组团架构展开（图 14-2）。一核：以北大湖滑雪场为核心吸引物，以其自身快速提升塑造开发区的特色定位，并带动整个区域的综合发展。两廊：以五里河-青杨沟公路和白马夫-溪家-旺起镇路为两廊，连通开发区内外、串联区内各节点，连通体现区域风情特色的交通主干道和景观形象廊道。三组团：以滑雪场为核心吸引力形成的体育运动与商务会议组团、以温泉技术应用和水乐园为主题的生态娱乐和温泉度假组团、以体现乡村风情和特色产业为内容的乡村旅游组团。三个组团都是对价值资源合理布局的复合产业区，但又相互优化形成三足鼎立式的发展大格局。

（4）产品开发

按照一核两廊三组团空间布局的总体要求，以资源为基础，以市场为导向，以实现四季游为目标，利用北大湖山地资源、森林资源、水资源、温泉资源、农业资源和文化资源等，

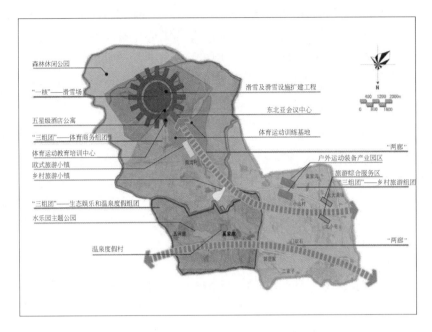

图 14-2 北大湖开发区空间发展布局

加快开发品位高、特色鲜明、在国内外旅游市场具有吸引力和竞争力的旅游新产品。开发区未来几年重点开发滑雪及滑雪设施扩建工程、体育运动训练基地、温泉度假村、水乐园主题公园、旅游小镇、五星级酒店公寓、体育运动教育培训中心、东北亚会议中心、森林休闲公园、户外运动装备产业园区、旅游综合服务区、综合配套设施 12 个旅游产品和项目。

北大湖滑雪旅游开发区发展以北大湖为核心品牌的体育运动休闲产业，带动长吉图乃至整个东北亚国际商务会展产业的发展，并联动相配套的滑雪、体育运动训练基地、温泉度假、水乐园主题公园、教育培训、旅游小镇，共同发展具有国际水平的体育运动休闲旅游目的地和东北亚高端商务交流平台。

经过未来几年的努力，把开发区建设成为以滑雪、体育运动训练基地、温泉三驾马车为主体的户外运动休闲度假区，成为吉林市建设东北亚区域重要的旅游中心城市和生态宜居城市的先导区和带动区，吉林市经济发展的一个重要增长极，以及吉林市旅游大市建设的龙头。通过五到十年的努力，把开发区建设成为国内第一、亚洲领先、国际知名的体育运动旅游休闲度假区，国内乃至东北亚区域高端论坛基地以及四季商务休闲目的地。

14.3.2 吉林省北大湖滑雪场简介

北大湖滑雪场隶属于吉林北大湖体育旅游经济开发区，为我国 AAAA 级风景区之一，始建于 1993 年，位于吉林省吉林市境内，126°E，43°N。滑雪场规划面积 17.5km²，距吉林市 53km，距长春市 141km（图 14-3）。区域内海拔 1200m 以上的山峰有 9 座，主峰南楼山海拔 1404.8m，是吉林地区的最高峰。曾成功举办过第八、第九届全国冬季运动和第六届亚洲冬季运动会雪上项目比赛，得到了国内外高度赞誉和好评。

北大湖滑雪场现有雪道总长度约 30km（表 14-4），其中，国际标准高山雪道 13 条，总长度约 20km；滑雪场还拥有现代冬季两项靶场 1 座、国际标准单板 U 型槽及单板公园

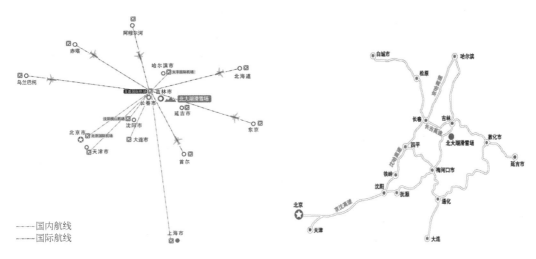

图 14-3　北大湖雪场位置

1 座、滑雪跳台 2 座、自由式空中技巧滑雪台 1 座、旱地雪橇滑道 1 座、各类滑雪用具
2000 副。滑雪场场地日接待人数达到 6000 余人。

北大湖雪道垂直落差最大达 870m，具备承办任何级别国际赛事的自然条件。北大湖
滑雪场有高山滑雪索道 4 条、托牵 1 条，魔毯 2 条，总长度约 10 360m（表 14-5）；有美国
进口造雪机 37 台，造雪管线全长 10km，雪道造雪面积可达 50hm²；并建有库容 70 万 m³
水库 1 座，确保生活、造雪用水。北大湖滑雪场现有北雪大厦和北大壶亚运村酒店 2 座四
星级宾馆。另外，2009 年，桥山集团投资 1.5 亿元为 2012 年全国冬季运动会再建两栋五星
级宾馆。目前，北大湖滑雪场已成为国内资源最好、规模最大、设备最先进、功能最完善、
能够承办综合性洲际雪上赛事和各项单项国际性雪上比赛，亚洲一流、国际知名的滑雪场。
滑雪场现有高山雪道 13 条，总长度 20 059m，面积超 70hm²，滑雪索道 6 条与之相连配套。
10km 环形越野道一条，K90m 滑雪跳台、K50m 滑雪跳台和自由式空中技巧滑雪台各 1 座。
2008 年，北大湖滑雪场特别设计了国际标准的单板公园，为单板滑雪爱好者量身定做了一个
属于自己的单板天地。区域内专门设有不同难度级别的铁杆、跳台、单板墙、U 型槽等，便
于滑雪爱好者自由发挥。

表 14-4　北大湖滑雪场雪道概况

雪道名称	雪道长度/m	雪道垂直落差/m	雪道平均宽度/m	雪道级别
1 号	937	180	60	初、中
2 号	1 583	505	40	高
3 号	881	191	35	初、中
4 号	1 799	259	50	初
5 号	1 442	521	53	高
6 号	1 700	446	34	初、中
7 号	1 498	444	40	高
8 号	880	265	40	中、高
9 号	3 115	734	43	中

续表

雪道名称	雪道长度/m	雪道垂直落差/m	雪道平均宽度/m	雪道级别
10 号	918	223	40	中
11 号	517	185	33	中
12 号	1 965	554	32	高
13 号	1 221	170	10	
越野道	10 000		10	

表 14-5　北大湖滑雪场索道介绍

索道名称	产地	斜长/m	吊具数量	速度/(m/s)	运送能力/(人/h)
1 号索道	奥地利	1062	51	5	2500
2 号索道	美国	1496	92	2.28	2000
4 号索道	美国	1100	110	2.28	1500
5 号索道	美国	1246	80	2.28	1500
7 号索道	美国	846	42	2.28	1500
12 号索道	奥地利	2262	58	5	3500
1 号拖牵	瑞典	1100	69	4	1000

14.3.3　吉林省北大湖滑雪场重点借鉴

1. 北大湖滑雪场的经验教训

专为体育竞技规划建设，在规划、开发和营运方面对商业运营缺少必要的考量。

在较早阶段及发展中期，政府一直是滑雪场开发和营运的主体，国有机制使其缺少应有的活力。

滑雪场权属在吉林省、吉森市之间的转换，影响了地方政府的积极性，作为一块"飞地"，其发展受到了地方政府消极应对的限制。

为承办第六届亚洲冬季运动会而设置的吉林北大湖体育旅游经济开发区管委会，扶持促进不足、规制有余，制约了北大湖滑雪场市场化运作的良性发展。

新濠国际集团围绕北大湖所进行的商业开发，不是以产业的提升为主旨，而是以资本运营为主要目的，使北大湖失去了两年的发展时机。桥山集团的进入亦是重蹈覆辙。

国有机制的惯性一直困扰着北大湖的发展，高素质职业经理人的严重缺失使其难能实现产业发展的大跨越。

较强的季节性使其经营收入微薄，弱化的市场导向使其经营上难有相当的品质。

相对独立支撑吉林省的滑雪旅游产业，没有集聚效应，实是孤掌难鸣。

2. 北大湖滑雪场的重点借鉴

(1) 规划和开发的方向应准确

以商业营运方向规划和开发为主，体育竞技方向规划和开发为辅。

（2）政府和企业的关系应明确

政府制定规则、营造环境、提供保障，开发和营运的主体应该是企业。

产业发展注重利益与属地紧密关联，确保地方政府有相当的积极性。

滑雪旅游开发区管理机构的设置和运行机制的设计，从主客观两个方面，要推动区域的发展而不是掣肘发展。

（3）实现产业集聚与互动，参与大市场竞争

引进真正意义上的产业开发者，而不是资本投机者。

体制和机制设计要保障区域开发应有的活力，要聘用高素质的职业经理人。

实现区域滑雪旅游产业的集聚与互动，以产业集群参与大市场的竞争。

（4）实现多季节运营，多业态经营

实现多季节运营，弱化季节性强对多向多业态经营的影响。

参 考 文 献

保继刚，楚义芳．2001．旅游地理学．北京：高等教育出版社．

保继刚，项怡娴，吴永莹．2009．北京冬奥会对非举办地入境旅游的影响——以桂林阳朔为例．人文地理，24（2）：1-6．

陈文婷，韩春鲜，董琳．2009．新疆滑雪旅游资源评价及市场分析．干旱区资源与环境，23（6）：192-195．

杜杰．2012．我国高山滑雪场选址方法研究．哈尔滨：哈尔滨体育学院硕士学位论文．

付磊．2002．奥运会影响研究：经济和旅游．北京：中国社会科学院研究生院博士学位论文．

付艳慧．2009．滑雪旅游目的地旅游竞争力及其开发评价研究——以亚布力滑雪旅游度假区为例．青岛：中国海洋大学硕士学位论文．

韩杰，韩丁．2001．中外滑雪旅游的比较研究．人文地理，16（3）：26-30．

金炳秀，王富德，李群伟．2007．中韩滑雪场准入制度比较研究．北京第二外国语学院学报（旅游版），（5）：67-72．

雷选沛，李沙丽，苏芳．2004．论我国体育产业实行战略联盟的方式．武汉体育学院学报，38（4）：1-3．

李景海．2009．产业集聚生成机理及经验研究．广州：暨南大学博士学位论文．

李明达．2010．西岭雪山滑雪旅游开发状况及前瞻．中国商贸，（19）：168-169．

李松梅．2012．国外滑雪产业发展现状与主要经验分析．哈尔滨体育学院学报，30（4）：6-9．

李小兰，张宏宇，董宇，等．2015．滑雪旅游投资软环境评价研究——基于黑龙江、吉林、河北三地的比较．武汉体育学院学报，49（6）：51-56．

李晓玲．2004．黑龙江省冰雪旅游资源及其特征．冰雪运动，（3）：69-70．

李玉新．2003．节庆旅游对目的地经济影响的测算与管理．桂林旅游高等专科学校学报，14（1）：53-55．

刘仁辉，李玉新，吴颖．2014．欧美滑雪文化的流变及对中国滑雪文化传承与传播的启示．沈阳体育学院学报，33（4）：56-62．

隆学文，马礼．2004．2008年奥运旅游效应与中国奥运旅游圈构想．人文地理，19（2）：47-51．

吕加斌．2014．大品牌冬奥会营销之舞．市场瞭望（上半月），（3）：32-35．

罗芬，陈朝，汪丽娜．2008．国内外奥运旅游研究的比较及启示．中南林业科技大学学报（社会科学版），2（1）：62-66．

裴艳琳．2010．滑雪体育旅游市场营销策略的实证研究——以亚布力为例．上海：复旦大学硕士学位论文．

荣玥芳，崔育新，刘德明．2005．冬奥会建设经验对哈尔滨市的启示．城市规划学刊，（6）：87-93．

石玲，李淑艳，程兆豪．2013．国际滑雪旅游业发展模式研究．北京林业大学学报（社会科学版），12（3）：75-80．

宋红娟，于洪贤．2007．亚布力滑雪旅游度假区潜在客源市场的调查．中国林业经济，（3）：42-45．

唐云松．2010．国际滑雪产业纵览．环球体育市场，（1）：28-29．

屠高平，梁留科，韦东．2006．北京奥运旅游的排挤效应及河南旅游发展对策研究．北京第二外国语学院学报，（1）：42-48．

王大庆，石少华，施佳生．2014-12-13．京津冀旅游协同发展第三次工作会议在崇礼召开[N]．张家口日报，第1版．

王惠．2007．北京奥运旅游产品布局与营销策略研究．武汉：武汉体育学院硕士学位论文．

王立国，张强．2010．东北三省滑雪产业经营管理现状与对策研究．西安体育学院学报，27（2）：154-157．

王欣欣．2010．全球50家顶级滑雪场．北京：新星出版社．

王怡薇 . 2015. 申冬奥带动张家口滑雪产业 滑雪人数激增近 3 成 . http：//sports. qq. com/a/20150313/060392. htm［2015-03-14］.

伍斌，魏庆华 . 2016. 中国滑雪产业白皮书（2015 年度报告）. http：//www. vanat. ch/2015-China％20Ski％20Industry％20White％20Book-Benny％20Wu％20（20160503）. pdf［2016-04-10］.

夏凌云，张德成，马旭生 . 2006. 东北亚滑雪旅游可持续发展策略 . 冰雪运动，（6）：79-81.

鄢慧丽 . 2012. 基于投入产出视角的中国旅游业经济效应研究 . 武汉：华中师范大学博士学位论文 .

杨建明，万春燕 . 2010. 全球气候变化对冬季滑雪旅游的影响 . 气候变化研究进展，6（5）：356-361.

杨凝，张莉，杨润田 . 2015. 申办冬奥会机遇下的张家口崇礼滑雪旅游休闲要素深度开发研究 . 河北北方学院学报（社会科学版），（3）：26-29.

臧荣海，张才成 . 2005. 对我国滑雪旅游产业的分析及对策研究 . 北方经贸，（5）：69-70.

翟金英 . 2012. 从国际滑雪产业集聚区发展变迁看黑龙江省滑雪产业集群发展 . 冰雪运动，34（6）：73-76，93.

张成刚，姜春平，李延亭，等 . 2010. 黑龙江省滑雪旅游产业集聚区建设探究 . 哈尔滨体育学院学报，28（6）：18-20.

张凌云，杨晶晶 . 2007. 滑雪旅游开发与经营 . 天津：南开大学出版社 .

张凌云，杨善林 . 2014. 重大事件旅游影响及其可持续发展理论体系建构 . 旅游学刊，29（7）：126-128.

张兴泉 . 2009. 中国滑雪运动发展与生态环境关系研究 . 北京：北京体育大学博士学位论文 .

张艳 . 2007. 2008 年北京冬奥会与我国非主办城市的互动和影响——以上海、秦皇岛、大连、青岛和桂林为例 . 桂林：广西师范大学硕士学位论文 .

张毅超 . 2010. 新疆滑雪旅游的现状分析 . 运动，（11）：120，148-149.

赵敏燕，董锁成，苏腾伟，等 . 2016. 世界滑雪旅游产业时空格局与发展趋势研究 . 冰雪运动，38（5）：58-64.

赵英刚 . 2010. 滑雪产业——正在上演的"大片". 环球体育市场，（1）：14.

郑贤贵 . 2009. 餐饮产业集聚演化机制的实证研究 . 成都：西南交通大学博士学位论文 .

Berghammer A，Schmude J. 2014. The Christmas-Easter Shift：Simulating alpine ski resorts' future development under climate change conditions using the parameter "optimal ski day". Toursim Economics，20（2）：323-336.

Beyazit M F，Koc E. 2010. An analysis of snow options for ski resort establishments. Tourism Management，31（5）：676-683.

Bicknell S，McManus P. 2006. The canary in the coalmine：Australian ski resorts and their response to climate change. Geographical Research，44（4）：386-400.

Briggs S. 1997. Successful Tourism Marketing：A Practical Handbook. London：Kogan Page.

Caskey K R. 2011. When should a ski resort make snow? Tourism Economics，17（6）：1219-1234.

Daniels M J. 2007. Central place theory and sport tourism impacts. Annals of Tourism Research，34（2）：332-347.

Dawson J，Scott D. 2013. Managing for climate change in the alpine ski sector. Tourism Management，35：244-254.

Elsasser H，Bürki R. 2002. Climate change as a threat to tourism in the Alps. Climate Research，20（3）：253-257.

Getz D. 1997. Event Management & Event Tourism. New York：Cognizant Communication Corporation.

Getz D. 2008. Event tourism：Definition, evolution, and research. Tourism Management，29（3）：403-428.

Gilbert D，Hudson S. 2000. Tourism demand constraints：A skiing participation. Annals of Tourism Research，27（4）：906-925.

Hall C M. 1989. The definition and analysis of hallmark tourist events. Geojournal, 19（3）：263-268.

Holden A. 1998. The use of visitor understanding in skiing management and development decisions at the Cairngorm Mountains, Scotland. Tourism Management, 19（2）：145-152.

International Olympic Committee. 2015. Report of the 2022 Evaluation Commission. Lausanne：International Olympic Committee.

Kubota H, Shimano K. 2010. Effects of ski resort management on vegetation. Landscape and Ecological Engineering, 6（1）：61-74.

Landauer M, Pröbstl-Haider U, Haider W. 2012. Managing cross-country skiing destinations under the conditions of climate change—Scenario for destinations in Austria and Finland. Tourism Management, 33（4）：741-751.

Landauer M, Haider W, Probstl-Haider U. 2014. The influence of culture on climate change adaptation strategies：Preferences of cross-country skiers in Austria and Finland. Journal of Travel Research, 53（1）：96-110.

Law C M. 1993. Urban Tourism：Attracting Visitors to Large Cities. London：Mansell Publishing.

Li Y, Zhao M Y, Guo P, et al. 2016. Comprehensive evaluation of ski resort development conditions in northern China. Chinese Geographical Science, 26（3）：401-409.

McHone W W, Rungeling B. 2000. Practical issues in measuring the impact of a cultural tourist event in a major tourist destination. Journal of Travel Research, 38（3）：300-303.

Nepal S K. 2002. Mountain ecotourism and sustainable development. Mountain Research and Development, 22（2）：104-109.

Ormiston D, Gilbert A. 1998. Indicators and standards of quality for ski resort management. Journal of Travel Research, 36（3）：35-41.

Pickering C M, Harrington J, Worboys G. 2003. Environmental impacts of tourism on the Australian Alps Protected Areas. Mountain Research and Development, 23（3）：247-254.

Pintar M, Mali B, Kraigher H. 2009. The impact of ski slopes management on Krvavec ski resort（Slovenia）on hydrological functions of soils. Biologia, 64（3）：639-642.

Pons-Pons M, Johnson P A, Rosas-Casals M, et al. 2012. Modeling climate change effects on winter ski tourism in Andorra. Climate Research, 54（3）：197-207.

Ristić R, Kašanin- Grubin M, Radić B, et al. 2012. Land degradation at the Stara Planina ski resort. Environmental Management, 49（3）：580-592.

Rixen C, Teich M, Lardelli C, et al. 2011. Winter tourism and climate change in the Alps：An assessment of resource consumption, snow reliability, and future snowmaking potential. Mountain Research and Development, 31（3）：229-236.

Roche M. 2000. Mega- Events and Modernity：Olympics and Expos in the Growth of Global Culture. London：Routledge.

Scott D, McBoyle G. 2007. Climate change adaptation in the ski industry. Mitigation and Adaptation Strategies for Global Change, 12（8）：1411-1431.

Scott D, Dawson J, Jones B. 2008. Climate change vulnerability of the US northeast winter recreation- tourism sector. Mitigation and Adaptation Strategies for Global Change, 13（5-6）：577-596.

Scott D, Gössling S, Hall C M. 2012. International tourism and climate change. WIREs Climate Change, 3（3）：213-232.

Steiger R, Mayer M. 2008. Snowmaking and climate change future options for snow production in Tyrolean ski resorts. Mountain Research and Development, 28（3/4）：292-298.

Toeglhofer C, Eigner F, Prettenthaler F. 2011. Impacts of snow conditions on tourism demand in Austrian ski areas. Climate Research, 46 (1): 1-14.

Uhlmann B, Stéphane G, Beniston M. 2009. Sensitivity analysis of snow patterns in Swiss ski resorts to shifts in temperature, precipitation and humidity under conditions of climate change. International Journal of Climatology, 29 (8): 1048-1055.

Vanat L. 2009. 22 The future of international ski business. Lausanne Palace: 8th FIS leaders' Seminar.

Vanat L. 2015. International report on snow & mountain tourism. http://onebookonevote.com/pdf/2015-international-report-on-snow-mountain-tourism.html [2016-02-01].

Wingle H P. 1994. Planning Consideration for Winter Sports Resort Development. Washington D C: USDA, Forest Service, Rocky Mountain Region.

Witmer U. 1986. Erfassung, Bearbeitung und Kartierung von Schneedaten in der Schweiz. Geographica Bernensia G25, Geographical Institiute, University of Bern.

Zhou Y. 2006. Government and Residents' Perceptions towards the Impacts of a Mega Event: the Beijing 2008 Olympic Games. Hong Kong: Polytechnic University.

附　　图

万龙滑雪场

刘娟摄影

刘娟摄影

刘娟摄影

刘娟摄影

刘娟摄影

刘娟摄影

刘娟摄影

刘娟摄影

李登云摄影

李登云摄影

李登云摄影

李登云摄影

李登云摄影

李登云摄影

李登云摄影

李登云摄影

李登云摄影

李登云摄影

李登云摄影

李登云摄影

李登云摄影

李登云摄影

李登云摄影

云顶滑雪场

梁若霞摄影

梁若霞摄影

梁若霞摄影

梁若霞摄影

梁若霞摄影

梁若霞摄影

梁若霞摄影

梁若霞摄影

梁若霞摄影

梁若霞摄影

梁若霞摄影

梁若霞摄影